사랑에 이르는 신학

사랑에 이르는 신학

지은이 | 권혁빈
초판 발행 | 2018. 5. 16

등록번호 | 제1988-000080호
등록된 곳 | 서울특별시 용산구 서빙고로 65길 38
발행처 | 사단법인 두란노서원
영업부 | 2078-3352   FAX | 080-749-3705
출판부 | 2078-3331

책값은 뒤표지에 있습니다.
ISBN 978-89-531-3143-9 03230   Printed in Korea

독자의 의견을 기다립니다.
tpress@duranno.com   www.duranno.com

본문에 인용된 성경은 표기가 없는 한 개역개정임을 밝힙니다.

사랑이 결핍된 시대를 위한 대안

사랑에 이르는 신학

권혁빈 지음

두란노

어거스틴은 철학자에 대해 이렇게 말한다. "하나님을 사랑하는 이가 진정한 철학자다." 하물며 신학자는 오죽 더 하겠는가? 하나님을 사랑하고 그분을 이야기하고 그분만을 찬양하는 이가 진정한 신학자다. 권혁빈 목사의 《사랑에 이르는 신학》은 사랑의 하나님의 창조에서부터 시작하여 삼위일체, 고통, 이마고 데이 등의 여러 주제를 거쳐 영성의 문제에 이르기까지 사랑의 하나님에 이르는 과정이 곧 신학함이며, 그렇게 길을 밟아 걸어가는 사람이 신학자임을 보여 준다. 전문 신학자뿐만 아니라 하나님을 사랑하고 그분의 사랑을 찬양하는 모든 성도들이 곧 신학자임을 이 책을 통하여 깊이 체험하기를 바란다.

강영안 서강대학교 철학과 명예교수, 칼빈신학교 철학신학 교수

이 책은 삼위일체 하나님을 사랑하는 저자의 신앙고백이다. 저자는 하나님을 사랑하는 신학자이면서 양들을 사랑하는 목회자다. 지성과 감성과 영성에 아름다운 조화를 이룬 목회자다. 저자는 참된 사랑을 위해 올바른 지식이 필요함을 강조한다. 우리는 아는 것만큼 사랑하고, 사랑하는 것만큼 알게 된다. 사랑하는 것만큼 보게 된다. 우리는 보지 못하는 분을 사랑할 수 있어도 알지 못하는 분을 사랑할 수는 없다. 저자는 우리를 사랑에 이르는 신학으로 이끌어 준다. 참된 신학은 하나님을 사랑하고 경외하도록 돕는다. 또한 사람을 사랑하도록 돕는다. 저자는 이 책을 통해 하나님을 알고, 하나님을 사랑하고, 하나님을 닮아가도록 우리를 이끌어 준다. 그래서 이 책은 보석이다. 이 책은 사랑의 깊음과 울림을 함께 선물해 준다. 하나님의 사랑을 알고, 그 사랑을 경험하고, 그분을 닮아가기 원하는 모든 분에게 이 책을 추천한다.

강준민 L.A. 새생명비전교회 담임목사

다소 오해의 여지가 있지만 나는 신학과 신앙은 별개라고, 혹은 신학이 신앙에 별로 도움을 주지 못한다고 생각해 왔다. 그러나 이 책을 통해, 신학이 신앙의 자리로 데려다 주는 열쇠가 된다는 것을 발견했다. 특히 하나님의 본성이자 기독교의 본질인 '사랑'이 신앙의 자리로 가는 해답이라는 저자의 친절한 안내는, 책을 덮으면서 결국 사랑의 모델이 되신 하나님을 배우는 공부였음을 알게 되었다.

나와 같은 신앙인들에게 이 책은 신학과 신앙을 화해시키고, 건강하고 균형 잡힌 신앙으로 자라는 데 꼭 필요한 영양분을 제공해 주리라 확신한다. 사랑 없는 공부가 얼마나 헛된 것인가! 나는 한동대를 통해 공부해서 남 주는 신앙과 삶이 일치하는 비결은 '예수님 사랑'임을 지금도 경험하고 있다. 그것은 신앙인으로서 반드시 경험해야 하는 사랑 중 가장 위대한 사랑이다. 우리가 하나님의 사랑에 근거한 신학을 주춧돌 삼아 건강한 삶을 살아간다면, 지금보다 좀 더 하나님을 영화롭게 하는 사랑의 사람이 될 수 있을 것이다.

김영길 한동대학교 초대 총장, 유엔아카데믹임팩트(UNAI) 한국협의회 회장

'죽음보다 더 강한 것은 이성이 아니라, 사랑'이라고 독일의 문학가 토마스 만은 이야기했다. 조직신학은 그 자체가 이성과 논리의 산물이다. 이따금 조직신학은 신학을 이성에 가두어 놓은 것이라고 생각하게 될 정도다. 그러한 학문에 '사랑'이라는 온기를 집어넣은 것이 바로 이 책이다. 우리는 '이성'과 '사랑'이 함께 있을 때 비로소 성숙한 사람이 된다. 이 책은 우리를 '사랑'에 이르도록, 나아가 그것을 넘어 하나님의 심정을 이해하는 따뜻하고 성숙한 사람으로 이끌어 줄 것이다. 그야말로 조직신학의 혁명이다!

김윤희 페이스앤워크인스티튜트아시아(FWIA) 대표,
전 횃불트리니티신학대학원대학교 구약학 교수

수년 동안 신학교와 교회 현장을 오가며 가장 풀기 힘들었던 난제는, '둘 사이의 간극을 어떻게 메워 나갈 것인가' 하는 문제였다. 저자는 현장의 경험을 토대로 그 둘 사이의 괴리감을 오랜 시간 동안 고민해 오면서, 남다른 연구에 몰입해 온 이 시대의 진정한 '목사 신학자'다. 그는 이 책에서 기독교 신앙의 가장 근본적인 진리를 아름답게 설파한다.

오늘날 신학교와 교회의 공통적인 문제는 신학의 부재가 아니다. 이 땅의 수많은 신학교와 교회의 존재가 말해 주고 있지 않은가? 문제는 바르고 건강한 신학의 부재다. 저자는 이 책을 통해 무엇이 바르고 건강한 신학인지 이야기할 뿐 아니라, 모든 신학의 과정과 방법과 궁극적인 목적이 무엇인지를 분명하게 밝혀 준다. 그것은 인간을 향한 하나님의 사랑이요, 하나님을 향한 인간의 사랑이다. 그런 의미에서 이 책을 읽는 사람은 분명 "그리스도의 사랑이 우리를 강권"(고후 5:14)하시는 능력을 경험하게 될 것이다.

김주환 허브교회 담임목사, 전 햇불트리니티신학대학원대학교 신약학 교수

헨리 랙은 웨슬리의 삶을 일컬어 '합리적인 열정자'(Reasonable Enthusiast)라고 했다. 웨슬리가 열정적인 신앙과 깊이 있는 신학을 겸비한 삶을 살았다는 것이다. 신앙과 신학의 균형 있는 접근과 함께 둘을 접목하려는 시도는 신앙을 가진 우리에게 늘 필요한 도전이다. 저자는 하나님의 사랑을 그 접목점으로 보고, 신앙의 균형을

이루고자 하는 교회 지도자와 평신도에게 참신하게 접근한다. 이 책은 저자가 그동안 목회와 교수 사역을 담당하며 쌓아 온 탁월한 지혜와 경험을 바탕으로 주요한 신학적 주제들을 삶의 예화와 성경 해석, 신학자들의 논지, 그리고 현실적 적용으로 풀어내 독자들에게 제시한다. 무엇보다 신학적으로 좀 더 깊이 들어가고자 하는 크리스천들에게 좋은 길잡이를 제공할 뿐 아니라, 소그룹 모임에서도 매우 적절하게 사용할 수 있도록 구성되었다. 신앙과 신학의 바른 균형을 이루고자 하는 모든 이들에게 필독서로 적극 권한다.

김창환 풀러신학교 부학장 및 코리안센터 원장

권혁빈 목사님이 보여 준 사랑과 신학의 만남은 삶의 근본적인 문제를 돌아보고 해결할 수 있는 길을 열어 준다. 너무나 신선한 내용을 분명하게, 그러면서도 아름답고 감동적으로 전달하는 이 책을 보면서 수차례 웃고 울었다. 본서는 신앙에 깊은 도전을 주는 보기 드문 걸작이라 말하고 싶다. 모든 사람에게 이 책을 추천한다.

김춘근 자마(JAMA) 설립자

일반 성도인 저에게는 '신학'이라는 단어 자체가 신학교 교수님들끼리 서로의 이론을 주장하는 학문을 위한 것으로만 느껴져서, '믿음'이나 '사랑'이라는 것과는 거리가 멀다고 생각했습니다. 그러나

《사랑에 이르는 신학》은 예수님과 토닥토닥 이야기를 나누면서 배우는 것 같은, 아주 따뜻하면서도 배움의 깊이가 남다른 책이라는 것을 알게 되었습니다. 이 시대에 바른 신학을 가지고 예수님의 사랑 안에서 살아가는 방법을 아주 편안하게 가르쳐 줍니다. 셀 모임에서, 북클럽에서 약 40개 주제에 대해 하나씩 읽고 이야기를 나누면 더욱 좋을 것 같습니다.

문애란 G&M 글로벌문화재단 대표

마르지 않는 사랑에 잠기려면 방법이 없습니다. 마음과 영혼에 길을 내야 합니다. 맑고 깊은 사랑의 물길을 낼 수 있는 책이 권혁빈 목사님을 통해 세상에 나왔습니다. 이 책을 통해 사랑에, 아니 하나님께 잠길 수 있는 아름다운 여정이 되기를 바랍니다.

서정인 한국컴패션 대표

권혁빈 목사님은 내가 알고 있는 최고의 설교자이고 목회자이며 신학자다. 치열한 삶의 현장을 품고 하나님을 조명하는 그의 신학은 살아 움직이고 균형을 이룰 뿐 아니라 깊은 감동을 준다. 그래서 그의 글은 따뜻하고 아름답다. 본서를 통해 저자는 사랑이 본질이신 하나님께로 안내한다. 그 관계 속에서 우리의 일그러진 자화상을 회복시키고, 공동체와 세상에 사랑의 메신저로 보내시는 하나님을 만난다. 우리를 미치도록 사랑하시는 하나님! 그 사랑의 깊이와 무게 때문에 우리는 세상에서 하나님 나라를 위해 사는 증인이 된다. 무엇보다 본서는 시대를 관통하는 저자의 신학적 통찰과 깊은 인문학적 소양이 일상의 이야기와 맞물리면서 독자의 이해를 돕는다. 목회 현장을 가진 신학자만이 줄 수 있는 특별한 선물이다. 부디 본서가 사랑으로 복음을 살아내기 원하는 모든 그리스도인의 필독서가 되기를 간절히 소망한다.

이상훈 Fuller Seminary 겸임교수 및 SOMA University 학장

신앙 위기의 주된 원인 중 하나는 신학적 사고를 무시할 때 비롯된 것이다. 모든 신앙은 필연적으로 신학적이기 때문이다. 신학자이자 목회자인 권혁빈 목사님이 그동안의 신학적 성찰과 목회적 경험을 토대로 신앙과 신학을 연결하는 다리를 놓았다. 기독교 신앙의 거의 모든 부분을 포괄하는 영역들을 매우 깊이 있고 이해하기 쉬운 설명으로 풀어냈다. 현대판 기독교 강요라 불릴 수 있을 정도로 신앙의 핵심 진리들을 다 포함하였다.

놀라운 것은 그 모든 기독교 신학의 중심을 사랑의 언어로 풀어냈다는 점이다. 사랑에서 나온 신학이기에 그 목적지도 사랑이어야 한다는 것이다. 깊은 신앙은 사랑의 깊이가 더해지는 것이며, 견고한 신학은 사랑이 더욱 견고해지는 것이다. 솔솔 읽는 재미까지 더해진 이 책은 한국 교회 성도들의 신앙을 견고한 신학 위에 세워 하

나님의 사랑에 이르게 하는 귀중한 보배가 될 것임이 틀림없다.

이재훈 온누리교회 담임목사

사랑이 '신앙과 신학을 관통하는 개념'이라고 말하는 저자는, 목회
자면서 조직신학자로 치열하게 하나님의 사랑을 이해하고자 노력
했다. 그리고 그 사랑을 설교와 삶으로 나누어 왔다. 그동안의 여정
을 고스란히 담은 이 책은 그 사랑의 "너비와 길이와 높이와 깊이"를
신앙과 신학의 조화된 언어로 펼쳐 낸다.

이정숙 횃불트리니티신학대학원대학교 총장

이 책은 하나님께서 사랑으로 빚어 낸 '사람', 내면 깊숙이 배어 있
는 따뜻한 '사랑'의 마음을 감성적으로, 무엇보다 신학적으로 일깨
워 준다. 동시에 신앙인들이 하나님의 형상을 다시금 회복하고 성
숙한 신앙인으로서의 삶을 영위할 수 있도록 안내해 준다.

임성빈 장로회신학대학원대학교 총장

'사랑'이라는 대주제로 신학적 사유 전체를 아우르는 조직신학 작
업이 이뤄진 예는 거의 없었다. 그렇기에 본서는 성경을 관통하는
다양한 주제들을 사랑의 관점으로 통섭했다는 점에서 매우 독창적

이고, 통찰력 있는 작품이다. 저자의 따뜻한 마음과 독자에 대한 사랑과 배려가 곳곳에서 빛난다. 본서는 우리를 피차 뜨겁게 사랑하는 자리로 이끌어 가는 신학적 사유의 탁월한 실례를 제공한다. 모든 사람에게 일독을 적극적으로 권한다.

정성욱 덴버신학대학원 조직신학 교수

제가 아는 권혁빈 목사님은 끊임없이 공부하고 치열하게 고민하는 목회자입니다. 공부하는 이유는 성경에 적힌 진리의 말씀을 정확하게 전달하기 위함일 것이며, 고민하는 이유는 말씀과 삶 사이에 간극을 채우고, 신학과 신앙 사이의 균형을 맞출 수 있는 무언가를 찾기 위함일 것입니다. 권혁빈 목사님은 '사랑'에서 그 해답을 찾았습니다. 책을 읽는 내내 '방언과 천사의 말을 할지라도 사랑이 없으면 울리는 꽹과리'라고 우리에게 알려 준 고린도전서 13장이 떠올랐습니다. 신학이 꽹과리가 되지 않기 위해서 필요한 것, 그것은 하나님이 선물하신 '사랑'임을 본서를 통해 다시금 느낄 수 있을 것입니다.

차인표 연기자, 영화제작자

I have had the great privilege and pleasure of knowing Rev. Dr. Hyuk-Been Kwon since we first met at Cambridge, England in 1999. In these twenty years of knowing Dr. Kwon, I have been waiting to see what kind of splash he would make with his theological writings. And he did not disappoint!

Here is the genius and delight of this book; it is accessible to multiple possible readerships! This is a book that would not be so daunting nor impenetrable for average laypeople. Simultaneously, here is a tome that would present fabulous insights and penetrating analysis of what modern theology has been lacking for those interested in and committed to "professional theology."

Paul Chang-Ha Lim Vanderbilt University 역사신학 및 조직신학 교수

신학의 과제

신학교 교수와 목회를 병행하며 나에게 계속된 질문은 '왜 신학이 성도들의 신앙과 삶에 별 도움이 되지 않는가?'였다. 예전에 그런 질문을 들으면 나는 그렇게 동의하지 않았고 오히려 질문 자체를 무시하려 했다. 하지만 나의 신학의 여정 속에도 '내가 정말 하나님을 믿고 있는가?'를 질문해야 할 정도로 메마른 시기가 있었다. 신학이 정말 우리의 믿음을 약하게 하는가? 진정 가슴 뜨거운 신학은 불가능한가? 어떻게 해야 신학이 우리의 삶과 신앙의 자리에서 제 역할을 할 수 있는가? 이 책은 미약하나마 그간의 질문과 고민에 대한 결과다.

　그 고민의 여정에서 나는 신학교를 나와 이민 교회를 목회하는 사람이 되었다. 학교를 그만둔 후 허전함이 컸지만 사실 신학에 대한 갈증은 더 커졌다. 쉬는 날이나 여백의 시간이 생기면 이제는 순수한 동기(?)로 신학저널들을 기웃거린다. 내려놓음을 통해 진정 얼게 된다는 말이 있지만, 나는 신학교를 나오게 된 후 진정한 신학의 길을 걷기 시작한 것 같다. 그 신학에 대한 목표는 '사랑'이라는 하나님에 대한 가장 확실한 지식이다.

어찌 보면 너무 당연하지만 기독교 신앙의 본질을 관통하는 '사랑'은 우리가 가진 모든 질문의 궁극적 해답이다. 그런 의미에서 사랑이라는 주제가 의외로 신학에서 주된 관심을 받지 못한 것은 그야말로 미스터리다. 조직신학의 주제들에 사랑을 대입하니 얽혀 있던 실타래가 하나씩 풀리는 듯했다. 물론 그렇다고 그 과정이 쉬웠거나 수학공식처럼 맞아 떨어졌던 것은 아니다. 사랑은 여전히 우리에게 신비로 남아 있다. 그러나 그 신비는 모든 사람이 기필코 탐험해야 할, 깊고도 풍요로운 하나님의 공간이다.

이 시대는 사랑의 기근이 극심하다. 세상은 말할 것도 없고 가정과 교회마저 예전과 달리 사랑을 느끼기 어렵다. 모든 관계와 삶의 영역을 지탱하고 있어야 할 사랑이 온갖 소비주의적 거래와 소셜미디어, 디지털 상품이 주는 얄팍한 감정으로 대체되고 있기 때문이다. 또한 사람들은 혼자 보내는 시간이 많아지면서 예전보다 더욱 개인화되고 있다. 그 결과 친밀하게 마음을 나눌 수 있는 관계가 현저히 줄어들었고, 그로 인해 각종 중독과 우울증도 급증하게 되었다. 오직 '나'만을 생각하는 유아적이고 자기중심적인 삶은 냉담하고 그래서 더 외롭다. 사랑이 있어야 할 곳이 상업화되고, 이기적이며 쾌락적으로 변한 가슴 아픈 시대다.

사랑은 하나님으로부터 왔고, 그분을 통해 흘러가며, 결국 그분에게로 집약된다. 그 흐름을 포착하는 것이야말로 이 메마른 시대의 유일한 소망이다. 나는 그것이 바로 신학의 역할이라 생각한다. 어떤 신학이 가장 필요한지는 그 시대에 가장 결핍된 것이 무엇인지를 찾으면 된다. 시대를 살리기 위해 하나님의 사랑은 세상 곳곳에 긴급하게 수혈되어야 한다. 신학은 이 시대의 각 영역에 혈액을 내보내는 심장 역할을 한다.

아직도 많은 사람이 신학을 그저 추상적인 이론이나 교리로만 생각한 나머지 '신학무용론'을 주장한다. 그것은 물론 근본주의적 사고, 무분별한 세속적 방법론의 채용, 이론과 실제의 균형을 상실한 편협한 신학과 그로 인해 생긴 왜곡된 이해 때문이다. 신학은 기본적으로 교회를 섬기는 학문이다. 그 근본적인 목적을 벗어날 때 신학은 정체성을 잃고 표류한다. 더욱이 포스트모더니즘의 영향으로 각자의 신념을 합리화하는 기술이 더욱 정교해지는 가운데 이전보다 올바른 신앙에 대한 분별력이 절실하게 필요한 때다. 올바른 신학은 복음적인 성경 해석과 이에 따른 이론 체계를 통해 성도의 신앙과 교회를 건강하게 하고, 이단으로부터 지켜 주며, 이 시대의 영적 위기를 진단하고 그것을 극복할 수 있는 실마리를 제공해 주기 때문이다.

신앙의 건강을 가늠하는 척도 중 하나는 '균형'이다. 이 책에서 다루는 주제는 그런 의미에서 서로 긴밀하게 연결되어 있고 사랑이라는 큰 틀 안에서 신앙의 균형, 즉 영적인 건강 상태를 점검하도록 한다. 또한 신앙과 삶, 지성과 영성, 개인과 공동체, 교회와 세상, 이론과 실제의 부분에서도 균형을 맞추고자 했다. 이 시대를 살아가는 성도와 교회에 건강한 신앙의 틀을 제공하는 것이 본서의 중요한 목적 중 하나라고 할 수 있다. 나아가 이 책의 내용은 조직신학의 주제에 하나님의 본성인 사랑을 대입하여 나온 결과다. 다루는 주제들은 신학적인 구성과 내용을 통해 우리의 신앙과 삶에 필요한 신적 사랑의 영양분을 제공한다.

이 책은 원래 설교로 시작되었다. 당시 햇불트리니티신학대학원대학교 교수였던 나는 신학은 이론이 아니라 성도들의 삶을 향한 살아 있는 이야기여야 한다는 생각으로 양재 온누리교회 수요예배 때 신학의 여러 주제를 가지고 설교했다. 신학의 내용이 영혼을 향한 따뜻하고 감동적인 메시지로 전달되었으면 하는 바람에서 아직도 그 글을 설교폴더 안에 넣어 두고 있다.

본래 설교문으로 썼던 글은 2007년 9월부터 2008년 9월까지 두란노 〈목회와 신학〉에 싣기 위해 다시 정리되었다. "권혁빈 교수의 신학에세이"라는 이름으로 연재된 글은 목회자들을 대상으로 썼기에 에세이 형식이지만 설교에서는 직접 말하기 어려운 신학적 내용을 첨가했다.

마지막으로 이 글은 목회자뿐만 아니라 일반 성도 그리고 기독교 신앙에 관심을 가진 사람들을 위해 또 한 번 재고의 과정을 거쳤다. 어려운 문장을 좀 더 쉽게 만들고 이론적 긴장감을 줄이며 가독성을 높이기 위해 삶의 예화를 추가했다. 복잡한 이론은 줄이려고 노력했지만 어느 정도의 신학적인 내용은 필요한 만큼 남겨두었다.

아마도 이 책은 신학 전문가의 눈에는 가볍고 단순하게 보일 수 있으나, 일반 독자들에게는 부분적으로 무겁거나 복잡하게 느껴질 것이다. 최대한 균형을 맞추려고 했지만 모두를 만족시킬 수 없는 것도 사실이다. 그러나 신학과 신앙의 삶을 화해시키고 서로 소통할 수 있는 길을 열어 보려는 노력 자체를 나름 가치 있는 시도라 생각하기를 기대한다.

그런 의미에서 이 책은 하나님의 사랑에 '대한' 신학 서적이 아니다. 학계에 '사랑의 신학'을 제시할 만큼 제대로 된 학술적 체계와 내용을 갖추지 않았다. 희망이 결여된 시대를 위해 '희망의 신학'(Theology of Hope)이 있었던 것처럼 사랑이 결핍된 이 시대를 향해 견고한 '사랑의 신학'이 세워지기를 기대한다. 이 책은 그 일을 위한 하나의 부교재 정도로 여길 수 있으면 좋겠다. 일반 성도들이 보다 가까이 다가갈 수 있는 신학, 사랑이 필요한 현실에 작은 변화를 만들어 낼 수 있는 도전, 그리고 함께 모여 어렵지 않게 신학적인 담소를 나눌 수 있는 재료로 이 책이 활용된다면 더 이상 바랄 것이 없겠다.

감사해야 할 분들이 많이 떠오르지만 지면상 몇 분들에게만 특별한 감사를 표한다. 우선은 신학과 목회 중 어디로 가야할지 모르던 나를 그 두 가지가 어우러진 현장으로 인도해 주시고 사랑으로 가르쳐 주신 고(故) 하용조 목사님께 늦게나마 깊은 감사를 드린다. 넓고 따뜻한 마음을 가진 온누리교회 이재훈 목사님의 계속되는 사랑과 배려에도 감사드린다. 분에 넘치는 사랑으로 늘 격려해 주시

두란노서원의 이형기 원장님과 하성석 부원장님, 횃불재단의 이형자 이사장님께도 감사의 인사를 드린다. 지난 몇 년 동안 글쓰기를 계속해서 독려해 주신 두란노서원 출판부에게 감사드린다. 그들이 없었더라면 이 책은 나오지 못했을 것이다.

무엇보다도 나에게 하나님의 사랑을 삶으로 가르쳐 주시고 희생의 삶을 살아오신 부모님, 그리고 늘 사랑과 기도로 응원해 주시는 장인, 장모님께 깊이 감사드린다. 또한 세상 어느 남매보다도 서로 위하고 아끼는 누나 권은숙 사모와 동생 혁돈에게 마음 깊은 사랑과 고마움을 전한다. 감당할 수 없는 큰 사랑과 신뢰로 동행해 주시는 얼바인 온누리교회의 성도와 동역자들에게 감사드린다. 그리고 날마다 사랑과 기쁨의 샘이 되어주는 아내 지연과 소중한 자녀 제희, 경하, 제인에게 그들의 존재가 내게 얼마나 놀라운 사랑의 선물인지 전하고 싶다.

마지막으로, 헤아릴 수도 표현할 수도 감당할 수도 없는 사랑으로 나를 지으시고 용납하시고 동행하시는 하나님께 이 책을 바친다.

Irvine, California에서

권혁빈

1부

사랑의 하나님

하나님의 본성인 사랑은 창조의 신비를 푸는 열쇠다. 창조는 태초에 있었던 역사적 사건일 뿐 아니라 하나님의 놀라운 사랑을 말해 주는 위대한 선언이다. 삼위일체론은 기독교 하나님이 누구이시며, 그분이 행하시는 모든 일의 기초와 목적에 사랑이 있음을 알려 준다. 고통에 대한 이해는 우리를 하나님의 사랑의 차원으로 인도하며, 이는 오늘 우리의 현실 가운데 어떻게 하나님을 만나고 고난을 이해하며 또한 그것을 극복할 수 있는지를 보여 준다.

1장

첫 번째 사랑의 표현

창조

01
창조는 사랑의 신비를 드러낸다

사랑은 모두의 삶 속에 있다. 누구나 사랑을 경험할 수 있으므로 '존재함'은 곧 '사랑함'이다. 사랑은 기쁨과 행복 속에도 존재하지만 고통과 이별과 슬픔, 그리고 죽음에서조차 꽃을 피운다. 탄생부터 죽음에 이르는 일반적인 생의 과정, 그 피할 수 없는 여정에 사랑이라는 따뜻한 바람이 분다. 누가 그 바람을 애써 피할까? 사랑은 또 다른 사랑을 낳고 우리의 삶과 세상의 시간과 공간을 채우고 또 채운다.

애인에게 줄 선물을 사기 위해 가난한 여인이 자른 머리카락, 갓난아이를 살리기 위해 자신의 생명을 내놓는 젊은 엄마의 마지막 숨결, 슬픈 운명에 맞서 불같은 사랑을 하는 연인, 자신의 주린 배를 움켜쥐고도 동생에게 빵 덩어리를 내미는 어린 누나의 부르튼 손 등, 모든 시대와 장소를 걸쳐 끝없이 펼쳐진 사랑의 소재는 우리의 영혼을 자극한다.

이렇듯 하나님이 만드신 세상은 온통 사랑으로 가득 차 있다. 문학, 예술, 미디어, 심지어 재난과 전쟁 등 삶의 모든 상황과 분야에서 사랑의 이야기는 하늘의 별처럼 펼쳐진다. 결국 시간의 흐름은 사랑의 역사다. 사랑이 삶의 본질이기 때문이다. 그래서 우리의 삶의 목적은 하나님의 사랑을 알고 누리고 실현하는 것이어야 한다.

한편 사랑은 인간만의 이야기가 아닌 것 같다. 아빠 가시고기는 부화될 새끼를 위해 아무것도 먹지 않고 알을 지킨다. 그리고 지친 자신의 몸을 어린 새끼가 먹고 자라도록 기꺼이 내주며 죽음을 맞이한다. 생명을 담보로 한 사랑이자 헌신이다. 단지 본능이라고 하기에는 너무나 숭고한 사랑이지 않은가?

남극의 황제펭귄도 비슷하다. 엄마 펭귄이 먹이를 구하러 간 사이에 아빠 펭귄은 새끼를 지키기 위해 영하 60도의 극한에도 몇 달 동안 먹지 않는다. 배고픈 새끼를 위해 자신의 위에 저장해 두었던 마지막 비상식량까지 토해서 먹인다. 그러다 보면 체중이 절반이 된다. 아빠 펭귄은 엄마 펭귄이 돌아온 후에 기진맥진한 몸을 이끌고 다시 먹이를 구하러 먼 바다로 나가지만 결국 눈 위에 쓰러져 죽는다. 그 위에 차가운 눈이 소복이 쌓인다.

비단 그뿐 아니라 우리의 시야와 정보를 넘어선 사랑의 이야기는 헤아릴 수 없을 정도로 온 역사에 눈물겹도록 넘쳐난다. 그것이야말로 창조주가 사랑의 근원이시며 세상이 그분의 피조물임을 가르쳐 주는 증거다.

하나님이 세상을 이처럼 창조하사

2000년 가을에 나는 영국에서 유학 생활을 하고 있었다. 그때 첫아이를 임신한 아내는 친정 부모님이 계시고 환경이 익숙한 한국에서 출산하고 싶어 했다. 하지만 나는 함께 갈 수 있는 처지가 아니었다. 박사 과정을 시작한 지도 얼마 안 되었고 당시 다니던 교회의 담임 목사님이 갑자기 사임하시는 바람에 교회를 지킬 사람도 필요했던 것이다. 그래서 홀로 영국에 남아 학교 정원을 걷고 있던 중 전화로 아내의 출산 소식을 들었다. 아내가 진통을 시작한 때부터 계속 초조해하던 나는 예쁜 딸을 낳았다는 소식에 부끄러운 줄 모르고 길 위에서 팔짝팔짝 뛰었다. 기쁨과 흥분, 이전에 경험해보지 못한 감격이 가슴속에 가득 차올랐던 느낌은 지금도 생생하다.

창조가 시작될 때 하나님의 영은 혼돈과 공허 속에서 운행하고 계셨다(창 1:2). 그것은 태어날 아기를 기대하는 부모의 마음속 흥분과 같은 것이 아닐까? 동시에 자신의 품에 생명을 품고 있는 어미 새와 같은 포근한 움직임이다. 하나님은 아직 형체도 없는 세상을 존재의 이전부터 사랑하고 기뻐하셨고, 하나씩 모습을 드러낸 창조된 존재를 보시며 "좋았더라"고 연발하셨다. 바로 당신을 향한 탄성이다. 그것은 자신의 작품을 자화자찬하는 초보 예술가의 모습이 아니라 최대의 걸작을 만들고 스스로 만족해하는 거장의 면모다.

하나님의 사랑은 그분의 창조의 근원이자 원인이다. 그 사랑이 없었다면 흑암과 공허, 혼돈밖에 없었을 것이다. 우리의 삶도 마찬가지다. 죄와 어둠, 그로 인한 형벌로 가득 찼을 우리의 삶에 하나님의 사랑은 무한한 가능성과 소망의 길을 열어 준다. 그분은 죄 가운데 있는 우리를 여전히 갈망하신다. 우리의 완전함이 아니라 그분의 사랑 때문이다.

아들이 어렸을 때 요한복음 3장 16절을 암송하다가 가족 모두 웃은 적이 있다. "하나님이 세상을 이처럼 창조하사 독생자를…." 아이는 무엇을 틀렸는지도 모른 채 머리를 긁적이며 어리둥절해했다. 다시 생각해 보니 그것은 나름 신학적인 의미가 있는 실수였던 것 같다. 창조야말로 하나님의 사랑의 행위이기에 '창조하다'와 '사랑하다'를 바꾸어 써도 내용은 상통하는 것이다. 오히려 그 의미는 더 심오해진다. 하나님께 창조는 그분의 사랑과 분리할 수 없고 또 분리해서도 안 되는 사건이다.

창조의 이야기와 사랑의 이야기는 모두 하나님으로부터 시작된다. 역사 이전, 즉 창조 이전부터 사랑은 하나님의 본성으로 이미 존재했다. 창조 전에도 하나님은 계셨으며 그분의 본성인 사랑도 존재했다. 그 사랑은 삼위일체 하나님 안에서 흘러넘쳐서 밖을 향한다. 그런 의미에서 창세기는 인류의 역사에 드러난 신적 사랑의 시작을 보여 주는 책이다.

결국 창조로 인한 '존재함'은 '사랑함'이다. 존재하는 모든 것이 사랑의 대상이요, 사랑의 주체인 것이다. 사랑을 떠나서는 진정한 삶이 있을 수 없고 사랑이 없는 우리의 삶은 생명력을 잃고 파괴된다. 피조물인 우리는 언제나 창조의 근본이신 하나님의 사랑의 대상이다. 즉 우리의 존재에 하나님의 사랑이 전제되어 있는 것이다. 하나님은 이 책을 읽고 있는 당신을 사랑하신다. 사랑의 대상이 아니라면 창조하지 않으셨을 것이다.

우리는 존재만으로도 하나님의 사랑을 받을 가치가 있다. 그런 의미에서 생일을 축하하는 것은 매우 의미 있는 일이다. 생일을 축하한다는 말에는 '당신이 존재한다는 사실에 감사한다'라는 의미가 담겨 있다. 생일인 사람에게 '당신이 …을 해서, …을 이루어서 감사한다'라고 하지 않는다. 마찬가지로 하나님은 내가 무엇을 하거나 무엇을 가져서가 아닌, 단지 '나'의 존재를 기뻐하고 사랑하신다.

그러므로 누구도 하나님의 사랑의 대상을 함부로 축소시켜서는 안 된다. 하나님은 '다른 사람은 다 사랑하셔도 나는 아닐 거야'라고 생각하는 바로 그 사람을 사랑하신다. 그 사람을 위해 예수님이 십자가를 지셨다. 하나님의 사랑을 받기 위해 내가 할 수 있는 일은 아무것도 없다.

'무'로부터의 창조

창조 전의 상태는 어떠했는가? 아무것도 없었다. 창조는 이러한 절대 무(absolute nothingness)의 상황을 전제로 한다. 캄캄하고 공허하고 어떤 소망도 없어 보이는 상태야말로 진정한 창조의 조건이다. 그때는 오직 하나님만 존재하셨다. 그분만이 어떤 것도 바랄 수 없는 상태에 유일한 희망이다. 그분이 존재하는 한, 너무나 절망적인 상황도 창조의 좋은 조건일 뿐이다. 창조를 믿는 사람은 그 진리를 함께 받아들인다. 창세기 1장 1절은 우리의 모든 절망을 쓸어버리는 절대 소망의 선언이다.

성경에서 '창조하다'라는 단어가 가장 많이 나온 책은 '창세기'가 아닌 '이사야'다. 창세기에 여섯 번 나오는 이 단어는 이사야에 무려 열일곱 번 나온다. 바벨론에 멸망당할 당시의 유다는 한치 앞도 내다볼 수 없는 흑암과 절망의 상황에 처해 있었다. 주전 6세기경 하나님은 칠흑 같은 어둠에 갇혀 있던 그분의 백성을 위해 '창조'라는 단어를 선지자의 입에 담아 주셨다.

흑암과 절망은 하나님의 창조의 언어를 꿈틀거리게 한다. 아무것도 '없음'은 '있음'을 위한 유일한 조건이 충족된 상태다. 하나님의 역사에서 어두움과 공허는 끝이 아니라 시작이다. 창조의 태양은 어떤 가능성도 없어 보이는 막막한 수평선에서 눈부시게 솟아오른다. 창조의 능력은 과거의 역사나 통념 또는 확률을 보기 좋게 무시한다. 그래서 창조를 믿는 자는 통계나 환경이 아니라 모든 불가능을 뛰어넘는 하나님의 절대 능력을 믿는다.

창조는 하나님의 본성인 사랑의 표현이다. 하나님은 사랑하셔서 창조하셨다. 신적인 사랑도 '무'(nothing)의 조건에서 출발한다. 반면 인간의 죄는 창조에서 흑암과 절망의 상황을 연출한다. 아무것도 바랄 수 없는 '무'와 불가능의 상황이다. 그러나 그 죄로 인한 나락의 상황은 하나님의 절대 사랑을 드러내는 유일한 조건을 만족시킨다. 그런 의미에서 창조와 십자가는 같은 형식을 취한다. 하나님은 사랑할 수 없는 조건에서 사랑하신다. 그분의 절대적인 아가페 사랑은 십자가로 드러났다. 죄악으로 인한 파멸과 절망의 극치에서 우리의 온전함이 아닌 그분 자신의 희생을 유일한 조건으로 삼는 무조건적인 사랑을 보여 주셨다.

어린 시절 나는 그야말로 사고뭉치였다. 원래 드러나게 소란을 피우는 스타일은 아니지만 소리 없이 문제를 일으켰다. 한번은 어머니가 학교에 불려가신 적이 있는데, 속이 많이 상하셨는지 학교에 다녀오신 후 방문을 걸어 잠그셨다. 그렇게 한참을 우셨는지, 기도하셨는지 방에서 나온 어머니의 눈은 부어 있었다. 그리고 어머니는 내 손목을 잡고 어디를 가자고 하셨다. 얼떨결에 따라 나가서 당도한 곳은 뜻밖에도 유명한 브랜드의 신발 가게였다. 가지고 싶어도 사 달라고 말할 엄두도 못 내던 비싼 운동화였는데 어머니는 그것을 사 주셨다. 당시 철없던 나는 어머니의 마음을 헤아릴 수 없었다. 아니 생각하지도 않았던 것 같다. 그런데 오랜 시간이 지난 후 그 안에 담긴 사랑의 의미를 천천히 깨닫기 시작했다.

사랑은 죄가 있는 곳에서 가장 극명하게 드러난다. '무'에서 창조가 일어나는 것처럼 인간의 절망스러운 죄 가운데 하나님의 사랑은 찬란한 빛을 발한다. 하나님은 선지자나 시편 기자를 통해, 예수님과 사도들과 수많은 하나님의 사람을 통해 죄가 있는 곳에 은혜가 있음을 선포하신다. 그 은혜의 구체적인 내용은 조건 없는 사랑, 즉 무조건적인 사랑이다. 사랑의 하나님은 아무것도 없는 곳에서도 여전히 "있다"라고 말씀하신다.

창조와 복음은 어떤 불가능도 거부한다. '결혼한 총각'이 모순이 듯 절망이나 포기는 하나님의 창조와 사랑과는 반대 개념으로, '크리스천'인 우리의 삶에서 본질상 모순이다. 창조주 하나님을 믿고 그리스도의 복음을 받아들였다면 낙심과 좌절은 어울리지 않고 논리적으로도 맞지 않는 것이다.

소 / 그 / 룹 / 을 / 위 / 한 / 질 / 문 /

1. 다양한 사랑 이야기 중 가장 먼저 떠오르는 것은 무엇인가? 실제 경험이든, 소설이든, 영화나 드라마든 나누어 보자. 그리고 그 이야기를 통해 하나님의 사랑에 대해 알게 된 것이 있다면 무엇인지 나누어 보자.

2. 무(nothingness)에서 창조가 이루어진 것처럼 하나님은 절망적인 죄에서 우리를 구원하셨다. 그 창조와 구원의 원리가 나에게 적용된다는 사실을 어떻게 생각하는지 나누어 보자.

3. 우리의 존재 자체에 하나님의 사랑이 전제되어 있다는 사실이 나에게 주는 위로와 도전은 무엇인가?

02
창조는 증거에 근거하지 않는다

우리는 창조의 선언에서 형이상학적 신학의 한계를 본다. 그런 하나님의 개념으로는 실제 일어났고 계속되고 있는 창조를 제대로 설명하기 어렵다. 철학적, 논리적인 사고는 하나님 존재를 설명하거나 그분이 존재해야 한다는 필연성은 주장할 수 있다. '실제로 존재하는 신이 더 완전한 신이기에 완전하신 하나님은 존재한다'는 안셀무스의 주장이나, '가장 궁극적인 원인자로서의 신은 존재할 수밖에 없다'는 아리스토텔레스 철학을 사용한 아퀴나스의 설명, '유한한 인간이 완전한 하나님의 개념을 가질 수 있다는 것은 완전한 존재가 실재로 있다는 것이다'는 데카르트의 신존재 증명이나, '세상의 부정의에 대한 정의로운 심판자가 필요하기에 신이 존재해야 한다'는 칸트의 도덕론적 방법 등은 기독교 신앙을 위한 철학적, 논리적인 사고의 결과들이다.

그러나 성경은 하나님의 존재에 대한 논증에 관심을 보이지 않는다. 책상에서 이루어지는 작업으로 그 존재적 필연성까지는 논의할 수 있을지 모르나 하나님을 알 수는 없다. 하이데거(M. Heidegger)

는 그런 존재론적이고 형이상학적인 하나님은 우리가 무릎 꿇어 경배하고 기도를 드리는 대상이 아니라고 역설한다. 하나님은 그저 가만히 존재하거나 세상의 역사에 팔짱을 낀 채 멀리서 바라보고만 계시는, 이신론(deism)에서 말하는 그저 '합리적인' 신이 아니다.

인식의 출발점

'창조하다'라는 말은 히브리어로 '바라'(bara)다. 무에서 유를 만든다는 뜻으로 오직 하나님만 주어로 사용할 수 있다. 사실 그 단어는 그 자체로 신비롭다. 창조라는 말의 의미만으로도 우리의 생각을 넘어서기 때문이다. 도대체 어떻게 '아무것도 없는 것'(nothing)에서 '무엇인가'(something)가 나올 수 있단 말인가?

하나님의 행위로서 창조는 인간의 언어나 사고에 얽매이지 않는다. 절대적 진리는 분명히 존재하지만 그것에 접근하는 인간의 방법론은 늘 한계에 부딪힌다. 인간의 언어와 사고는 불완전하고 시대와 문화의 편견 속에 물들어 있기 때문이다. 따라서 창조를 비롯한 하나님의 진리는 어느 정도의 합리성을 가질 수는 있지만 인간의 추론이나 증명의 산물이 될 수 없고 그렇게 되어서도 안 된다. 다만 그러한 노력은 믿음으로 얻은 진리를 지지하고 설명하는 데 제한적인 도움이 될 뿐이다.

근본주의적 성향을 가진 사람들은 성경의 내용을 객관적으로 증명할 수 있다고 주장한다. 하지만 이는 이제 근대의 유물이 되어 버린 과학주의(scientism)나 논리실증주의(logical positivism)적[1] 착오다. 앨빈 플랜팅가(Alvin Plantinga)가 말했듯이 창조를 인간의 이성이나 과학으로 증명하려는 시도는 망치를 써야 하는 일에 드라이버를 사용하는 것과 같다. 그러므로 과학으로 하나님의 창조에 접근할 때는 그 한계와 역할을 명확히 할 필요가 있다.

크리스천 과학자들은 창조를 증명하기보다 다른 무신론 이론에 대해 창조 신앙에 기초한 과학이 얼마든지 가능하다는 것을 보여 주어야 한다. 그때 창조에 대한 믿음은 과학적인 정당성을 확보하고 그로써 현대인의 신앙과 변증에 매우 유용한 도움이 될 수 있다.

하나님의 존재를 증명해 내라는 무신론자들의 요구도 같은 선상에 있다. 무신론도 믿음인데 어느 누구도 하나님이 존재하지 않는다고 증명할 수 없다. 그러므로 과학이 무신론을 지지하고 있는 것처럼 말하거나 하나님의 존재에 대한 증명의 짐을 교묘하게 유신론자들에게 떠미는 것은 정당하지도, 정직하지도 못한 태도다.

영국의 철학자 데이비드 흄(David Hume)은 "현명한 사람은 증거에 비례하여 신념(belief)을 가진다"라고 말했다. 증거가 없는 신념을 인식론 입장에서 폄하한 것으로 계몽주의가 한창이던 18세기 사람다운 발언이다. 그러나 돌아보면 증거는 없지만 사실인 신념들을 너무 쉽게 접할 수 있다. '나는 지난 과거를 후회하고 있다', '나는 10년 전 고난주간에 금식을 했다', '그 책이 마음에 위안이 되었다' 등의 사실은 증거를 찾을 수 없거나 증거가 필요하지 않는 것이다. 세상에 존재하는 수많은 사실의 증거를 어떻게 다 챙길 수 있겠는가?

성경은 하나님의 창조나 존재를 증명하려고 시도하지 않는다. 그저 "태초에 하나님이 천지를 창조하셨다"라고 선포한다. 인간에게 그것을 설명하거나 설득하려는 의도가 전혀 보이지 않는다. 오히려 그 엄연한 사실을 인식하는 데 인간의 생각이나 기준이 효과적인 도구가 될 수 없음을 말하는 듯하다. 즉 하나님이 세상을 창조하셨는지, 안 하셨는지는 인간이 검사관이나 재판관으로 결정할 문제가 아니라는 것이다.

창조는 인식의 결과가 아니라 출발점이다. 창조는 하나님을 믿는 사람들의 지적 체계(noetic system)[2]의 가장 근본에 자리를 잡고 그것에 근거한 다른 사실에 해석과 의미를 부여한다. 예를 들어 '나는 아름다운 자연을 볼 때 창조주의 손길을 찬양한다', '아내는 하나님이 사랑하시는 딸이기에 소중히 여겨야 한다', '하나님이 주신 내 몸을 잘 관리하기 위해 흡연을 하지 않는다' 등은 하나님의 창조를 전제로 하기에 내 삶에 주어진 의미다.

'A'라는 명제가 사실이 되려면 그것을 증명해 주는 'B'라는 다른 명제가 있어야 한다. 다시 'B'라는 명제가 사실이 되려면 'C'라는 명제가 필요하고, 그렇게 명제가 사실이 되기 위한 과정은 반복된다. 그러다 보면 그 연결의 맨끝에는 가장 기본적인 명제가 있어야 한다. 그렇지 않으면 증명의 사슬이 계속되어 회의론에 빠지게 된다. 따라서 그 증명의 사슬을 멈추게 할 명제는 더 이상 증명이 필요 없고 증명할 수도 없는 것이어야 한다.

'하나님이 세상을 창조하셨다' 또는 역으로 '하나님은 존재하지 않는다'와 같은 명제는 이를 증명하기 위한 명제가 더 이상 없기에 '기초 신념'(basic belief)이라고 한다. 기초 신념은 설명이나 추론이 아닌 '믿음'에 근거한 것이다.

크리스천에게 창조는 모든 생각과 지식의 근본이 되는 기초 신념이다. 따라서 기초 신념으로서 창조는 증명할 수도, 증명이 필요하지도 않다. 증명할 수 있거나 증명이 필요하다면 그것은 이미 기초 신념이 아니다. 창조는 다른 지식이나 명제의 근거는 될 수 있지만 어떤 것도 창조의 절대성을 증명할 수는 없는 것이다.

이는 하나님의 존재를 비롯한 믿음에 근거한 여러 가지 내용, 예를 들어 '성경은 하나님의 말씀이다', '예수님은 하나님의 아들이다', '예수님은 부활하셨다', '구원은 하나님께 속한 것이다' 등에 대해서도 마찬가지다. 따라서 하나님의 존재나 그분의 창조를 증명해 낼 수 있다고 하거나 증명을 요구하는 것은 기초 신념의 속성을 무시하고 일반 명제와 혼동한 태도라 할 수 있다.

삶을 해석하는 출발점

그렇다면 사랑은 어떠한가? 하나님의 사랑을 증명할 수 있을까? 창조와 마찬가지로 하나님의 본성인 사랑도 기초 신념의 범주에 속한다. '하나님은 사랑이시라'는 증명이 필요한 명제가 아니라 우주 질서의 기초요, 영원한 신적 선포다.

하나님의 사랑에 대해 어떤 증거가 있는가? 내가 원하는 것이 이루어졌다고 하나님의 사랑이 증명된 것일까? 반대로 내 소원이 이루어지지 않았다고 하나님의 사랑이 반증된 것일까? 똑똑하고 잘생기고 배경이 좋으면 하나님의 사랑을 받은 것이고, 반대로 못생기고 가난하면 하나님이 미워하시는 것인가?

어떤 집사님이 계속되는 어려운 일로 힘든 시간을 보내고 있었다. 그 가운데 하나님이 정말 자신을 사랑하시는지에 대한 의심이 들었다. 그래서 어느 날 답답한 마음에 점쟁이를 찾아갔다고 한다. 그런데 문지방에 들어서자마자 무당이 "너 예수쟁이지?"라고 묻는 바람에 깜짝 놀라 그냥 뛰쳐나왔단다. 그 순간 '내가 하나님의 딸이 맞구나!'를 확실히 알게 되었다는 것이다.

굳이 그런 방법으로 하나님의 자녀 됨이나 그분의 사랑을 확인할 필요는 없다. 물론 나에게 생기는 일을 통해 하나님의 사랑을 느낄 수도 있지만 그 근거는 나의 경험보다 한층 더 깊다. 내가 누구인지, 주님의 사랑을 받고 있는지에 대한 진리는 나의 이성이나 경험에 근거한 증명의 문제가 아니다. 오직 그리스도의 십자가를 통해 나타난 하나님의 사랑, 즉 복음만이 궁극적으로 그 사실을 확인시켜 준다.

우리는 그 복된 소식을 믿음으로 받아들였다. 그리고 하나님의 사랑에 대한 믿음은 우리 삶의 모든 경험과 해석의 기초가 된다. 우리가 창조라는 거대한 진리 앞에 겸허히 서 있는 것처럼, 크고 넓은 하나님의 사랑 앞에서 우리는 감히 우리의 생각과 경험으로 '사랑이다, 아니다'를 논할 수 없다.

기독교 신앙은 변하지 않고 영원하며 결코 실패하지 않는 하나님의 사랑 위에 세워진다. 나아가 우리는 삶의 모든 일이 그 확고한 사랑의 토대에 근거한 것임을 믿는다. 크리스천은 어떤 상황 속에서도 하나님의 사랑으로 힘을 얻고 다시 일어서는 이다. 물론 때로는 그분의 사랑을 의심하고 하나님께 울부짖거나 심지어 따지기도 한다. 하나님을 믿는다고 해서 모든 상황과 고난을 즉시 수용하거나 감사하고 기뻐할 수 있는 것은 아니다. 그러나 우리의 의심과 울음과 탄식은 하나님의 사랑을 다시 인정하고 신뢰하는 방향 가운데 이루어진다. 그것이야말로 그분의 사랑을 떠난 자들의 원망이나 절망과 차별되는 거룩한 감정이자 태도요, 정체성이다.

대부분 우리는 세속적이고 이기적인 사랑의 방식을 가지고 하나님의 사랑을 우리의 사고의 틀 안에 구겨 넣으려 한다. 그러나 사랑의 하나님에 대한 믿음이 우리의 삶을 해석하는 출발점인 것을 안다면 모든 판단 이전에 그분의 사랑을 인정할 수밖에 없을 것이다. 크리스천의 삶에서 하나님을 하나님으로 여기는 것은 그분이 '사랑의 하나님이심'을 십자가 복음을 토대로 받아들이는 것이다.

믿음이야말로 우리의 가치와 지식과 감각의 기초(foundation)다. 하나님의 사랑의 궁극적인 증거는 예수 그리스도뿐이다. 예수 그리스도를 믿는 것은 이성이나 경험과 같은 엉성한 토대가 아니라 인간이 증명할 수 없지만 결코 부서지지 않는 견고한 기초다.

우리는 오랫동안 객관적인 지식 자체를 의심해 왔다. 아퀴나스는

"믿는 자에게는 설명이 필요 없고 믿지 않는 자에게는 설명이 불가능하다"라고 말했다. 13세기 당대 최고의 신학자였던 그는 이미 객관성이 모호해진 21세기를 내다보고 있었던 것 같다. 창조도, 사랑도 '객관적 지식'의 대상이 아니다. 창조는 믿음으로만 증명되고 사랑도 그렇다. 즉 믿음을 통해 알게 되고 그렇게 얻은 지식은 다시 믿음을 증거하고 추구하는 것이다.

사랑이야말로 객관성과 주관성의 구분이 없어진 이 시대에 모든 것을 끌어안으며 삶과 지식을 지탱한다. 객관주의라는 근대적 횡포를 이기는 것은 주관주의도, 상대주의도 아닌 사랑이다. 그런 의미에서 사랑은 근대의 폭력과 획일성이 무너져 주관성의 혼란 가운데 있는 이 시대와 다음 세대의 유일한 해답이다.

계속적인 사랑의 표현

창조는 일회적이거나 과거 속의 사건이 아니다. 하나님은 지금도 일하고 계시고 그분의 창조는 계속해서 진행 중이다. 하나님은 태초에 천지를 창조하셨을 뿐 아니라 그 만드신 세계를 보존(preservation)하신다. 보존은 그분이 계속 일하신다는 '증거'다. 뉴턴은 하나님의 계속적인 행위가 없다면 물리적 세계는 비존재(non-existence)로 소멸되었을 것이라고 말했다. 보존은 창조의 연장선 위에 있다.

창조는 하나님의 사랑의 행위다. 그리고 보존도 하나님의 계속되는 사랑의 표현이다. 어거스틴은 존재한다는 사실 자체가 하나님의 사랑의 증거라고 말했다. 그 말에 따르면 나에 대한 하나님의 사랑이 지금 내가 존재한다는 사실을 증명한다. 심지어 나의 육신이 썩어 없어질지라도 하나님은 나를 사랑하셨고, 지금도 사랑하시고, 영원토록 사랑하실 것이다.

그러므로 창조를 믿는 것은 하나님이 나를 사랑하신다는 진리를 함께 받아들이는 것이다. 그 사실은 오늘 우리가 어떤 상황이나 문제 가운데 있어도 하나님의 사랑을 의심할 수 없게 만든다. 변할 수 없는 그 진리가 오늘 슬픔과 외로움과 절망 속에 있는 당신을 벌떡 일어서게 하는 구령이 되기를 바란다.

창조에는 책임이 따른다. 창조는 아이를 낳는 것 같은 사랑의 행위요 결과다. 나를 창조하심은 그분의 사랑의 행위로, 창조는 사랑 없이 생명만 주시는 냉혹한 행위가 아니다. 사랑은 그 사랑의 대상을 계속 보호하고 지킨다. 부모가 자녀를 사랑한다면서 내팽개치지 않고, 꽃을 사랑하면서 물을 주지 않을 수 없는 것과 같다. 사랑은 끊임없이 그 대상을 향한 보호 본능이 일어나게 한다. 그러므로 하나님이 나를 창조하고 사랑하신다는 진리는 그분이 나를 지키고 계신다는 의미와 결코 분리할 수 없다.

북아메리카 '나바호'라는 인디언 부족은 마을에서 사내아이가 장성하여 성년이 되면 대대적으로 성년식을 거행한다. 그들은 성년이 되는 마지막 관문으로 잔치가 끝난 후 소년을 깊은 숲속 한가운데 있는 나무에 묶는데, 소년은 그 상태로 새벽까지 밤을 보내야 한다. 숲속에 사나운 맹수들이 먹이를 찾아다니는데도 그렇게 무서운 밤을 이겨야만 성인이 되고 싸움에 나갈 수 있는 장부로 인정받는 것이다. 그런데 맹수에게 먹힌 소년은 아직 하나도 없다고 한다. 왜냐하면 소년의 아버지가 아들을 보이지 않는 가까운 곳에서 지키고 있기 때문이다. 아버지는 나무 뒤에 숨어 화살 통에 화살을 가득 채우고 맹수들을 향해 언제든지 쏠 수 있도록 긴장 속에서 밤을 샌다.

하나님은 사랑하는 자녀들을 지키시는 분이다. 때로는 우리가 더 성숙하고 강해지도록 어려움을 허락하시지만 결코 그냥 내버려두시지 않는다. 그분은 환란 가운데서 우리를 보호하신다. 시편 기자는 이렇게 찬양한다.

"여호와는 너를 지키시는 이시라 여호와께서 네 오른쪽에서 네 그늘이 되시나니 낮의 해가 너를 상하게 하지 아니하며 밤의 달도 너를 해치지 아니하리로다 여호와께서 너를 지켜 모든 환난을 면하게 하시며 또 네 영혼을 지키시리로다 여호와께서 너의 출입을 지금부터 영원까지 지키시리로다"(시 121:5-8).

'아니, 내 삶이 이렇게 엉망진창이 되었는데 하나님이 나를 지키고 계시다고?' 시편 기자는 그런 의심 속에서 다시 믿음으로 하나님을 바라본다. 그리고 하나님이 나를 창조하셨다는 사실이 그 모든 혼돈과 이해되지 않는 상황에 대한 해답임을 깨닫는다. 그래서 "나의 도움은 천지를 지으신 여호와에게서로다"(시 121:2)라고 고백하는 것이다.

하나님이 나를 지키고 도우시는 것은 그분이 나를 지으셨기 때문이다. 하나님이 "나의 도움"이 되시고 "천지를 지으신", 즉 '나를 지으신' 것은 결코 구분할 수 없다. 나를 사랑하사 나를 만드신 하나님은 같은 이유로 나를 지키신다. 나는 '나를 지으신' 사실을 직접 보거나 이해한 것이 아니다. 믿음으로 받아들였을 뿐이다. 또한 나를 향한 그분의 돌보심도 다 이해할 수 없다. 그것은 나의 이해와 느낌이 아니라 그분의 본성과 주권적인 행위에 달려 있기 때문에, 우리는 전적으로 그분을 신뢰하고 인정해야 한다.

창조를 고백하는 자는 하나님이 자신을 지키심도 함께 고백한다. 그러므로 하나님의 지으심을 받은 자는 더 이상 보호자가 없는 고아처럼 살지 말아야 한다. 눈을 들어 산을 보라. 그리고 자신을 보라. 나의 '있음'을 통해 나를 지으시고 지키시는 사랑의 증거를 보라.

소 / 그 / 룹 / 을 / 위 / 한 / 질 / 문 /

1. 믿음이 없는 주변 사람들이 크리스천의 신앙에 대해 주로 하는 질문은 무엇인가? 나는 그 질문에 뭐라고 대답하는가?

2. 하나님의 창조나 그분의 사랑에 대해 의심하고 있다면 그 의심의 근거를 살펴보는 것이 필요하다. 혹시 내가 기독교 신앙을 온전히 받아들이지 못하는 이유가 그분을 나의 이성과 논리로 이해하려고 하기 때문은 아닌지 생각해 보자.

3. 나는 무엇으로 하나님의 사랑을 확신할 수 있는가? 그 확신의 근거에 대해 서로 나누어 보자.

03
창조의 원리는 삶에 적용되는 원리다

창조의 동기를 생각할 때 우리는 두 가지 개념을 떠올릴 수 있다. 바로 '사랑'과 '자유'다. 칼 바르트는 '사랑'과 '자유'가 하나님의 모든 속성을 포함한다고 말했다. 사실 그 두 가지 개념을 통해 하나님을 좀 더 가까이 볼 수 있다. 특별히 하나님의 창조는 그분의 사랑과 자유가 만나는 분기점에 자리를 잡고 있다. 둘 중 하나라도 없으면 창조는 불가능하면서 불완전한 것이 된다.

논리적으로 우선되는 창조의 원리는 하나님의 자유다. 그분의 자유는 사랑보다 먼저 언급되어야 한다. 하나님은 심심하거나 고독해서, 또는 억지로 창조하신 것이 아니다. 어떤 필연성이나 당위성으로 창조가 이루어졌다고 주장하는 것은 하나님을 피조물에 의존하는 존재로 전락시키는 것이다.

하나님이 그분의 사랑 때문에 창조하시지 않을 수 없었다고 말하는 사람들이 있다. 그러나 하나님은 그분의 본성 때문에 어쩔 수 없는 선택을 하신 것이 아니다. 다른 선택을 할 수가 없어 창조하신 것이 아니라 그분의 완전하고 영원한 자유 속에서 선택하신 것이다.

세상은 하나님의 내적 필요에 의한 산물이 아니요, 창조는 그렇게 필연적이며 부자연스러운 것이 아니다.

하나님은 '무'에서 세상을 창조하셨다. 이는 단지 아무것도 없는 상태에서 무언가 생겼다는 물리적인 의미에 머물지 않는다. 그것은 하나님이 어떤 조건에 얽매이지 않고 완전하고 자유롭게 창조 행위를 하셨다는 뜻을 포함한다.

하나님은 자유로우시다. 다시 말해 그분은 창조하시지 않을 수도 있었다. 그러나 그분의 사랑이 하나님의 자유를 창조로 이끌었다. 자유는 있으나 사랑이 없다면 그분은 창조하시지 않았을 것이다. 반대로 사랑은 있으나 자유가 없다면 그분은 필연적이고 의존적인 창조자가 되었을 것이다. 하나님은 창조를 위해 그분 안에 있는 사랑과 자유를 조화시키어 위대한 선택을 하셨다. 사랑은 자유로움 속에서 태어나고 자유는 사랑으로 성숙하고 아름다워진다.

사랑에 기초한 자유

사랑의 본성은 사랑의 대상을 기대한다. 하나님은 사랑의 대상을 만드시면서 그분의 본성을 나누신다. 그것은 우연히 이루어진 것이 아니라 그분의 자발적이고 희생적이며 의지적인 행위다. 창조에 나타난 하나님의 자유는 사랑에 기초한 것이다.

'자유'의 사전적인 의미는 '남에게 구속을 받거나 무엇에 얽매이지 않고 자기 마음대로 행동하는 일, 또는 그러한 상태'[3]다. 즉 내 맘대로 편하게, 원하는 대로 무엇이든 하는 것으로 많은 사람들이 그렇게 생각한다. 그 뜻은 니체가 자유를 '나를 아는 사람으로부터 멀리 떠나는 것'이라고 말한 것과 일맥상통한다.

교육전도사 시절, 20대 중반의 나는 사람들의 시선에 무척 예민 했다. 한번은 학교에서 교회를 가는데 무척 배가 고팠다. 당시 교회 근처 지하철역에는 각종 음식을 파는 좌판이 즐비했는데, 이 거룩 한(?) 전도사는 배가 고픈데도 혹시나 교인들을 만날까 봐 음식을 사먹지 못했다. 길에서 음식을 사먹는 것이 흉이 아닌데도 나는 유 명하지도 않은 내 얼굴을 지키고자 배고픔을 참았다.

그로부터 몇 년 후 나는 영국으로 유학을 갔다. 비행기에서 내렸 을 때 처음 다가온 느낌은 외로움보다 자유였다. '아, 이곳에는 나를 아는 사람이 아무도 없구나.' 니체가 자유를 그렇게 말하던 이유를 알 것만 같았다. 길에서 무엇을 사먹든, 어떤 옷차림으로 무슨 일을 하든, 나를 아는 사람이 없으니 마음과 행동이 편했다.

많은 유학생이 외국에서 그런 자유를 누린다. 사실 누린다기보다 남용한다고 표현하는 것이 더 맞다. 영국에서 청년 사역을 하다 보 니 한국에서 온 학생들을 가까이서 볼 기회가 많았다. 그들 중 상당 수의 삶은 그야말로 고삐를 풀어놓은 망아지마냥 자유분방했다. 부 모의 간섭과 주위의 눈치를 살필 필요도 없고 통제되지 않은 자유 를 만끽하는 것이다. 그러나 그 자유는 그들을 점점 죄와 타락으로 몰아간다. 과연 그런 모습을 진정한 자유라고 할 수 있을까? 죄의 행동은 사람들을 자유케 하기는커녕 죄로 옭아매어 노예로 만드는 것이 아닌가? 니체가 말한 자유는 진정한 자유가 아니다. 오히려 그 반대다.

나는 그러한 현상을 '사랑을 상실한 자유'라고 규정하고 싶다. 자유는 참된 사랑을 만날 때 진정성을 갖게 된다. 자유가 사랑에서 멀어질 때 그 자유는 우리를 자유인이 아니라 노예로 만든다. 죄의 노예, 욕망의 노예, 돈의 노예가 되게 한다. 사랑하지 않을 때 우리는 참된 자유로부터 멀어진다.

그러나 사랑하는 사람은 사랑을 구속이라 여기지 않고 오히려 더 자유롭다고 느낀다. 부모를 사랑하는 아이들은 부모와 함께 있을 때 자유롭고, 배우자를 사랑하면 배우자와 함께 있을 때 자유롭다. 마찬가지로 하나님을 사랑하면 그분과 함께할 때 가장 자유롭다. 사랑으로 인해 진짜 자유를 얻으면 거짓 자유를 버리게 된다. 죄를 짓고 방탕해지는 자유, 사랑할 자와 미워할 자를 선택하는 자유, 내가 상대를 통제하려는 자유, 스스로 인생의 주인이 되려는 자유 등이다.

사람은 가장 경건할 때 가장 자유하다. 하나님의 영은 사랑의 영이다. 그래서 바울은 사랑의 영(주의 영)이 계신 곳에 자유함이 있다고 선포한다(고후 3:17). 오직 사랑의 하나님만이 진리다. 본성이 사랑이신 하나님이 우리를 사랑하신다는 것보다 확실한 진리는 없다. 그러므로 하나님이 나를 사랑하신다는 그 진리가 우리를 자유롭게 한다(요 8:32).

사랑의 나눔

창조는 하나님의 나눔의 사건이다. 그것은 구체적으로 '자신을 나눔'이다. 중세 신학자들은 창조를 하나님이 그분 자신의 본질을 나누신 것이라고 표현했다. 그들은 하나님의 본질을 가리켜 '존재'(esse)라는 단어를 사용했다. 그래서 그 존재를 나누는 것이 창조이며, 창조물은 존재와 비슷하지만 동시에 다른 존재를 소유하게 된다. 하나님의 초월성을 확보하기 위해 하나님과 피조물의 본성의 차이를 강조한 것으로, 이는 그들에게 매우 중요한 관심이었다.

하나님이 자신을 나누신다는 것은 그분의 본성을 나누는 것이다. 본성은 존재의 핵심, 가장 소중한 것이다. 그것은 그분의 본성인 사랑의 맥락에서 분명한 의미를 갖는다. 가장 소중한 것은 사랑으로 나눌 수 있다. 사랑이 아니면 그렇게 하지 못한다. 창조가 나눔이요, 자신을 나누는 것이라면, 그것은 사랑으로 가장 소중한 것을 나누는 것이다.

아들이 어릴 때 가장 좋아하는 것은 '꿈틀이'라는 젤리였다. 어느 날 그 젤리를 먹고 있었는데 할아버지가 옆으로 다가왔다. 그러자 아이는 봉지에 손을 집어넣어 꿈틀이를 하나씩 밖으로 꺼내 놓더니 마지막에 제일 크고 긴 것을 주저하지 않고 할아버지께 내밀었다. 할아버지께 제일 좋은 것을 주고 싶었던 것이다. 나중에 한 봉지에 왕꿈틀이는 한 개밖에 없다는 사실을 알고 할아버지는 큰 감동을 받았다. 그 후로 한동안 할아버지는 틈만 나면 손자에게 그 젤리를 사 주었다.

사랑은 남의 것을 가져오는 것도, 남의 것을 나누는 것도 아니다. 사랑은 자신의 것, 그중에서도 가장 소중한 것을 나누는 것이다. 그런데 여기에 놀라운 기적이 있다. 그 나눔으로 인한 결과가 줄어들지 않고 늘어난다는 것이다. 하나님의 본성인 사랑은 아무리 나누어도 줄어들지 않는다. 그 사랑 때문에 하나님은 계속 창조하신다. 그리고 그렇게 할수록 그분의 사랑의 대상은 더욱 확대된다.

나는 대학 졸업 후 신학대학원 입학을 앞두고 조금이나마 나누는 삶을 살아야겠다고 결심했다. 그래서 찾아간 곳이 집 근처에 있는 한 복지관이었다. 복지관 직원은 잠시 파일을 뒤적거리더니 1급 뇌성마비 형제에게 영어를 가르쳐 줄 수 있는지 물었다. 내 영어 실력을 생각하면 선뜻 대답할 수 없었지만 중학교 수준이면 된다는 말에 용기를 얻어 덜컥 하겠다고 했다.

영어를 가르치는 일은 사실 내 속살을 드러내는 것과 같이 부끄러운 일이었다. 나는 발음도, 문법 실력도 누구를 가르칠 만한 실력이 아니었다. 그런데 그 형제는 처음에 영어 책을 그냥 읽어 달라고 하더니 나중에는 아예 내가 읽는 것을 녹음하겠다고 했다. 뻣뻣하고 어색한 발음이지만 요청대로 해주었다. 창피함도 익숙해지니 괜찮아졌고 그 일은 몇 년간 지속되었다.

지금 돌아보니 뇌리를 스치는 한 가지 깨달음이 있다. 그 형제에게 영어를 가르친 일은 이후 내 삶에 기대하지 않았지만 큰 선물로 돌아와 있었다. 하나님은 보잘것없는 영어 실력을 나눈 나에게 내가 나눈 것보다 훨씬 더 많은 것을 주셨다. 전임전도사로 있을 때 원어민 하우스 메이트를 주셔서 영어에 대한 두려움을 없앨 수 있었고, 유학 시절 입학을 위해 치르는 영어 시험마다 간신히 통과하는 이변의 연속을 경험했다. 어학에 대한 부족한 감각을 알기에 그것은 '주신 것'으로밖에 설명할 수 없다. 어설픈 영어지만 영어를 가르치는 아르바이트도 하고 유학을 마친 후에는 신학교에서 영어로 학생들을 가르쳤다. 그뿐 아니라 내 삶에 그렇게 누린 은혜의 간증은 셀 수 없다. 가나에서 물을 떠 온 하인들처럼 나는 기대 이상으로 주시는 은혜가 무엇인지 안다. 나눔은 줄어드는 것이 아니라 오히려 풍성하게 한다.

물론 나눔이 외적인 풍요로움으로만 귀결되는 것은 아니다. 오히려 더 궁핍해질 수도 있고 예기치 않은 상황을 만날 수도 있다. 그러나 사랑의 나눔은 그것을 감수하고 기쁨으로 나누는 것이다. 부끄러움과 손해를 감수하는 마음은 나누지 않고 계속 가지려는 마음보다 크고 풍요로운 인생의 증거다. 그것이야말로 우리 삶의 진정한 소유다.

사랑은 자신을 나누면서 타인을 풍요롭게 한다. 그리고 그 타인의 풍요로움이 다시 자기에게 돌아오는 유기적인 순환의 특성을 가진다. 즉 사랑으로 주는 행위는 타인에게 무언가를 갖게 해주고 또한 처음 준 자에게 어떤 형태로든 되돌아온다. 결국 사랑이 사랑을 일으키는 것이다.

창조의 확장

사랑의 나눔은 줄어들지 않을 뿐 아니라 오히려 확장된다. 나눔의 내용도 커지고 나누는 사랑도 더 커진다. 창조는 없던 것이 생기는 것이므로 창조의 결과는 계속해서 그 수와 양을 더한다. 창조를 통해 하나님의 영역이 확장되는 것이다. 우주의 주인이신 하나님에게는 그분의 영역을 더 넓혀야 하는 필연성이 없지만, 사랑은 그분의 창조의 대상과 범위를 더 확장시킨다.

자신의 가장 소중한 것을 나누면서 이루는 풍요와 확장, 그것이야말로 창조의 비밀이요 나눔의 신비다. 확장은 다른 것을 빼앗는 것이 아니라 자신이나 자신의 가장 소중한 것을 나누면서 얻는다. 그러한 창조의 신비는 경험한 사람만 아는 비밀이다. 그렇지 않으면 아무리 들어도 모른다.

자신의 성공과 이익만을 위해 달리는 인생은 창조의 목적과 원칙에 어긋나는 삶이다. 창조를 믿는 것은 단지 세상의 시작을 아는 것이 아니다. 나눌수록 더 커지는 창조의 원리를 내 삶으로 가져오지 않으면 창조되었지만 창조의 신비를 누리지 못한다. 세상을 만드신 창조주의 본성이 우리 인생의 가치와 방식에 대한 답이라는 사실은 너무 소중한 진리다. 그러면 이제 '어떻게 살아야 하는가'에 대한 답도 얻은 것이다.

나는 착한 일을 하면 하나님이 복을 주신다는 개념으로 그 문제에 접근하고 싶지 않다. 더 많은 것을 갖기 위해 의도적으로 나누는 꼼수를 유발할 수 있기 때문이다. 그 문제는 사랑 때문에 자신의 가장 소중한 것을 나누는 창조의 법칙을 도입해야 풀 수 있다. 나눔과 희생은 당장은 아니지만 결국 자신에게 이익을 준다. 그러한 삶의 원리에 오늘 우리를 향한 하나님의 사랑과 은혜가 고스란히 담겨 있다. 그것은 드러나 있으나 모두 알 수 없는 비밀이다.

"주라 그리하면 너희에게 줄 것이니 곧 후히 되어 누르고 흔들어 넘치도록 하여 너희에게 안겨 주리라"(눅 6:38).

톨스토이는 《사람은 무엇으로 사는가》라는 소설을 통해 인간의 삶을 궁극적으로 규정하는 것이 무엇인지에 대해 답한다. 그 답을 찾아내는 것이 하나님의 명을 어겨 지상으로 내려온 천사 미카엘의 과제였다. 그리고 그는 몇 년 동안 구두수선공으로 일하며 겪은 여러 사건을 통해 결국 해답에 이르게 된다. 그것은 바로 '사랑'이었다.

삶에 대해 숙고해 본 사람이라면 '사랑'의 의미를 진지하게 생각한다. 그리고 어렴풋이 사랑만이 인간을 인간답게 하고 삶을 삶답게 하는 것임을 알게 된다. 사랑은 세상을 만드신 하나님의 본성이요, 그분의 본성을 따라 지어진 우리의 삶을 이끌어 가는 가장 근원적인 에너지다. 그래서 세상은 그분의 본질인 사랑을 벗어나면 제대로 알 수 없다. 사랑을 모르면 나 자신은 물론, 하나님과 인생도 알 수 없다.

소 /그 /룹 /을 /위 /한 /질 /문 /

1. 나는 지금 어떤 자유를 누리고 있고, 어떤 자유가 필요한가?

2. 하나님을 사랑하고 그분과 관계를 맺는 것이 삶의 자유를 침해한다고 여긴 적이 있는가? 그런 면에서 이 장의 내용이 나에게 주는 도전은 무엇인가?

3. 내 것을 나누어 더 풍성해진 경험이 있는가? 그런 삶의 방식이 내 삶에 어떤 영향과 변화를 줄 것이라고 기대하는가?

2장

사랑의 하나님의 정체성

삼위일체

04
삼위일체 하나님은 사랑의 공동체다

'토끼와 거북이'는 우리가 잘 아는 내용이 아닌 또 다른 이야기가 있다. 시험을 보는 날 학교로 가는 언덕에서 만난 토끼와 거북이는 누가 빨리 도착하는지 달리기 시합을 했다. 일찍 도착해서 시험 준비를 하기 위해 토끼는 쏜살같이 달려갔다. 반면 거북이는 서두르지 않았다. 워낙 걸음이 느리다 보니 그냥 천천히 걸었다. 그러면서 길가에 핀 예쁜 꽃들과 인사하며 손도 잡아 주고 꽃들의 얼굴도 어루만져 주었다. 드디어 시험 시간이 되었다. 시험지 문제를 본 토끼와 거북이의 눈이 동그래졌다. 시험 문제가 '학교로 올라오는 언덕에 피어 있는 꽃들의 이름을 아는 대로 쓰시오'라는 단 한 가지였기 때문이다.

짧지만 소중한 진리를 명쾌하게 알려 주는 이야기다. 인생에서 중요한 것은 속도가 아니라 방향임을, 성취가 아니라 관계임을 가르쳐 주는 이 이야기를 듣는 순간 우리는 삶을 돌아보게 된다. 관계가 우리의 삶에서 중요하다는 교훈은 철학이나 윤리 차원에서 논의되다가 최근에는 과학적 연구를 통해 더욱 설득력을 갖게 되었다.

하버드 대학교 의대 정신과 교수인 로버트 월딩거(Robert Waldinger)는 1938년부터 75년 동안 다양한 사람의 인생을 추적하여 연구한 끝에 인간의 행복에 대한, 평범하지만 매우 중요한 결론을 확인했다. 그것은 우리의 행복이 돈이나 성공, 명예 또는 열심히 노력하는 데 있지 않고 바로 '좋은 관계'에 있다는 것이다. 좋은 관계는 단지 행복뿐 아니라 건강, 특히 뇌의 건강을 보호하고 수명을 늘려 준다.

반면 고독은 그와 전혀 다른 결과를 가져온다고 한다. 연구 결과에 따르면 외로운 사람들의 사망률이 친밀한 관계를 맺은 사람들보다 3배나 높았다. 흡연, 잘못된 식습관, 비만, 알코올 중독 등으로 건강이 나빠도 좋은 관계를 맺고 사는 사람은 건강이 좋지만 고독한 사람들보다 훨씬 더 오래 살았다. 혼자서 외롭게 보양식을 먹는 것보다 친한 친구들과 함께 인스턴트 라면을 끓여먹는 것이 건강과 삶의 질을 높인다는 것이다. 함께 연구에 참여했던 로버트 퍼트넘(Robert Putnam)교수는 소속된 곳이 없다가 어딘가 소속되기로 결심하는 순간 "다음 해에 죽을 위험이 절반으로 줄어든다"라고 말한다.

또 하나의 연구 결과도 주목할 만하다. 그 실험에서는 276명에게 감기 바이러스를 주입했는데, 강한 유대관계를 가진 사람은 바이러스를 이기는 능력이 고립된 사람보다 4배나 높았다. 즉 좋은 관계를 누리는 사람은 감기에 걸릴 확률이 낮아서 바이러스의 수가 적고 콧물도 훨씬 적게 나온 것이다. 인생에서 관계의 중요함을 알리는 이야기들은 성공하지 못한 사람들의 변명도, 무능한 자들의 패배주의적 자위도 아니다. 또한 행복이나 건강에 유용한 방법론의 문제만도 아니다. 사실 그것은 기독교의 가장 핵심적인 주제다.

세 위격과 하나님의 본질

삼위일체론은 기독교 하나님의 정체성을 알려 준다. 그것은 불교, 힌두교는 물론 유대교와 이슬람교 등의 신관과 차별되는 기독교 신관의 핵심이다. 그러나 삼위일체의 내용을 정확하게 설명하기는 쉽지 않다. '하나님은 셋이면서 하나'라는 표현은 우리가 가진 보편적인 논리에 정면으로 도전할 뿐 아니라 합리성으로 무장한 인간을 당혹스럽게 한다.

삼위일체에 대해서는 성경조차 인색할 만큼 말을 아낀다. 연관된 구절들조차 체계적인 설명을 하기보다 오히려 논란을 가중시킨다. 잘못 이야기했다가 이단 시비에 말려들 수도 있기 때문에 되도록 건드리지 않는 것이 상책이다. 이렇듯 삼위일체는 여러 가지 이유로 기독교 신앙에서 가장 예민하고 어려운 주제다.

그런 난해함 때문인지 목회 현장에서도 삼위일체론은 제대로 된 관심을 받지 못한다. 또한 무분별한 사용과 오해도 많다. 한 예로 교회에서 많이 부르는 찬양 중 "다시 오실 왕 여호와께"라는 가사가 나오는 곡이 있는데 나는 그 부분을 부를 때마다 불편하다. 신학 훈련의 부작용이라 할지 모르지만 다시 오실 이는 성부이신 여호와가 아니라, 성자이신 예수님이 아닌가 하는 생각에 찬양의 흐름을 놓치는 것이다.

삼위일체론의 발전은 중세 필리오케(filioque)논쟁[4]으로 한바탕 홍역을 치르고 11세기 동서 교회가 갈라진 이후 거의 이루어지지 않았다. 그 후 중세 말기와 근대를 거쳐 거의 논의되지 않다가 20세기 들어서 칼 바르트(Karl Barth), 칼 라너(Karl Rahner), 위르겐 몰트만(Jurgen Moltmann), 볼프하르트 판넨베르크(Wolfhart Pannenberg) 등 스위스와 독일 신학자들을 중심으로 그 중요성이 다시 논의되기 시작했다.

사실 삼위일체는 수학적으로 도식화하거나 개념의 틀 속에 집어넣기가 쉽지 않다. 그러나 그 내용은 의외로 단순하다. 하나님 한 분이 '세 위격'의 연합체로 존재하시며 연합체로서 하나님은 '하나의 본질'을 갖고 계신다. 삼위일체론의 토대를 마련한 4세기 카파도키아의 신학자들은 하나의 본질(ousia)이면서 세 개의 위격(hypostaseis)을 가진 신관을 분명히 했는데[5] 성부, 성자, 성령 하나님이 각각 구분된 위격과 사역 가운데 하나의 본질을 공유하신다는 것이다. 그 본질은 다름 아닌 사랑이다.

삼위 하나님은 사랑 가운데 서로 사랑하는 공동체를 이루신다. 사도 요한은 "하나님은 사랑이심이라"(요일 4:8)는 선언으로 사랑이야말로 인간이 하나님을 표현하는 최고의 단어임을 알려 준다. 사랑은 하나님의 여러 속성 중의 하나라고 할 수도 있으나, 더욱 확대된 개념으로 보면 그 사랑 안에 그분의 모든 속성이 들어 있다. 거룩,

정의, 지혜, 능력 등 모든 신적 속성을 하나님의 사랑 안에서 발견할 수 있다는 것은 이 책이 궁극적으로 말하려는 내용이기도 하다.[6]

세 위격의 사귐

사랑의 관계는 혼자만으로 이루어지지 않는다. 사랑은 사랑하는 자와 함께 그 사랑을 받는 대상의 존재가 전제되어야 한다. 주체와 객체 중 하나만 없어도 사랑 자체는 불가능하다. "당신은 사랑받기 위해 태어난 사람"을 노래하는 것은 그(녀)를 사랑해 주는 존재가 있다는 사실을 포함한다. 사랑의 주체는 있는데 대상이 없다면 사랑은 성립하지 않는다.

그런데 그렇게 사랑의 기본 전제를 하나님께 적용할 때 한 가지 질문이 생긴다. 하나님은 사랑의 주체로 사랑의 대상이 필요하다. 그 대상은 그분이 만드신 인간이자 세상, 곧 피조물이라 할 수 있다. 그렇다면 창조하시기 전, 즉 사랑의 대상이 없을 때 하나님도 여전히 사랑의 하나님이라고 할 수 있는가? 사랑의 대상이 생기기 전인 상태에서 하나님은 누구를 사랑하실 수 있는가? 그러면 창조를 기준으로 그 전후에 하나님의 본질이 바뀌었다는 말인가? 물론 그 신적 사랑이 하나님 안에 가능태로 존재했다고 할 수도 있지만 삼위일체론은 하나님께 사랑이 단지 가능태가 아니었음을 가르쳐 준다.

앞서 살펴봤듯이 삼위일체론은 다른 종교와 구별되는 기독교 신관이요, 하나님의 영원한 본성이 사랑이라는 진리의 근거이기도 하다. 왜냐하면 하나님이 한 위격이라면 주체와 대상을 모두 요구하는 사랑이 성립하지 않기 때문이다. 결국 삼위일체론은 하나님의 본성이 세상을 창조하시기 전 영원 속에서 여전히 사랑이었음을 알려 준다.

하나님은 영원 속에서 삼위의 사랑을 나누신다. 성부, 성자, 성령의 세 위격이 서로 사랑하며 사랑의 주체와 대상이 되기에 하나님은 내부적으로 그의 본질인 사랑의 요건을 충족하신다. 삼위일체 하나님은 그 자체로 사랑의 공동체다. 그는 이미 영원 전부터 삼위로 사랑의 공동체를 이루셨다. 즉 "하나님은 사랑이심이라"는 성경의 선포는 시간을 초월한 진리다.

삼위 공동체로의 초대

삼위일체 하나님은 사랑의 대상을 자신으로만 국한시키지 않고 그 사랑을 피조물인 우리를 향해 베푸신다. 삼위이신 하나님은 사랑의 공동체를 이루고 이루어 가신다. 각각의 피조물은 독립적이고 분리된 개체가 아니라 하나님과 사랑으로 연결된 존재다. 인간은 하나님과 교제하고 사랑하도록 지음받은 피조물이다.

성부 하나님은 인간을 창조하실 때 그분의 생기를 우리 안에 불어 넣으셨다(창 2:7). 그로 인해 우리는 하나님과 사랑의 교제를 나누는 영적인 감각을 지니게 되었다. 아담과 하와가 에덴동산에서 하나님의 음성을 들었다는 것으로 그들이 하나님과 교제하는 존재였음을 알 수 있다. 그러나 인간의 죄악은 하나님과의 교제를 끊어 놓았고 인간과 하나님을 멀어지게 했다. 그리고 그 끊어졌던 관계가 그리스도로 인해 다시 회복된 것이 기독교의 복음이다.

죄로 인해 하나님과의 사랑의 교제가 끊어진 상태를 구약의 이스라엘 역사라고 한다면, 신약은 그 관계의 회복을 이야기한다. 성자 예수님은 자신의 몸을 휘장처럼 찢으시며 하나님과 우리 사이의 막힌 담을 허셨다. 그로써 그리스도를 믿는 우리는 절망적인 죄와 사망에서 벗어나 다시 하나님과 친밀한 교제를 나누는 관계를 회복하게 되었다.

성자 예수 그리스도의 속죄는 우리를 다시 공동체적 삶으로 초대한다. 그리스도의 십자가로 인해 인간은 하나님과는 물론 다른 피조물들과의 깨진 관계를 회복해 간다. 그렇게 하나님과 화해한 인간은 내재적 사랑의 패턴(God-I)을 외부적으로, 즉 다른 사람들 및 피조물과의 관계(I-others)에서 회복하는 것이다. 그래서 하나님을 사랑하는 자는 이웃을 사랑한다. 이는 윤리적 당위성이라기보다 창조와 구속함을 받은 인간의 존재론(ontology)이요, 그리스도인의 실존이다.

그러므로 그리스도의 속죄는 개인적인 차원을 넘어 공동체를 향한다. 구원은 하나님 나라의 운동, 즉 하나님이 원하시는 공동체의 회복이다. 하나님의 그 방대한 계획 속에 나의 개인적인 구원이 있다. 개인의 영혼 구원만 강조하고 사회적·공동체적 책임을 간과하는 것은 기독교의 참된 복음이 아니다. 나만을 위한 신앙은 복음을 왜곡하고 자신과 교회를 다른 사람들과 세상으로부터 고립시킬 뿐이다.

구약에 나타난 예언자들의 외침도 단지 율법을 지켜서 개인이 복을 받는 메시지가 아니라 계약 공동체의 회복이 일차적 목적이다. 하나님은 객과 고아와 과부를 돌보지 않는 개인의 제물을 받지 않으셨다(사 1장). 즉 하나님과의 관계는 이웃과의 관계와 분리될 수 없는 것이다.

성령의 역사도 공동체적이다. 우리가 그리스도를 영접할 때 우리 안에는 그리스도의 영이 거하시게 된다. 바울이 갈라디아서 2장 20절에서 내 안에 그리스도가 사신다고 한 것은 그리스도의 영, 즉 성령의 내주하심을 말한다. 우리 안에 계신 성령은 삼위일체 하나님의 공동체 안으로 우리를 인도하고 그 안에서 주님과 친밀한 교제를 나누게 하신다.

나아가 성령의 역사는 나와 타인과의 관계를 회복시킨다. "평안의 매는 줄로 성령의 하나 되게 하신 것을 힘써 지키라"(엡 4:3). 성령은 관계와 사랑의 영이다. 그분은 용납할 수 없는 사람을 용납하고 사랑할 수 없는 사람을 사랑하게 하신다. 그 사랑의 영은 서로 다르고 하나 될 수 없었던 사람들을 묶어 아름다운 공동체가 되게 하고 그 안에서 치유와 변화와 생명의 역사를 체험하게 하신다.

1. 기독교의 삼위일체론은 다른 종교의 신관과 분명하게 구별되는 내용이다. 크리스천으로 살아가는 나의 삶에서 다른 종교인이나 믿지 않는 사람들과 구별되는 모습은 무엇인가?

2. 나의 삶에서 '관계'나 '공동체'가 중요한 이유는 무엇인가? 나는 거기에 얼마만큼의 가치를 두고 있는가?

3. 나의 삶에서 변화가 필요한 관계는 무엇인가? 그것이 나의 신앙에서 중요한 이유는 무엇인가?

05
우리는 하나님의 공동체에 초대되었다

인간이라면 누구나 어딘가에 속하고 싶고 연결되어 사랑하고 사랑 받고 싶은 욕구가 있다. 이 글을 읽는 당신도 예외가 아닐 것이다. 하나님은 인간에게 공동체에 대한 갈망을 주셨다. 그래서 플라톤의 《국가론》, 어거스틴의 《하나님의 도성》, 루터의 《두 왕국론》 등 세기의 역작은 인간의 공동체에 대한 근본적 갈망을 반영한다. 그런 갈망이야말로 인간 됨의 근저를 이룬다.

그러나 이런 궁극적인 갈망과 목표와는 달리 현실 속에서 인간은 고립되어 있다. 죄와 이기심과 경쟁 속에 살면서 관계 안에서 누려 야 할 복을 누리지 못하고 고독에 몸서리친다. 영혼의 그 깊은 갈망 을 채우지 못한 채 우리는 각자 외롭고 다른 이들도 외롭게 만든다. 나도 추울 뿐 아니라 다른 사람들까지 춥게 만드는 것이다.

고슴도치는 외로운 동물이다. 한 마리에 몇백 개에서 몇천 개씩 있는 고슴도치의 가시는 피부를 뚫을 만큼 강력하다. 그 가시가 박 히면 체온 때문에 더 강하게 고정되고 곪아서 심지어는 죽을 수도 있다. 외로운 고슴도치는 고독한 인간의 실존과도 같다. 추위를 느껴 함께 모이지만 몸에 돋친 가시가 서로 상처를 줄까 봐 무서워서 서로 가까이하지도 못한다. 그렇게 서로 소외시키고 소외된다.

"그는 이 사막에서 너무 외로워 이따금 뒤로 걸었다. 자기 앞에서 발자국을 보기 위해서." 프랑스 파리의 지하철공사가 공모해서 선정된 이 시는 고독을 달래 보려는 인간의 처절한 몸부림을 그림처럼 보여 준다. 아마도 그 절망적인 외로움은 자신의 발자국을 보는 것으로도 해소되지 않았을 것이다. 나 자신은 외로움의 주체일 뿐, 고독을 해결해 주는 존재가 아니다. 옆에 누군가가 있어도 고독의 문제는 해결되지 않는다. 친구들과 어울려도, 심지어 가족과 함께 있어도 외로움을 느낄 때가 있다.

《행복은 전염된다》(김영사, 2010)에는 사람들이 1년에 고독을 느끼는 일수가 평균 48일이라고 나온다. 고독을 적게 느끼는 사람도 있지만 어떤 사람들은 거의 항상 느낀다. 연구 결과에 따르면 고독을 느낄수록 친구를 잃게 된다고 한다. 즉 고독이 나를 더 고독하게 만드는 것이다. 나아가 고독감은 새로운 관계를 만들려는 노력까지 움츠러들게 한다. 외로움을 느끼는 사람일수록 그에게 남아 있는 몇몇 사람마저 잃게 될 가능성이 높아 고독이 증폭된다. 그리고 그 고독은 다른 사람들에게 전염된다.

사랑받기를 갈망하는 인간이 사랑받지 못하는 것에 대해 두려움을 갖는 것은 당연하다. 사실 그 두려움을 드러내는 것도 두려워한다. 일종의 비밀스런 두려움이다. 우리는 그 두려움을 부정하고 싶어 한다. 오직 사랑밖에 해결할 수 없는 그 두려움은 우리를 더욱 소외된 상태로 몰아간다.

어릴 적 부모가 안고 쓰다듬어 주지 않은 아이는 아무리 좋은 음식을 먹어도 신경발육부진에 걸릴 확률이 높다고 한다. 또한 자살에 관한 많은 연구는 사회적 고립이 자살의 중요한 원인이라고 지적한다. 우리는 그 근본적인 이유를 탐구함으로 우리의 삶을 파괴시키는 고독의 원인을 찾아내야 한다.

성경이 말하는 고독

때로는 고독의 시간이 필요하지만 인간의 고립과 고독은 분명 하나님이 의도하신 목적이 아니다. 그렇다면 왜 우리는 외로울까? 이를 위해 많은 사회학적·심리학적 연구가 이루어지고 있다. 통계적으로 볼 때 고령화로 인한 1인 가구의 증가, 첨단기술 발달 등에 따른 유대감 약화 등 사회적 변화가 외로운 사람을 많이 양산했다. 또한 과거 집단의 형태로 구성되었던 사회 구조가 핵가족 형태로 변하고 결혼률 감소로 인한 독신 증가 등 고독한 사람의 수가 증가했다.

그러나 성경이 주목하는 고독의 원인은 죄다. 죄의 결과로 인간은 하나님께 소외당하고 인간들도 서로 분리되었다. 소외와 분리의 결과로 인간은 수치심과 두려움과 불안에 시달린다. 그러한 상태를 벗어나는 것이야말로 인간의 가장 절실한 욕구다. 죄는 연합을 깨뜨린다. 그들이 서로 비방하는 모습 속에서 우리는 죄의 결과를 본다. 나아가 범죄한 아담과 하와는 자신들의 벌거벗음을 부끄러워했다. 그것은 그들이 죄를 짓기 전, 서로 연합했을 때는 알지 못하던 감정이었다. 부끄러움은 서로 분리되어 있다는 자각이다. 사랑으로 연합한 부부는 부끄러워하지 않는다. 그런 의미에서 자녀가 부모 앞에서 벗은 몸을 부끄러워하기 시작하는 것은 자연스러우면서도 그들이 부모로부터 분리되고 있음을 알리는 징조다.

그런 분리감을 극복하기 위해 인간은 갖가지 변질된 방법을 사용한다. 도취적 합일, 성적문란, 동물숭배, 하이브리드적 결합 등이 그러한 예다. 마조히즘(masochism)은 다른 사람의 일부가 되어 고립감에서 벗어나려 하는 것이고, 반대로 사디즘(sadism)은 폭력이나 억압을 통해 다른 사람을 자신의 일부로 만들어 소외감과 분리감에서 도피하려는 증상이다. 모두 왜곡된 사랑의 형태다.

관계에 실패한 사람, 마음을 나누는 친구 하나 없이 외로워하는 사람이 의미 있고 기쁨이 충만한 삶을 누리는 것을 본 적이 있는가? 부와 명성을 거머쥐었지만 친구가 없는 사람, 전화번호에 연락처는 많지만 정작 외롭고 힘들 때 연락할 사람이 없는 사람들은 하나같이 깊은 후회를 안고 삶을 마감한다.

반대로 관계에 성공한 사람, 멋진 우정을 쌓고 가족에 헌신하며 사랑을 주고받는 묘미를 터득한 사람 중에 불쌍한 인생을 사는 사람은 없다. 돈이 아무리 많아도, 일터에서 아무리 높은 자리에 올라도, 결국 우리에게 중요한 것은 사람이다. 멋진 관계를 쌓는 사람, 함께 웃고 울고 사랑받고 사랑하는 사람은 위대한 삶을 누린다. 사람에게 일생을 건 사람은 죽는 순간에 결코 후회하지 않는다.

샬롬, 고독에 대한 해답

닐 플랜팅가(Neil Plantinga)는 '샬롬'이라는 히브리 단어에서 인간의
처절한 고독으로부터 해방되는 중요한 실마리를 찾아낸다. 그의 해
석에 따르면 샬롬은 정의와 약속의 성취와 환희 속에서 하나님과
인간과 모든 창조물이 서로 연결되고 연합되는 것이다. 이는 죄에
서의 자유이고, 외로움과 고독에 대한 해답이고, 죄의 결과에 빠져
있는 인간의 실존에 대한 구속의 목적이다.

폴 틸리히(Paul Tillich)는 인간의 실존은 비존재에 대한 불안이라
고 말했다. 인간은 존재(being)와 비존재(non-being) 사이에서 불안해
한다. 그것은 궁극적으로 존재의 근원이신 하나님(Being)과 하나님
이 없는 비존재(non-Being) 사이에 처한 인간의 실존에서 기인한다.
하나님과의 관계는 인간 실존의 불안에 대한 근본적인 해결이다.
즉 샬롬은 모든 관계의 회복으로서 하나님과의 관계에서부터 시작
된다. 그 관계의 회복은 모든 소외와 분리의 현실 가운데 고통당하
는 우리를 향한 하나님의 계획이다.

하나님과 이루는 관계는 그분의 본성인 사랑의 관계다. 사랑은
인간 실존의 문제에 대한 궁극적인 해답이다. 세속적인 에로스는
결코 그 문제의 답이 될 수 없다. 인간의 사랑은 임시적이고 조건적

이며 제한적이다. 오직 하나님의 사랑만이 그 실존적 불안에 대한, 분리된 인간의 두려움과 외로움에 대한 유일한 해결책이다. 십자가에 나타난 그 사랑을 우리에게 주셨고 그 사랑에 이 세상 모든 문제에 대한 답이 있음을 믿는 것이 기독교 신앙이다.

삼위일체론을 통해 놀라는 것 중 하나는 삼위 하나님이 이루신 공동체 속에 우리가 초대되었다는 사실이다. 그리스도의 속죄로 인해 우리는 성부, 성자, 성령 하나님과의 친밀한 사귐이 가능해졌고, 이전의 하나님과 멀어진 상태에서 그분의 임재와 교제권 안으로 들어가게 되었다. 크리스천의 삶이란 그 신적 사랑의 공동체 안에서 기쁨과 감격을 누리며 사는 것이다. 그 영광스러운 초대를 생각해 보는 것만으로도 놀랍지 않은가?

나아가 삼위일체 하나님을 믿고 그분의 공동체에 참여한다는 것은 다른 사람들 및 모든 피조물과 아름다운 관계를 맺는 것으로 확장된다. '다른 사람들'이란 나와 다른 사람, 어려운 사람, 소외된 사람, 심지어 원수까지 포함한다. 이는 모든 크리스천이 함께 추구해야 하는 것으로 나의 성격이나 성향에 따른 선택의 문제가 아니다. 우리의 목표는 세상 속에서 하나님의 사랑이 근간이 된 관계와 공동체를 이루는 것이다.

헨리 나우웬(Henri Nouwen)은 《영성수업》(두란노, 2007)이라는 책에서 사도행전을 기도, 공동체, 사역의 형식으로 보았다. 사도들은 기도했고 기도의 자리에서 공동체를 이루었다. 그 둘 중 어느 하나라도 부족하면 사역은 성립되지 않았다. 기도는 하나님과의 관계이고 공동체는 다른 사람들과의 관계다. 하나님 나라의 사역은 그 두 가지 관계가 견고해야 이루어지고 그렇지 않으면 무너진다.

우리의 신앙과 삶도 마찬가지다. 기도와 공동체를 통해 사역으로 나아간다. 그때 순서도 중요하다. 하나님과의 관계가 제대로 형성되지 않고 사람들과의 관계에만 머물러 있으면 영적 토대는 언제든 무너지게 된다. 인간에게는 우리를 지으신 하나님과 하나 되고 싶은 강렬한 영적 갈망이 있다. 그것은 곧 하나님의 갈망이기도 하다. 그래서 그분은 세상을 창조하시고 우리를 만드셨다.

고독에서 시작된 공동체

우리는 사람을 진정한 의미에서 만나기 위해 먼저 하나님 앞에 홀로 서야 한다. 그런 의미에서 인간의 고독은 하나님을 만날 수 있는 상황을 설정한다. 처절한 고독의 실존을 벗은 몸으로 대면할 때 인간은 비로소 하나님을 찾게 된다. 고독 속에서 우리는 자신이 얼마나 연약하며 깨진 존재인지를 발견한다. 동시에 그 고독 속에서 하나님을 만난 자는 자신이 놀라운 하나님의 사랑을 받는 자라는 사실을 깨닫는다. 그리고 나와 다른 사람, 소외된 사람, 나아가 모든 사람이 하나님의 사랑을 받는 자라는 소중한 진리를 받아들인다. 그때 비로소 공동체가 이루어지기 시작한다. 그래서 헨리 나우웬은 "고독이 고독을 만나 공동체를 이룬다"라고 말했다. 즉 공동체는 고독과 고독이 만나서 서로 받아들이며 함께 집을 지어가는 것이다.

인간은 때때로 상황에 따라 고독할 수 있다. 그러나 크리스천은 더 이상 외동딸이나 외동아들이 아니다. 우리가 하나님을 아버지라 부를 때 우리에게는 형제와 자매가 생긴다. 고독 속에서 만난 하나님은 우리를 그렇게 다른 자녀들과 연결시키신다. 그분을 아버지로 둔 자녀들이 받는 놀라운 은혜다. 그 은혜 안에서 우리는 고독의 문제를 뛰어넘은 자신을 발견한다. 하나님의 사랑 안에서 회복된 영혼은 '인간은 고독하다'라는 실존적 푸념에 대해 벅찬 감격으로 "난 이제 외롭지 않다"라고 말할 수 있다. 사랑할 준비가 된 것이다.

사랑할 수 있을 때 사랑하고 사랑할 수 없을 때도 사랑하라. 미움과 사랑 중에 사랑을 선택하라. 지금 당신 옆에 있는 고슴도치를 안아 주라. 고슴도치를 안는 것은 그를 있는 그대로 사랑하고 그의 약점과 아픔을 가슴으로 품는 것이다. 아프더라도 사랑하라. 그것이 십자가에 나타난 하나님의 사랑이요, 성경이 말하는 사랑이다.

사랑을 배우고 경험하고 훈련받은 사람들은 하나님의 부르심을 받은 공동체가 된다. 세상 속에 나타난 하나님의 임재다. 하나님의 공동체는 나와 우리가 품은 하나님의 사랑을 보여 주고 증거하며 전하는 사역을 감당한다. 공동체 밖의 상처받고 외롭고 소외된 사람들을 어루만지고 끌어안으며 공동체로 초대한다. 하나님 나라는 그렇게 살아 있고 역동적인 사랑의 공동체를 통해 세상 속으로 퍼져간다.

1. 내 삶에서 가장 외로움을 느꼈던 때는 언제인가? 그것이 내 삶에 끼친 부정적인 영향은 무엇인가?

2. 고독의 원인을 깊이 생각해 보는 것은 중요한 일이다. 그 고독이 하나님과의 분리에서 온다는 것을 어떻게 생각하는가?

3. "고독이 고독을 만나 공동체를 이룬다"라는 헨리 나우웬의 말이 주는 의미를 다시 생각해 보자. 나는 고독 속으로 더 들어가 하나님을 만나려 하는가? 그러면서 다른 사람을 진정으로 만날 준비를 하고 있는가?

06
연합은 사랑의 희생으로 이루어진다

내가 아는 한 목사님은 많은 사람이 존경하는 분이지만 이 시대의 마지막 경상도 남자라 불릴 만큼 무뚝뚝하다. 그 세대의 많은 남자가 그렇듯이 아내에게 애정표현이나 따뜻한 말을 건네는 것도 어색해한다. 사모님은 그런 남편의 모습에 자신을 정말 사랑하는지 자주 의심이 들었는데, 몇 년 전 일어난 한 사건으로 그 모든 의심이 사라졌다고 했다.

어느 날 사모님이 갑자기 아프셔서 응급실에 실려 갔다. 구급차를 타고 병원으로 가시며 사모님은 그동안 보지 못했던 남편의 모습을 보았다. 목사님이 아내의 손을 잡고 닭똥 같은 눈물을 하염없이 흘렸던 것이다. 목사님의 그 눈물은 사모님의 모든 섭섭함과 의심을 단숨에 씻을 만큼 강력했다. 그 후로 사모님은 남편의 사랑에 대한 의심과 섭섭함이 사라졌다고 한다. 서운한 일이 생길 때마다 그때를 생각하며 스스로 위로하고 추스른다는 사모님의 넋두리가 약간은 자랑처럼 느껴졌다.

마음속에 있는 사랑은 어떻게든 표현될 수밖에 없다. 삼위일체 하나님은 그분 안에서뿐 아니라 그분이 하시는 모든 일에서 그분의 본성을 반영한다. 각각의 삼위가 공유하는 본질이 사랑이고 삼위의 관계도 사랑이며 궁극적으로 삼위일체 하나님이 세상에 드러내시는 것이 사랑이다. 그분의 성품이 사랑이요, 창조의 동기와 방법이 사랑이고, 복음의 핵심이 사랑이며, 하나님이 역사를 이끌어 가시는 방법과 능력이 사랑인 것이다. 그분의 모든 계시는 사랑을 드러내고 그 계시의 가장 중심에는 삼위일체 하나님이 계신다.

그런 의미에서 삼위일체론은 하나님 스스로 감추시는 신비이기보다 스스로 드러내시는 계시다. 하나님은 우리가 그분에 대한 참된 지식을 갖고 그 성품과 행위를 따르기 원하신다. 그것은 서로 사랑하며 그 사랑을 세상에 드러내는 것이다.

삼위일체 각각의 위격이 사랑의 관계를 이루시는 것을 신학적 용어로 '내재적 삼위일체'(The Immanent Trinity)라고 한다. 또한 성부, 성자, 성령 하나님이 외적으로, 즉 역할에 따라 세상에서 활동하시는 것을 '경륜적 삼위일체'(The Economic Trinity)라고 하는데 이는 '삼위 하나님의 밖으로의 사역'(Opera trinitatis ad extra)을 뜻한다.

삼위일체를 이해하면서 '내재적 삼위일체'를 '경륜적 삼위일체'와 연결시키는 것은 매우 중요하다. 이는 신학자 칼 라너가 주장한 것으로 역사 속에서 행하신 삼위일체의 외부적(경륜적) 사역이, 그분이 내재적으로 존재하는 방식과 일치한다는 것이다. 삼위일체 하나님은 세 위격이 내부에서 서로 사랑하시는 것처럼 밖으로도 각각 사랑의 역사를 감당하신다. 성부는 사랑으로 세상을 만드셨고, 성자는 사랑으로 타락한 세상을 위해 십자가를 지셨고, 성령은 사랑으로 세상 속에서 하나님 나라와 우리를 위해 일하신다.

칼 바르트는 그의 《교회교의학》에서 하나님을 사랑의 하나님(The Loving God)으로 결론지으며 하나님의 계시를 삼위일체와 연관시켜 설명한다. 성부는 드러내시는 분(revealer)이고, 성자는 계시 자체(revelation)이며, 성령은 계시됨(revealedness)이다. 아버지 하나님은 우리를 사랑하시는 주체로서 계시자이고, 아들 예수님은 하나님의 사랑을 보여 주시는 계시 그 자체이며, 성령님은 우리에게 예수 그리스도를 통해 나타난 하나님의 사랑을 계속해서 드러내신다.

신학자 위르겐 몰트만이 말해 주듯이 십자가야말로 삼위일체를 가장 선명하게 드러내 주는 사건이다. 십자가에서 성부는 내어 줌의 고통, 성자는 버림받음의 고통 가운데서 하나가 되셨고, 성령은 그 고통의 한복판에서 그리스도를 살리는 영으로 일하셨다. 그 고통과 사랑의 자리는 하나님의 사랑을 계시하는 정점을 이루었고 그 한가운데 성부, 성자, 성령이 함께 계셨다. 십자가의 복음은 삼위 하나님이 지극한 사랑을 보여 주기 위해 행하신 사역의 총화다.

십자가는 우리가 어떤 상황에 있든지, 특히 고통 속에 있는 우리에게 견고한 믿음의 기초가 된다. 십자가에서 우리의 이해와 경험을 초월한 삼위일체 하나님의 사랑이 나타났듯이, 우리의 상상을 뛰어넘는 하나님의 사랑이 우리의 삶에 흐르고 있다. 물론 지금은 우리가 그 사랑의 깊이와 높이와 길이와 너비를 충분히 알지 못할 수도 있다. 하지만 십자가의 구속으로 내가 그 삼위일체의 사랑 안에 거하게 되었다는 진리는 우리 삶의 모든 상황에서 계속 드러날 것이다. 하나님은 내적·외적으로 사랑을 드러내시는 분이다. 그리고 십자가는 아직 드러나지 않은 하나님의 사랑에 대한 증거다.

사랑 안으로 들어감

그리스도인으로 부름받는 것은 바로 삼위일체의 관계성, 즉 성부, 성자, 성령 하나님의 사랑 안으로 들어가는 것이다. 그것이 우리의 존재론적 진리다. 나아가 우리는 세상에서 그분의 사랑을 체험하고 살아내고 드러내면서 그분의 공동체에 참여하게 된다. 그때 삼위일체론은 하나의 교리가 아니라 우리의 삶의 실재가 되는 것이다.

사랑을 벗어난 하나님의 말씀과 행위가 없듯이 크리스천의 모든 일과는 사랑 가운데 이루어져야 한다. 요리도 사랑으로, 공부도 사랑으로, 일도 사랑으로 하라. 그 안에 하나님과 이웃을 향한 사랑이 스며들게 하라. 봉사도 사랑으로, 돌봄도 사랑으로, 가르침도 사랑으로 하라.

"내가 사람의 방언과 천사의 말을 할지라도 사랑이 없으면 소리 나는 구리와 울리는 꽹과리가 되고 내가 예언하는 능력이 있어 모든 비밀과 모든 지식을 알고 또 산을 옮길 만한 모든 믿음이 있을지라도 사랑이 없으면 내가 아무 것도 아니요 내가 내게 있는 모든 것으로 구제하고 또 내 몸을 불사르게 내줄지라도 사랑이 없으면 내게 아무 유익이 없느니라"(고전 13:1-3).

사랑 없이 말하고 행하는 것은 모두 아무것도 아니다. 사랑이 없으면 아무 소용이 없고 유익도 없다. 우리가 하는 모든 것에서 사랑을 빼면 아무것도 남지 않는다. 우리가 하는 모든 일에 그 공식을 대입해 보면 그 가치와 진정성을 쉽게 알 수 있다. 사랑 없이 말하고 행하는 것으로는 하나님의 자녀와 그리스도의 제자 됨을 결코 드러낼 수 없다. 기르는 애완견도 주인이 자기를 사랑하는지 안다. 사랑의 DNA를 가진 모든 존재는 그것을 알아채지 못할 만큼 둔하지 않다. 그러므로 우리의 말과 행동의 동기에 사랑이 묻어나면 우리의 삶을 통해 하나님의 사랑이 드러나고 퍼질 것이다.

자기희생을 통한 연합

그렇다면 우리는 이 '사랑 없음'의 시대에 어떻게 '사랑 있음'을 드러낼 것인가? 하나님을 아는 지식의 핵심인 삼위일체론은 그것에 대해 우리에게 무엇을 가르쳐 주는가? 삼위일체론에 나타난 사랑을 더 자세히 들여다보면 그것은 자기희생적인 사랑이다. 성부는 창조를 통해 그분을 나누며 가장 사랑하는 아들을 내어 주는 희생을 감당하셨다. 성자는 구속 사역을 위해 성육신하시고 인류의 구원을 위해 자신을 희생하셨다. 성령의 사랑의 행위는 얼핏 잘 드러나지 않는 것 같지만 성부와 성자를 증거하며 자신의 역할을 묵묵히 감당하셨다. 겸손하나 과감하고 수줍은 것 같지만 적극적인 희생이다.

삼위일체 하나님이 서로 연합한다는 것은 성부, 성자, 성령 하나님 각각의 자기희생을 말한다. 연합은 희생을 통해서만 이루어진다. 즉 성부, 성자, 성령 하나님의 자기희생은 삼위의 통일성와 연합을 보여 준다. 서로 사랑하면 연합한다. 사랑이 희생을 감당할 수 있게 하기 때문이다. 반면 경쟁 체제에서는 연합이 어렵다. 서로의 이익을 위한 조건적인 연합도 있지만, 오직 자기희생으로 인한 사랑만이 진정한 하나 됨을 이룰 수 있다. 그것이 복음이 가르치는 크리스천의 삶이요 신학이다. 삼위의 자기희생이 없다면 기독교는 서로 경쟁하고 싸우는 신들로 이루어진 삼신론이 되었을 것이다.

세상에서는 경제 원칙이 정의요 가치이자 선이다. 그것은 주는 만큼 받아야 하는 '등가성의 원리'다. 하지만 크리스천의 삶은 그보다 더 높은 정의와 가치 위에 존재한다. 하나님의 말씀은 우리에게 "모든 일을 사랑으로 행하라"(고전 16:14)고 가르친다. 그것은 권면이 아니라 명령이다. 세상은 하나님의 창조의 결과요 하나님은 역사의 주인이기 때문에, 그분의 본성이고 창조의 원리이며 복음의 원리인 사랑이 만물의 원리가 되어야 한다.

사랑은 주는 만큼 받는 것을 기대하지 않는다. 사랑은 자신의 것 중 가장 소중한 것을 아낌없이 내어 준다. 인간의 메마른 감정, 온갖 불평등과 차별, 끊이지 않는 폭력과 전쟁은 사랑이 있어야 할 곳에 온갖 계산과 합리성, 효율성의 원리가 자리를 차지하고 있기 때문이다. 우리는 작은 것을 주고도 그에 대한 대가가 적으면 서운해한다.

조금이라도 손해를 보면 억울해하며 분을 참지 못한다. 그러나 사랑은 모든 것을 주고도 기뻐하고 더 못 주어서 미안해하는 것이다.

갈라디아서에서 바울은 자신을 그리스도와 연합한 자라고 하며 전제 조건을 붙인다. 내 안에 그리스도가 사시려면 내가 그리스도와 함께 십자가에 못 박혀야 한다는 것이다(갈 2:20). 그러나 그 구절을 자세히 보면 내가 십자가에 못 박히기 전에 이루어진 것이 있다. 바로 그리스도가 나를 위해 희생하셨다는 사실로, "내가 그리스도와 함께"라는 표현에 이미 전제된 진리다. 그분은 나를 사랑하사 나와 연합하기 위해 희생하셨다.

삼위일체는 사랑의 연합이다. 그 공동체에 초대받은 우리는 삼위일체의 사랑을 세상에 드러내는 사명을 위해 살아간다. 그것은 우리 스스로 자주 확인해야 하는 인생의 푯대이며 크리스천으로서 삶의 진정성을 가늠하는 기준이다. 그리고 사랑을 드러내는 삶을 판단해 주는 리트머스 종이는 바로 '희생'이다. 희생은 내가 삼위일체적 사랑을 드러내며 살고 있는지에 대해 분명하게 말해 준다. 즉 사랑의 삶을 살고 있는지, 진정한 연합을 이루고 있는지의 기준은 희생이다. 희생은 진정성 없이 사랑과 연합을 외치는 자들의 위선을 폭로한다. 희생이 사랑의 크기이고 연합의 수준인 것이다.

오늘날 사회 곳곳에서 연합을 외치지만 그것을 이루는 희생에 대해서는 대부분 침묵한다. 상호 이익은 연합을 가능하게 하는 것 같지만 사실은 늘 외줄타기처럼 위태롭다. 우리의 날카롭고 이기적인 죄의 본성이 한순간에 그 연합을 찢어 놓기도 하기 때문이다. 반면 자기희생은 연합을 지속시키는 조건이고 능력이며 증거다.

이 시대의 많은 교회가 성도들이 '크리스천이 되는 것'에 대해 아무런 대가(cost)도 치르지 않게 만든다. 예수를 믿으면 얻는 것에 대해서는 많이 말하지만 희생해야 하는 것에 대해서는 침묵한다. 희생이 약하기에 하나님과 이웃에 대한 사랑도 약해진다. 물론 구원은 하나님이 우리에게 거저 주신 선물이다. 하지만 기독교 복음은 하나님이 아들을 대가로 지불하신, 가늠할 수 없는 최고의 가치다. 따라서 그 복음의 연장선 위에 있는 우리의 삶이 '자기희생'에서 멀어지면 우리는 그리스도의 제자가 될 수 없다.

크리스천은 예수님을 따라 십자가의 길을 가는 자다. 십자가는 어쩌다 생긴 불행이나 운명의 가혹함이 아니라 하나님의 뜻에 순종하기 위한 자발적인 고난, 즉 자기희생이다. 그러므로 성도는 자신을 낮추고 손해보고 희생함으로 하나님의 사랑을 세상에 보여주어야 한다. 그 사랑으로 우리가 그리스도의 제자임이 드러나고 (요 13:35) 세상이 변화될 것이다.

1. 나는 사랑을 잘 표현하는 사람인가? 내가 사랑을 표현하는 방식에 대해 나누어 보자.

2. "희생하지 못하는 이유는 진정으로 사랑하지 않기 때문이다"라는 말에 비추어 나 자신을 돌아보자. 나는 얼마만큼의 진정성을 가지고 사랑하는가?

3. 내가 속한 곳(가정, 교회, 직장 등)에서 하나님의 사랑을 드러내고 연합을 이루기 위해 감당해야 할 희생은 무엇인가?

3장

자 발 적 인 사 랑 의 결 과

고통

07
악의 존재는 사랑과 모순되지 않는다

"하나님은 사랑이시라." 기독교 신앙의 근간을 이루는 이 명제는 더 이상 설명이 필요 없는 진리요, 기초 신념이다. 그러나 어쩌면 '하나님'이란 주어에 '사랑이다'라는 술어를 연결하는 것이 어색하다고 생각할 수 있다. 실제로 많은 사람이 그런 연결에 대해 질문하고 의심하고 심지어 반감을 갖기도 한다. 사실 신학적으로 깊은 묵상이 필요한 내용으로, 여기서는 그것에 대해 세 가지 정도만 생각해 보고자 한다.

첫 번째 질문은 '사랑이라는 개념을 하나님과 피조물에게 같은 의미로 사용할 수 있을까?'이다. 그 질문은 초기 기독교 신학에서부터 계속 논의해 온 것이다. 우리가 표현하고 느끼는 '사랑'이 어떻든 하나님의 사랑과 비슷한 데는 의심할 여지가 없다. 만약 그렇지 않다면 하나님의 사랑은 우리가 이해하거나 공감하거나 접근할 수 없는 것이 되어 버린다.

하지만 사랑을 하나님과 인간에게 같은 의미로 적용하고 그저 정도나 크기의 차이라고 말할 수 있을까? 그 질문에 대해서는 그동안 많은 논의가 있었고 정통 신학은 그것을 잘못된 것이라 규정한다. 사랑으로 보면 우리는 작은 나무이고 하나님은 큰 나무인 것이 아니다. 신학 용어로는 그것을 '신인동형론'(anthropomorphism)[7]이라고 하는데 이는 하나님의 초월성을 간과하는 신학적인 오류에 속한다. 하나님의 사랑이 우리의 사랑보다 더 크거나 많다고 할 때 그 신적인 사랑을 우리의 생각의 범주 안에 축소시켜 버리기 때문이다.

그래서 아퀴나스는 사랑이나 지혜 또는 선함 등 하나님을 서술할 때 쓰는 개념은 오직 하나님께 먼저, 제대로 사용할 수 있다고 주장했다. 같은 단어라도 피조물에게 쓸 때는 이차적(secondary), 추론적(derivable) 또는 비슷한 의미로만 사용한다는 것이다. 어떤 존재도 감히 그 거룩한 단어를 하나님과 동일한 의미로 사용할 수 없다는 지적은 하나님의 타자성(otherness)을 확보하려는 신학적 관점에서 매우 중요하다.

"사랑은 하나님께 속한 것이니"(요일 4:7)라는 요한의 선언은 그러한 진지한 신학적 묵상을 반영한 것이라는 생각이 든다. 사랑의 하나님을 우리의 개념과 경험으로만 이해하려 할 때, 때때로 혼돈에 빠질 수밖에 없는 이유가 바로 여기에 있다.

반대로 하나님의 사랑을 전적으로 초월이나 신비의 영역으로만 보는 것도 위험하다. 그것은 하나님에 대한 우리의 지식을 무력화시켜 불가지론이나 회의론에 빠지게 한다. 하나님에 대해 아무것도 알 수 없기에 그분의 사랑을 느끼거나 알려는 모든 노력을 포기한다면 우리의 경건한 감정이나 거룩한 지식도 방향을 잃게 된다. 분명히 하나님은 우리가 그분의 사랑에 대해 알기를 원하신다. 그렇지 않다면 우리에게 예수 그리스도를 보내지도, 그분을 통해 하나님을 계시하시지도 않았을 것이다. 하나님은 오히려 그분의 사랑을 적극적으로 우리에게 알리시고 우리가 힘써 그것을 알기를 원하신다.

하나님은 그리스도의 십자가를 통해 그분의 사랑을 우리에게 증거하신다. "우리가 아직 죄인 되었을 때에 그리스도께서 우리를 위하여 죽으심으로 하나님께서 우리에 대한 자기의 사랑을 확증하셨느니라"(롬 5:8). 즉 하나님은 그분 자신과 그분의 사랑을 우리에게 알려 주고 보여 주시는 것이다.

그분의 사랑에 대한 지식이라는 범주에서 우리는 언제나 '과정 안에'(in process) 있다. 그분의 사랑을 있는 그대로, 하나님이 이해하시는 것처럼 완전히 알 수는 없지만, 그렇다고 아무것도 알지 못한다고 할 수도 없다. 계시된 하나님의 말씀인 성경과 그리스도의 십자가 사건, 삶 가운데 나타나는 다양한 관계와 경험을 통해 우리는 날마다 그 사랑을 배우기 때문이다.

하나님의 완전

인간적인 견지에서 볼 때 우리가 가진 사랑의 개념은 하나님과 쉽게 연결되지 않는 면이 있다. 그래서 갖게 되는 두 번째 질문은 '과연 완전하신 그분이 사랑하실 수 있는가?'이다. 질문 자체가 의아하지만 사랑의 속성을 생각할 때 한 번은 풀어야 할 문제다.

플라톤은 사랑을 '내가 지금 소유하지 못한 어떤 것에 대한 욕망'(eros) 또는 '지금 가진 것을 잃지 않으려는 욕망'으로 묘사한다. 사랑 자체는 갈망(desire)이며 그런 면에서 사랑하는 자는 언제나 가난하고 궁핍한 것이다. 플라톤의 말에 따르면 신에게 사랑은 불가능하다. 왜냐하면 그는 결핍이 없기 때문이다. 어거스틴 역시 사랑을 '궁극적 행복에 대한 욕망'으로 정의했다. 그 정의를 하나님께 적용하면 그분도 무언가 결핍되어 행복하지 못한 존재가 된다. 하지만 그것은 우리가 알고 있는 완전한 하나님의 개념과 상충된다.

부족함이 없는 하나님께 욕망이 일어날 수 있을까? 무언가 간절히 원하는 것은 무언가 결핍되어 있다는 증거가 아닐까? 바울의 표현처럼 사랑이 모든 것을 바라며 모든 것을 견디며 모든 것을 기다리는 것이라면 과연 그런 감정과 행위를 하나님도 하신다는 것일까? 사랑을 하나님께 대입하는 것은 완전하신 분에 대한 신성모독이 아닐까?

그런 문제를 해결하기 위해 어거스틴은 하나님의 사랑을 인간의 사랑과 차별화시킨다. 즉 인간의 사랑은 무언가를 얻어내려는 사랑이고 하나님의 사랑은 '주는 사랑'이라며 따로 '아가페'로 규정한 것이다. 어거스틴이 정의한 '주는 사랑', 무조건적인 사랑인 아가페는 부족함이나 결핍에 기인한 것이 아니라 오히려 넘치고 완전한 사랑이다. 이렇듯 신적 사랑과 인간적인 사랑을 구별함으로 사랑이 불완전한 상태를 전제로 한다는 딜레마는 어느 정도 해결된 것 같다.

인간의 논리와 형이상학적 접근에서 오는 이러한 혼란은 하나님과 피조물의 질적 차이를 간과한 데서 비롯된다. 나아가 사랑을 개념적·논리적·합리적으로 접근한 나머지 사랑의 신적·초월적·내면적 속성을 놓친다. 그리고 그런 오류를 인식하지 못할 때 우리의 생각은 모순과 자충의 늪에서 자주 허우적거린다.

인간의 이성의 발달은 '개념'(concept)이라는 인식론적 도구에 대한 과신에서 비롯되었다.[8] 개념이란 '하나의 범주에 속하는 모든 개체의 공통된 특성을 묶어 주는 관념'으로 세계를 파악하는 인식의 도구다. 즉 사과나무, 감나무, 소나무 등 여러 종류의 나무가 있으면 그것을 '나무'라는 공통적인 개념을 통해 구체적으로 나무라고 판단하는 것이다.

개념 없이는 대부분의 지식을 설명할 수 없을 정도로 개념은 중요한 지식의 도구다. 그러나 우리는 언어로 표현되는 '사랑'이라는 개념이 하나님과 피조물의 영원한 질적 차이를 극복할 수 있다는 생각은 내려놓아야 한다. 하나님은 우리의 언어나 개념, 즉 인간의 생각의 범주 안에 머무시는 존재가 아니다.

그리스도의 사랑은 우리의 지식을 뛰어넘는다(엡 3:18). 하나님의 사랑은 우리가 그것을 이해할 수 없음을 고백할 때 지식이 된다. 나의 생각, 경험, 의, 논리 등의 한계를 인정하지 않고 하나님의 사랑에 접근하려 할 때 우리는 그 사랑의 실체에서 더욱 멀어지게 된다. 하지만 그러한 한계를 바탕으로 이해하고 공감할 수 있는 면을 찾아간다면 우리는 더 안전하게 그분의 사랑에 접근할 수 있을 것이다.

예를 들어 사랑의 속성 중 하나는 겸손이다. 우리는 하늘 보좌를 버리고 자신을 비우사 이 땅에 오신 예수님의 겸손을 있는 그대로 다 이해할 수 없다. 그것이 궁극적으로 어떤 포기이고 낮아짐인지 헤아릴 수 없기에 성육신의 의미는 우리에게 신비가 된다. 그러나 우리 안에 있는 사랑의 개념은 이해할 수 없는 신비함 속에서 우리가 느끼고 이해할 수 있는 부분을 찾아내게 한다.

사랑하면 겸손해진다. 그 사랑의 대상은 높아지고 상대적으로 사랑의 주체는 낮아지는 느낌이다. 실제로 지위나 가치가 낮아지는 것은 아니지만 사랑은 자발적으로 낮아지고 섬기며 연약하게 한다. 이러한 속성은 논리적 잣대로 가늠하기 어렵다. 사랑의 내면적 차원은 숫자로 계산할 수도 없다.

내가 아는 한 친구는 그야말로 '엄친아'다. 좋은 집안과 학벌뿐만 아니라 탁월한 외모와 성품까지 모든 면을 두루 갖추고 있다. 자신감도 하늘을 찌를 듯했다. 그런데 그 넘치는 자신감이 어느 날 한순간에 사라졌다. 그에게 사랑하는 여인이 생긴 것이다. 사랑에 빠진 그는 이렇게 말했다. "휴, 그녀 앞에 있으면 내 자신이 너무 초라해 보여. 그녀 주위의 모든 남자가 나보다 나아 보이고."

자신을 낮추는 사랑의 속성은 복음에서 극명하게 드러난다. 사랑은 예수님이 자신을 낮추고 비우시게 했다. 헬라어로 '케노시스'(κένωσις)는 '비운다'라는 뜻으로 예수님이 "오히려 자기를 비워"라고 표현한 빌립보서 2장 7절에 나오는 단어다. 종교개혁자들은 바로 그 단어를, 성육신을 설명하는 가장 중요한 의미로 사용했다.

20세기 신학자 위르겐 몰트만은 그리스도의 사랑을 '자기 제한'(self-limitation)으로 이해한다. 그분은 사랑의 대상에게 다가가기 위해 스스로 제한하셨다. 그래서 우리의 영혼에 목말라하셨고 고통을 느끼셨고 무력하게 잡혀 십자가에 달려 죽으셨다. 사랑은 자신을 비우는 능력이다.

사랑은 낮추고 비우는 겸손이 되어 결국 모든 것을 참고 모든 것을 믿고 모든 것을 바라며 모든 것을 견디게 한다(고전 13:7). 그것은 무언가 결핍되고 부족한 것이 아니라 사랑으로 인한 것이다. 바로 그 비움과 겸손의 자리에서 우리는 어렴풋하게나마 하나님의 속성인 사랑을 짐작할 수 있다.

악의 문제

세 번째가 가장 어려운데 그것은 '악의 문제'(The problem of evil)에 관한 것이다. 여기서 '악'은 고통과 슬픔과 비극의 원인으로 그 실체를 말한다. 하나님이 사랑이시고 완전하신 사랑으로 세상을 다스리신다면 세상은 왜 그렇게 이해할 수 없는 고통과 슬픔으로 가득 찬 것인가? 선하신 하나님이 그분의 형상에 따라 창조하신 인간이 어떻게 그렇게 악한 생각과 행동을 할 수 있는가? 그런 질문들에 대한 논의를 신학적 용어로 '신정론'(theodicy)이라고 한다.

하나님에 대한 불평은 단지 감정적인 차원에 머무르지 않는다.

오늘도 여전히 많은 사람들이 사랑의 하나님과 전능하신 하나님과
의 논리적 충돌에 혼란스러워한다. 사랑의 하나님이 모든 능력을
가지셨다면 왜 선한 방법으로 세상을 다스리시지 않는가? 하나님을
과연 선하다고 말할 수 있는가?

무신론자들은 그러한 질문을 가지고 하나님의 존재를 거부한다.
니체는 "하나님이 세상의 학대와 착취, 차별, 슬픔, 거짓, 전쟁, 무고
한 고통 등을 보며 유일하게 하실 수 있는 말은 '나는 존재하지 않았
다'이다"라며 기독교 신앙을 비웃었다.

도스토옙스키(Dostoevskii)의 책 《카라마조프 형제들》에서 둘째 이
반은 하나님이 존재하시지 않는다는 증거를 찾아다닌다. 그는 공책
을 갖고 다니면서 무고하게 고통을 당하는 일을 전부 기록한다. 특
히 어린이들이 겪는 고통에 대한 목록을 작성하며 그런 사건이 늘
어갈수록 사랑의 하나님의 존재에 대한 의심이 커져간다. 결국 온
갖 자료 수집의 결론은 '하나님이 존재할 리 없다'였다. 그는 무차
별하게 악을 허용하고 그것에 속수무책인 하나님을 '비존재'(non-
existence)로 여겼던 것이다.

그러한 하나님에 대한 공격을 대변이라도 하듯 데이비드 흄은 에
피쿠로스 학파의 말을 인용해 《자연종교에 관한 대화》(나남, 2008)라
는 책에서 이렇게 질문한다. "그(하나님)가 악을 막으려 하는데 능력
이 없다면, 그는 무능력한 것이다. 그가 능력은 있지만 그렇게 할 의
지가 없다면, 그는 악한 것이다. 그런데 그가 능력도 있고 의지도 있
다면, 악은 어디서 오는 것인가?"

그것은 무신론자들이 유신론을 공격하는 논쟁에서 자주 인용되는 내용이다. 선하신 하나님은 완전하신 하나님이 될 수 없거나 능력이 있더라도 선하신 하나님이 아니라는 것이다. 정작 그들이 말하고 싶은 것은 그런 하나님은 애초에 없다는 것이다. 그런 반항적이고 격렬한 악의 문제들 속에서 사랑의 하나님을 외치기는 쉽지 않아 보인다. 사실 악의 문제는 사랑의 하나님을 이해하는 데 가장 큰 걸림돌이다.

자유의지 변론

지난 세기에 유신론자들과의 논쟁에 가장 활발하게 앞장섰던 무신론 학자 안토니 플루(Antony Flew)는 여든 평생 무신론자로 살다가 2004년 유신론자로 돌아섰다. 당시 종교철학계에 큰 이슈가 되었던 소식이었다. 그러나 그가 기독교인이 된 것은 아니었다. 그는 지적 설계론과 신의 존재는 인정하지만 그 신이 세상의 역사에 참여하지 않는다고 믿는 이신론자(Deist)로 남겠다고 선언했다. 그 이유는 인류의 고통의 문제에 대한 해답을 얻을 수 없었기 때문이다.

떼제 공동체의 에마뉘엘(Emmanuel) 수사는 "악의 존재와 하나님의 사랑이 양립할 수 없다고 생각하는 것은 인간의 욕망에 근거하여 하나님의 전능을 추론하기 때문"이라고 말했다. 그는 인간을 꼭 두각시처럼 조정하고 예정된 운명을 강요하는 하나님에 대한 개념은 인간의 어린 시절 욕망이 무의식적으로 투사된 결과이지 사랑에 근거한 인식은 아니라고 주장했다. 하나님의 전능은 우리가 생각하는 일반적인 전능과 신중하게 구별해야 한다. 즉 성숙하고 진정한 사랑의 관계에서는 상대의 자유와 의사를 금지하는 것이 아니라 오히려 존중하듯이 하나님도 당연히 인간의 자유를 존중하신다고 전제해야 하는 것이다.[9]

사랑은 그 대상의 자유를 빼앗지 않는다. 그래서 사랑의 하나님은 악을 저지를 수 있는 인간의 가능성을 알면서도 자유를 허락하신다. 그것은 하나님이 전능하시지 않거나 인간의 악을 허락하신다는 의미가 아니다. 다만 인간의 자유를 박탈하지 않는 것이 하나님의 본성인 사랑에 부합한다는 말이다.

이 시대의 가장 탁월한 기독교 철학자요 변증가인 앨빈 플랜팅가는 그것에 대한 매우 논리정연한 설명을 제공한다. 그는 "자유의지 변론"(Free Will Defence)[10]이라는 논문에서 '전능하시고 선하신 하나님'과 '세상의 악'이 함께 존재하는 것이 논리적으로 불가능하다는 주장에 대해 반론을 폈다. 하나님이 전능하시고 선하시다고 해도 자유의지를 가진 사람이 항상 선을 선택할 수 있는 세계는 불가능하다는 것이다. 그것은 하나님의 능력이 부족해서가 아니라 그 문제가 갖는 논리적 오류 때문이다. 예를 들어 아무리 훌륭한 화가도 '동그란 네모'를 그리는 것이 불가능한데, 그것은 화가의 역량이 아니라 '동그란 네모' 자체가 가진 내적 모순 때문이다. 선하신 하나님과 전능하신 하나님이 모순된다는 견해는 바로 그런 형태의 문제다.

어릴 적 친구가 한 가지 질문 때문에 하나님을 믿기 어렵다며 "하나님이 스스로 들 수(lift up) 없는 돌을 만드실 수 있느냐?"라고 나에게 물었다. 들 수 없을 정도로 무거운 돌을 만드실 수 있다면 그만큼 무거운 것을 들 만한 힘이 없다는 것이기에 하나님은 전능하시지 않다. 하지만 만약 그 돌을 만드실 수 없다면 그 일을 할 수 없다는 것이기에 그것 또한 하나님은 전능하시지 않다는 것이다.

사실 그 질문은 문제 자체에 이미 내적 모순을 담고 있다. 하나님의 전능성은 그런 논리적 오류까지 해결해 주지 않는다. 하나님은 그분의 본성과 상반되는 일을 하실 수 없다. 하나님은 그분보다 더 높은 존재에게 경배를 하거나 거짓말을 하실 수 없다. 그러나 그렇다고 하나님의 전능성을 의심해야 하는 것은 아니다.

플랜팅가의 주장은 다음과 같다. 하나님이 자유를 가진 인간이 항상 선을 선택하도록 만드셨다면, 그가 가진 자유는 더 이상 자유가 아니다. 어떤 사람에게 항상 특정한 선택을 하게 한다면 실제로 그 사람은 자유로운 것이 아니기 때문이다. 자유를 가진 사람이 항상 선만 선택할 수 있다는 것은 이미 내적인 모순이다. 만약 하나님이 사람들에게 무엇이든지 선택할 수 있는 자유를 주셨다면 그들의 선택을 미리 보장하는 것은 논리적으로 불가능하다. 오직 하나님이 하실 수 있는 것은 자유로운 인간을 창조하시고 그가 자유롭게 선택할 수 있도록 허락하신 것뿐이다. 그러므로 자유롭게 선한 것만 택할 수 있는 세계는 하나님이 인간을 자유롭게 창조하신 이상 불가능하다고 보아야 한다.

물론 그런 해결은 악의 문제에 대한 충분한 답이 아니다. 단지 전능하시고 선하신 하나님을 믿는 것에 대한 논리적인 정당성을 확보하는 정도일 것이다. 악의 문제는 인간의 논리로 풀리지 않는다. 심지어 인간은 이 땅에서 그 문제에 대한 답을 얻을 수 있을 만큼 오래 살지도 않고 현명하지도 않다.

때로는 지금 우리의 눈에 악으로 보이는 것이 나중에 선으로 드러나는 경우도 있다. 또한 영원한 시간의 개념으로 볼 때 오늘의 사건을 완전히 다르게 해석할 수도 있다. 나아가 우리 인생의 목적이 그저 '행복한 삶'이 아니라 '하나님을 아는 것'에 있기에 악과 고통에 대한 평가를 함부로 내릴 수도 없다. 사실 고통과 악의 문제는 하나님의 신비의 영역 속에 있다. 하나님의 사랑이 우리가 완전히 알 수 없는 신비인 것처럼 그 제한된 사랑의 이해로 하나님의 섭리를 묻고 대답하는 것은 무모한 시도다.

소 / 그 / 룹 / 을 / 위 / 한 / 질 / 문 /

1. 나의 삶에서 사랑이 만들어 낸 '낮아짐'이나 '연약함'은 무엇인가?

2. 혹시 나의 이성이나 논리, 고통의 경험이 믿음을 갖는 데 걸림돌이 되지는 않는가? 읽은 내용 중 새롭게 깨닫거나 도전이 된 내용은 무엇인가?

3. 이 장에서 읽은 세 가지 질문 외에도 하나님의 사랑에 대해 가지고 있는 질문이 있다면 나누어 보자.

08
전능하신 하나님도 고통당하신다

사랑의 하나님이 어떤 이유로든 악을 허용하신다고 하자. 그래도 여전히 의문은 남는다. 그렇다면 하나님은 무고한 사람들이 고통 가운데 있을 때 왜 가만히 계시는 것인가? 그분은 어디 계시며 도대체 무엇을 하고 계시는가? 이는 계속해서 하나님의 '사랑'과 '완전함'의 모순을 주장하는 질문이다. '사랑'과 '전능'의 조합은 이 저항적인 질문 앞에서 어쩐지 궁색해 보인다. 완전한 신은 어떤 상황이든 스스로 만족한 상태에 있다는 것이 우리가 믿는 하나님의 이미지와 다른 것 같아 혼란스럽다. 하나님은 피조물들이 고통 가운데 있을 때, 그저 그분의 완전함과 행복에 겨워 즐거워하시는가? 그분의 자녀들이 처절한 슬픔 가운데 있을 때 팔짱을 낀 채 보고만 계신다는 말인가? 그분은 과연 우리의 아픔을 아시는 분인가?

　목회를 하다 보면 너무나 가슴이 아픈 장례식에 참석해야 할 때가 있다. 어린 자녀가 죽기도 하고 너무 젊은 나이에 사고나 질병으로 배우자를 잃기도 한다. 하루하루 병마와 싸우며 잘 버티던 아버지가 딸의 결혼식을 하루 앞두고 세상을 떠났을 때는 모두 망연자

실했다. 하늘나라로 간 젊은 아빠의 장례식에서 어린 딸의 울음소리는 비명에 가까웠다. 그런 슬픔과 고통이 가득한 장례식을 인도하고 나면 며칠씩 몸이 아프기도 한다.

이 세상에는 그보다 더 슬프고 비참한 일들을 당하는 사람이 많다. 비극의 순간에 하나님은 그 상황을 어떻게 바라보고 계시는가? 사람도 그 고통을 나누기 위해 함께하는데 사랑의 하나님이 그 고통을 어떻게 외면하실 수 있는가? 하나님은 절규하는 그 사람들을 그저 멀리서 보고만 계시는가? 그런 무감각한 하나님은 우리가 아는 사랑의 하나님과 너무 거리가 멀다.

이전의 신학자들은 하나님의 사랑을 그리스 철학과 접목시켰다. 그래서 하나님의 사랑, 지혜, 선함, 능력 등의 완전함을 행복(happiness)의 개념과 일치시켰다. 그러다 보니 완전한 하나님은 어떤 상황에서든 늘 행복한 존재일 수밖에 없다. 어거스틴, 안셀무스, 아퀴나스 등 우리가 잘 아는 권위 있는 신학자들마저 하나님은 고통을 당할 수 없는(impassible) 분이라고 주장했다. 그들이 이해한 완전한 하나님은 인간과 아픔을 나눌 수 없고 고통으로부터 멀리 떠나 있는 '아파테이아'(apatheia)[11])에 영원히 거하는 존재였다. 그러한 형이상학적 사고로 만들어진 하나님이 성경 속에 나온 분과 연결되지 않아 우리는 고통의 현장에서 더욱 혼란스럽다.

완전한 하나님의 고통

최근에 신학자들은 하나님이 그저 우리가 생각하는 완벽의 개념 안에 갇혀 계시지 않다고 주장한다. 그러한 신학적 전환의 물고를 튼 사람들 중 하나는 2차 세계대전 때 나치에 저항해서 싸우다 순교한 독일의 신학자 본회퍼(Bonhoeffer)다. 그는 당시 히틀러 치하 잔인한 학살과 고통이 창궐한 현실에서 초월(transcendence)이 아닌 내재(immanence)의 관점으로 하나님을 말하려 했다. 그는 너무나 고결하여 그저 멀리만 계신 초월자나 세상의 역사에 대해 관여하지 않는 이신론(理神論)의 신은 죽었다고 외쳤다. 그것은 하나님이 존재하시지 않거나 죽었다는 의미가 아니라 기독교의 하나님이 그저 무심한 절대 타자(他者)로서 무통(無痛)의 공간에 머물지 않는다는 격정적인 주장이었다.

본회퍼를 오해하는 사람들은 그가 초월적인 하나님을 세속적인 자리로 끌어내렸다고 비판하기도 한다. 하지만 나치의 횡포에 저항하며 그 비참한 현실 가운데 하나님의 현존을 열망했던 그는 인간의 아픔과 신음에 대해 수수방관하시는 신관을 유지할 수 없었다. 본회퍼가 그의 삶과 죽음을 통해 증언하려 했던 하나님은 역사 속에 거하시며 우리와 함께 일하고 싸우며 아파하시는 분이었다.

우리가 믿고 섬기는 하나님은 그저 형이상학적인 존재가 아니다. 기독교는 고통을 끌어안으며 우리의 역사에 참여하시는 하나님을 말해야 한다. 그분은 사랑의 하나님이기 때문이다. 사랑하면 사랑하는 대상의 고통을 외면할 수 없다. 그분은 우리를 사랑하시기에 우리와 함께 고통을 당하시는 분이다. 그분의 완전한 사랑과 전능한 능력으로 스스로 제한하시며 고통을 당하신다.[12]

미국 노트르데임(Notre Dame) 대학교에서 연구원으로 있을 때 종교철학계의 거장인 니콜라스 월터스토프(Nicholas Wolterstorff) 교수가 예일 대학교에서 은퇴한 후 그곳의 방문교수로 와 있었다. 당시 그와 같이 소그룹 세미나에 참석하고 교제한 것은 그 기간에 누린 가장 큰 특권 중의 하나였다. 그에게는 큰 아픔이 있었는데 그것은 1983년에 스물다섯 살인 아들 에릭을 잃은 일이다. 에릭은 오스트리아에서 산악 등반을 하다가 추락사했다.

그는 아들을 보내고 몇 년 후 책을 출간했다. 죽음과도 같은 자신의 고통을 믿음으로 바라보고 비슷한 아픔에 처한 사람들을 위로하기 위한 글이었다. 그는 '어떻게 하나님이 나를 지금보다 더 나은 사람으로 만들기 위해 산을 흔드셨다는 생각을 하며 고통을 축복으로 받아들일 수 있을까?'라는 질문으로 책을 가득 채웠다. 그리고 우리의 한정된 시각 때문에 언제나 대답 없는 질문을 안고 살아간다는 사실을 인정했다. 그러나 그런 내용을 인식함으로써 신뢰의 좁은 길을 발견했다고 고백했다.

"우리의 상함과 사랑 없음을 구속하기 위해 우리와 함께 고통받으시는 하나님은 권능의 주먹으로 내려치시는 대신, 사랑하는 아들을 보내셔서 우리처럼 고통을 받게 하신다. 그분의 아들의 고통을 통해 우리를 고통과 악함에서 구속하시는 것이다. 우리의 고통을 설명하시는 대신, 하나님 그분이 친히 우리와 고통을 나누어 지셨다."13)

사랑이 행복으로만 정의된다면 하나님은 고통을 느끼실 수 없는 비인격적인 존재가 된다. 하지만 하나님은 고통의 이유에 질문하는 인간들에게 그들의 고통에 동참하심으로 대답하신다. 하나님이 죄가 넘치는 세상을 사랑하시는 것 자체가 고통이고 사랑하는 자의 고통 자체가 그분께 더 큰 아픔이다. 그분은 우리의 고통 한복판에서 우리와 함께 계시며 우리를 죄와 고통으로부터 구속하시기 위해 고통당하신다. 여전히 사랑의 하나님이다. 하나님의 고통을 보지 못하는 자는 그분의 사랑도 보지 못한다.

파스칼이 주머니에 늘 넣고 다녔던 쪽지의 내용처럼 형이상학에 머무는 철학자들의 하나님은 성경 속 아브라함과 이삭과 야곱의 하나님이 아니다. 슬픔 속에 아파하시는 하나님, 눈물 흘리시는 예수님, 탄식하시는 성령님은 그런 형이상학에 머무는 냉혈한 존재일 수 없다. 그는 사랑하기에 고통당하시는 분이다.

고통을 끌어안는 사랑

사랑하지 않으면 아프지 않다. 우리가 누군가를 잃었을 때 슬퍼하는 것은 사랑하기 때문이다. 그래서 많이 사랑할수록 많이 아프고 적게 사랑할수록 적게 아프다. 고통이 없다면 사랑도 없는 것이다.

아프지만 아름답고 신비한 사랑의 원리다. 하나님은 사랑하기에 고통도 당하신다. 더 많이 사랑하기에 더 아파하시고 완벽한 사랑이기에 완벽한 고통을 끌어안으신다.

하나님의 고통은 우리 인간처럼 시간과 공간의 제약 때문에 당하는 수동적이고 부정적인 것이 아니다. 그분의 고통은 자발적이고 적극적이며 부정을 부정하는 긍정이다. 하나님의 고통은 그분의 본성인 사랑만큼 크며 그분의 완벽함만큼 제약이 없다. 그분의 사랑의 크기는 곧 고통의 크기다. 그래서 하나님은 우리의 고통과 슬픔의 자리에 찾아오셔서 더 큰 아픔으로 우리의 고통에 참여하신다.

우리는 흔히 어떤 일이 잘되고 순탄하게 이루어지면, 그것이 하나님의 뜻이었다고 말하기를 좋아한다. 반면 일이 뜻대로 안 되거나 어려움이 따르면 하나님의 뜻이 아니었다고 말한다. 하나님은 그런 단순한 논리 속에 계시지 않는다. 만사형통, 승승장구, 백전백승, 적극적 또는 긍정적 사고 뒤에 숨은 영적 함정은 하나님의 뜻을 오해하고 왜곡하게 한다. 사실 하나님의 뜻은 대부분 고통의 과정을 동반한다. 그러나 그 환란과 어려움 속에서도 하나님은 사랑으로 우리에게 임재하신다.

사랑은 기쁨과 아름다움으로 우리를 인도하면서 아픔과 상처로 몰아넣기도 한다. 그러나 그 모든 상황에서 사랑은 그 깊이와 높이와 길이와 너비를 더하며 펼쳐진다. 기독교의 사랑은 그 비밀을 복음을 통해 공개한다. 세속적 사랑은 고통을 피하려 하지만 기독교의 사랑은 고통을 적극적으로 끌어안는다. 고통에서 면제받기보다 그것을 대면한다. 고통을 혐오하기보다 거기에 존엄과 거룩함을 부여한다. 그리고 나아가 고통을 감사와 사명과 찬양으로 승화시킨다.

사랑이 하나님의 본질이라면 고통도 그분의 본질이다. 그러나 우리는 사랑을 말하면서 그것과 본질적으로 연결되어 있는 고통은 말하려 하지 않는다. 사랑의 그리스도를 닮고자 하지만 고통을 통해 그분을 닮는 것은 애써 피한다. 하지만 참된 신앙과 제자의 여정에는 다른 우회도로가 없다. 그것이 바로 예수님이 가신 길이요, 그분 자체가 그 길이기 때문이다. 주님은 고통의 자리에 계시는데 늘 편안한 자리에만 있으려 하면 그분을 만날 수 없다.

바울은 십자가와 그 사실을 전하기 위해 당하는 고난을 오히려 자랑스럽게 여겼다. 아니, 그것은 그의 유일한 자랑이었다(갈 6:14). 십자가와 고난을 감추고 축복과 성공만 드러내며 추구하는 신앙은 크리스천의 정체성을 버리는 일이요, 자랑이 아닌 부끄러움이다.

하나님을 사랑하는 것은 그분의 아픔에 함께 참여하는 것이다. 세상의 죄와 사랑 없음, 죽어가는 영혼으로 인해 아파하고 내게 주어진 십자가를 감당하면서 고통을 끌어안는 것이다. 이웃을 사랑하라는 주님의 명령은 그들의 아픔과 슬픔 가운데 함께 거하라는 초대다. 그런 면에서 사랑의 하나님을 아는 지식은 결코 온실 속에서 자라지 않는다. 낮아지고 자신을 비우면서 사랑하기 위해 몸부림치고, 용서하기 위해 절규하는 눈물의 골짜기에서 얻을 수 있다.

소 / 그 / 룹 / 을 / 위 / 한 / 질 / 문 /

1. 사랑이 그저 행복한 것이 아니라 아픈 것이라고 느낄 때는 언제인지 나누어 보자.

2. 나의 고통에 대해 하나님을 원망한 적이 있는가? 하나님도 고통당하시며 나의 고통에 참여하신다는 사실에 대해 어떻게 생각하는가?

3. 사랑 때문에 기꺼이 고통을 끌어안은 적이 있는가? 그로 인해 하나님의 사랑을 깨닫게 된 경험이 있다면 나누어 보자.

09
진정한 사랑에는 언제나 고통이 따른다

하나님이 아파하시는 이유는 그분이 단지 인간의 고통에 참여하시기 때문만은 아니다. 그는 '주시기 때문에' 아파하신다. 물론 무언가를 주는 행위가 항상 아픔을 동반하는 것은 아니다. 내게 필요 없는 것이나 중요하지 않을 것을 주면 갈등도 없고 힘들지도 않다. 그러나 쉽게 줄 수 없는 것일수록 갈등과 고통이 따른다.

한없이 풍요로우신 하나님이 왜 주시면서 아파하실까? 그것은 그분이 주신 것이 아들이기 때문이다. 하나님은 가장 사랑하는 하나밖에 없는 아들을 우리에게 주셨다. 그 아들은 그분에게 가장 소중한 존재요, 그분의 전부다. 그래서 그분은 아프셨다. 사랑이 큰 만큼 따라오는 아픔도 크다. 하나님은 우리에게 아들을 주시면서 천지가 진동하는 고통을 삼키셨다. 하나님이 세상을 사랑하셔서 독생자 예수님을 우리에게 주신 것은 사랑과 함께 아픔이 담긴 이야기다. 나아가 그것은 그 진리를 믿는 우리가 어떻게 사랑하고 살아야 할지에 대해 매우 중요한 토대를 세워 준다.

세상은 '주는 것'에 낯설지 않다. 기분이 좋아서 선심을 쓰기도 하고 불쌍한 마음으로 주기도 한다. 또한 손익을 따지거나 무언가를 기대하며 주는 경우도 있다. 상황에 따라서는 빼앗기듯 억지로 주는 것도 있다. 이렇듯 주는 행위는 같지만 그 의미는 천차만별이다. 우리는 진정한 사랑이 없어도 남에게 줄 수 있고 남을 도울 수도 있다.

일반적으로 사람들의 관심은 누가 얼마만큼 주는지에 있다. 주는 것의 크기가 곧 그 가치인 것이다. 건네주는 따뜻한 손과 가슴보다는 동전의 크기와 지폐의 색깔과 수표에 적힌 액수가 주된 관심사다. 신문이나 뉴스에 불우이웃 돕기나 수재민 돕기 면에는 돈을 많이 낸 사람 순으로 기재된다. 글자 크기나 굵기도 다르다. 심지어 그중에는 주는 만큼 자기 몫을 챙기는 이도 있다.

그러나 복음에 입각한 '주는 것'에 대한 성경의 관심은 조금 다르다. 얼마만큼 주는지보다는 얼마만큼 희생하는지에 가치를 둔다. '준다'는 헬라어로 '디도미'(δίδωμι)인데 '보내다'(send), '넘겨주다'(hand over), '값을 지불하다'(pay), '빚을 갚다'(repay), '희생하다'(sacrifice) 등 여러 가지 뜻으로 쓰인다. '주는 것'은 궁극적으로 희생과 포기, 즉 아픔을 감당해야 한다는 의미를 담고 있다.

희생 가운데 주는 것

진정으로 주는 것에는 고통이 따른다. 이는 예수 그리스도를 통해 나타난 하나님의 사랑의 원리다. 크리스천은 사람들이 환영하거나 좋아하지도 않고 잘 알아차리지도 못하는 것을 기쁨으로 감당한다. 주는 것을 통한 희생과 아픔은 억지로 당하는 수동적인 고통이 아니다. 애끓는 사랑에 의한 능동적이고 적극적인 아픔이다. 그런 의미에서 십자가는 자발적이면서 의지적인 고난이다. 사랑의 하나님이 주기 위해 기꺼이 고통을 선택하신 것이다.

같은 맥락에서 용서하는 것도 주는 것이다. '용서'는 영어로 'forgive'이고 그것은 'give'(주다)를 포함한다. 우리말로도 용서한다고 할 때 용서해 '준다'라고 한다. 용서란 아픔을 참으며 고통 가운데 '주는 것'이다. 어떤 사람은 자신에게 치명적인 손해와 아픔을 준 사람마저 사랑하며 용서한다. 심지어는 가족을 죽게 한 사람까지 하나님의 사랑으로 품는다. 용서는 그저 '됐어' 하고 털어버리는 것이 아니다. 어떤 이들은 용서하기 위해 오랫동안 밤새 씨름하며 눈물로 기도한다. 죽음을 통과하는 처절한 고통을 겪으며 힘겹게 용서를 내놓는 것이다.

수업 시간에 〈밀양〉이라는 영화를 보고 용서에 대한 주제로 학생들과 토론을 한 적이 있다. 밤 10시가 다 되어 수업이 끝났고 나는 연구실에서 좀 더 시간을 보낸 후 학교를 나서고 있었다. 그런데 그 수업에 참여했던 한 학생이 그때까지 자리에 남아 혼자 흐느끼고 있었다. 선교사였던 학생은 남편과 함께 선교 사역을 하다가 몇 년 전 사고로 남편을 잃은 사람이었다. 나는 그에게 다가가 물었다. "선교사님, 무슨 일 있어요?" 그는 한참 울고 난 후 그날 토론 중 오가던 말을 삼키느라 힘들었다고도 했다. "교수님, 사람들이 용서를 너무 쉽게 생각하는 것 같아요. 그것이 얼마나 힘든 줄 안다면 하나님의 사랑이 얼마나 큰지도 알 수 있을 텐데요."

그것은 토론에 참여했던 사람들에 대한 푸념이 아니라 하나님과의 힘겨운 씨름을 통과한 신앙고백이었다. 많은 눈물과 한숨이 배어 있는 그의 말에 용서란 머리로 하는 것이 아니라는 사실을 다시금 느끼게 되었다. 그렇다. 용서도 주는 것이기에 아프고 힘들다. 어떤 면에서 용서는 내가 하는 것, 인간이 할 수 있는 것이 아니다. 내가 하는 것이 아니기에 우리는 그것을 통해 신적 사랑에 참여하게 되는 것이다.

따라서 하나님이 우리를 용서하셨다는 사실을 그저 가볍게 받아들이면 안 된다. 용서는 전능하신 하나님께도 결코 쉬운 일이 아니다. 그것은 그분의 전부인 아들을 희생해서 하신 일로 상상할 수도 없는 고통의 무게가 그분의 용서 속에 들어 있다.

사랑의 왕으로 오신 예수님의 삶은 고통과 아픔의 연속이었다. 그분이 태어나신 베들레헴에서 그분이 십자가를 지신 갈보리에 이르기까지 그 삶은 온갖 위험과 오해와 공격으로 둘러싸여 있었다. 태어나시자마자 헤롯은 예수님의 목에 칼끝을 겨누었고 이후로도 예수님은 가난하고 외롭고 힘들며 고단하셨다. 사람들의 조롱과 욕설과 배신이 그분의 삶에서 끊이지 않았고 결국 예수님은 십자가에서 고통스럽게 돌아가셨다. 그 모든 것은 우리에게 구원을 '주시기' 위함이었다.

몸으로 선택한 고통

하나님은 고통을 당하시는 하나님이다. 사랑하기에 아파하신다. 완벽한 사랑을 하시는 하나님은 완벽하게 아파하시는 분이다. 고통이 신적 본성의 일부라면 그것은 우리에게 단지 저주거나 빨리 없어지고 피해야 할 것만은 아니다. 물론 고통이 늘 있어야 한다거나 많을수록 좋다는 것은 아니지만 대면해야 할 고난을 피하려고만 하면 하나님의 본성인 사랑도 피해야 할지 모른다. 십자가의 길은 고난을 통해 신의 성품에 참여하며 그리스도의 흔적을 갖고 하나님의 사랑을 체험하고 배우는 여정이다.

1997년 영국으로 유학을 가기 며칠 전 동생은 웃는 얼굴로 나에게 선물 하나를 주었다. 몇 년간 사랑하는 형을 못 보게 되어 아쉽고 슬프다는 장문의 편지와 함께 준 선물은 전자사전이었다. 손바닥 절반만 한 그것은 당시만 해도 최첨단 기기였고 가격도 꽤 비쌌다. 동생이 아르바이트로 돈을 모아 큰맘 먹고 준비한 선물이었다. 그동안 동생에게 잘해 주지도 못했는데 미안하고 고마운 마음으로 그것을 가방 속에 집어넣었다. 동생은 떠나는 날까지 공항까지 데려다주고 배웅해 주었다. 나는 비행기에서 내내 그 전자사전을 만지작거렸다. 동생의 흔적이 당시 울컥거리는 내 마음을 위로해 주었다.

암스테르담을 경유해서 런던행 비행기를 갈아타야 했다. 스키폴 공항에 내려 기다리고 있는데 갑자기 무언가 섬뜩한 느낌이 들어 재빨리 주머니를 뒤졌다. 아뿔싸, 주머니에 있어야 할 전자사전이 없었다. 가방과 온몸을 몇 번이나 뒤져봐도 나오지 않았다. 나는 타고 왔던 비행기가 있는 곳으로 달려갔다. 들어가면 안 된다는 것을 겨우 허락받아 내가 있던 자리를 샅샅이 찾아보았지만 허사였다. 허탈했다. 마음이 아리고 눈물이 났다. 그보다 더 비싼 것을 잃어버린 적도 있지만 그때만큼 가슴이 아프지는 않았다. 20년이 지난 지금 생각해도 슬프다. 사랑하는 동생의 땀과 사랑이 담긴 선물인데 동생을 사랑하는 만큼이나 그것을 잃어버린 내 자신이 밉고 속상했다. 전자사전을 가질 수 있는 사람이야 많지만 사랑하기에 아팠던 그 마음은 누구나 가질 수 있는 것이 아니다.

사랑은 행복과 함께 아픔을 자아낸다. 관계 속에서 누려야 할 사랑을 대부분 소유물로 대체해 버린 현대인은 그런 애틋하고 아름다운 고통을 점점 잃어가고 있다. 그것은 '아파할 수 있는 복'이다. 불행히도 많은 사람들은 오 헨리(O Henry)의 《크리스마스 선물》(민음사, 2016)에 나오는 사랑의 통증을 느끼지 못하고 살아간다.

C. S. 루이스의 실제 삶을 바탕으로 한 영화 〈새도우랜드〉에서 루이스와 조이스는 방에 걸린 사진 속 장소를 찾아가 보기로 한다. 조이스는 루이스가 늦은 나이에 결혼한 여인으로 재발한 암 때문에 죽음을 앞두고 있었다. 그들은 '새도우랜드'라 불리는 아름다운 계곡에 다다른다. 사랑하는 여인과 너무나 행복하면서도 안타까운 시간을 보내던 루이스는 시간이 멈추었으면 좋겠다고 속삭인다. 그렇게 말하는 루이스를 바라보며 조이스는 이렇게 말한다. "내가 죽은 후 당신이 슬퍼한다면 그 슬픔은 지금 우리가 너무 행복했기 때문일 거예요."

누군가 그랬듯이 '사랑은 몸으로 선택한 고통'이다. 사랑하는 사람으로 인해 느끼는 행복이 크지만 감당해야 할 고통의 무게도 만만치 않다. 그래서 우리는 사랑의 이면에 있는 숨 막히는 아픔을 한 번쯤, 아니 여러 번 생각하며 두려워한다.

누군가를 사랑하는 순간 우리는 상대를 잃을지도 모른다는 지독한 두려움에 사로잡힌다. 그 사랑의 대상에게 생기는 어려운 일이 고스란히 내게 와 가슴을 찢는다. 부모는 아이를 키우며 너무나 행복하지만 가슴을 졸이고 괴로울 때도 많다. 아이가 아프거나 힘든 일을 당할 때 자신의 아픔보다 더 큰 고통을 느낀다. 그러나 그 고통을 피하려고 '차라리 아이가 없었으면' 하고 생각하지 않는다. 오히려 그 고통을 끌어안는다. 사랑에 대한 초대는 고통에 대한 초대이기도 하다. 하지만 그 고통 때문에 사랑의 축복을 포기할 수는 없다. 결국 우리는 고통과 슬픔을 담보로 사랑한다.

장례식에서 슬퍼하는 이유는 고인을 사랑했기 때문이다. 그 슬픔은 사랑이라는 소중한 선물이 있기에 따라온 것이다. 상실의 아픔은 사랑이라는 은혜의 연장선 위에 있다. 슬픔은 그와 함께 나눈 추억과 사랑에 대한 감사로 승화된다. 따라서 사랑이 선물이라면 고통도 선물이다. 사랑하는 사람이 없어 슬퍼할 일도 없는 사람이야말로 가장 불행한 인생이다. 이별의 슬픔은 사랑했던 사람들만 가질 수 있는 특권이다.

산상수훈에서 예수님은 "애통하는 자는 복이 있다"(마 5:4)라고 말씀하셨다. 왜냐하면 애통하는 자는 사랑하는 자이기 때문이다. 불의를 행하는 자녀를 보며 가슴을 치는 부모는 자식을 사랑하는 사람이다. 이웃의 죄를 보며 슬퍼하는 사람은 이웃을 사랑하는 사람이다. 나라와 민족의 죄를 보며 아파하는 사람은 나라와 민족을 사랑하는 사람이다. 세상의 악에 대해 슬퍼하는 애통은 세상을 향한 하나님의 사랑에 참여하는 것이다. 따라서 그는 위로를 받고 하나님 나라에 초대받을 것이다.

"사랑한다는 말은 가시덤불 속에 핀 하얀 찔레꽃의 한숨 같은 것"이라는 이해인 수녀의 시구처럼 사랑은 아픔이다. 사랑하기에 아프다는 아름다운 역설은 십자가에 나타난 하나님의 사랑에서 절정을 이룬다. 마찬가지로 그분의 십자가 사랑으로 구속된, 그분의 아름다움을 닮아가는 우리도 사랑하기에 아프다. 사랑하면서 아프고, 아프지만 사랑하며 사는 것이다.

소 / 그 / 룹 / 을 / 위 / 한 / 질 / 문 /

1. 그동안 내가 받았던(또는 주었던) 선물 중 가장 기억에 남고 감동적인 것은 무엇인가?

2. 힘들지만 용서한 사람이 있는가? 또는 아직 용서하지 못한 사람이 있는가? 고통을 동반하는 용서에 대해 어떻게 느끼는가?

3. 사랑하기에 대면해야 할 고통이 있는가? 혹 있다면 그 고통이 나에게 주는 의미는 무엇인지 나누어 보자.

2부

사랑의 절정

하나님이 우리에게 아들 예수 그리스도를 보내지 않으셨다면 그분의 사랑에 대한 우리의 지식과 경험은 너무도 제한되었을 것이다. 예수 그리스도는 신적 사랑의 결정적인 증거이며 계시의 절정이다. 그를 둘러싼 신학의 많은 이야기는 결국 그리스도를 통해 하나님의 사랑을 알게 하는 것이다. 그 지식은 나아가 우리가 하나님을 어떻게 믿어야 하는지에 대한 토대를 제공한다.

4장

사 랑 의 계 시 자

예수 그리스도

10
신성과 인성은 오직 사랑 안에서 조화된다

이전보다 정보도 많아지고 뉴스나 책에 접근하는 것이 더 간편해졌지만 많은 정보와 해석의 홍수 속에 정확한 지식을 갖는 것은 더욱 어려운 일이 되었다. 이성이 발달할수록 이성의 한계를 알게 되듯이, 더 많이 알수록 더 모르는 것이 우리가 가진 지식의 현주소다. 공부를 많이 할수록 자신이 얼마나 모르는지, 얼마나 작은 부분만을 알고 있는지 깨닫게 된다. 그런데 나에 대해서는 물론이요, 다른 사람에 대해, 심지어 하나님에 대해 우리가 어떻게 지식을 자랑할 수 있겠는가?

더욱이 인간에게 하나님을 아는 지식은 근본적으로 불가능한 작업이다. 그렇다고 하나님에 대한 지식에서 불가지론을 말하고자 하는 것이 아니요, 사람들이 서로 알다가도 모르겠다고 하는 사변적인 이야기를 하려는 것도 아니다. 하나님은 우리의 모든 이해와 경험을 초월한 '전적인 타자'(他者, The Absolute Other)다. 그러나 기독교는 하나님을 타자로만 정의하지 않는다. 하나님은 우리가 근접할 수 없는 분이지만 동시에 우리와 가장 친밀하게 관계하시는 분이다. 모순처럼 보이는 이 양극의 차원을 동시에 생각하는 것은 기독교 인식론의 중요한 출발점이다.

하나님은 그분을 볼 수 없는 우리에게 예수님을 통해 자신을 드러내셨다. 예수님은 계시 그 자체로 계시의 절정이다. 그 계시를 통해 세상은 볼 수 없는 하나님을 보고 이해할 수 없는 하나님을 이해하게 되었다. 그래서 예수님을 제외한 채 하나님을 안다고 하는 것은 거짓이고 착각이며 이단이다. 하나님을 보여 달라는 제자 빌립에게 예수님은 "나를 본 자는 아버지를 보았거늘"(요 14:9)이라고 말씀하셨다. 즉 하나님은 예수님 안에 계시고 예수님은 하나님 안에 계신다.

예수님은 인간과 무한한 질적 차이를 가진 초월성(transcendence)과 친밀하고 가깝게 우리과 관계하시는 내재성(immanence) 사이에서 하나님을 드러내신다. 그렇다고 예수님이 초월성과 내재성 사이의 중간 존재라는 것은 아니다. 그분은 하나님과 인간 사이의 어떤 존재가 아니다. 그분은 완전한 초월자이자 완전한 내재자다. 또한 그분은 완전히 하나님이면서 전적인 인간으로 우리에게 오신 분이다. 절대 타자의 완전한 하나님은 죄인들과 함께 식사하시고 시간과 공간 속으로 오신 완전한 인간이셨다. 그는 우리의 감각과 상상을 뛰어넘지만 우리와 함께하시며 우리 안에 거하시는 가장 가까운 분이다. 그러므로 하나님을 아는 데 초월성과 내재성 모두 놓치지 말아야 한다. 특히 기독론에서 신성과 인성 중 하나를 놓치거나 균형을 잃으면 우리는 혼란에 빠지게 된다.

기독교는 예수님이 임마누엘, 즉 '우리와 함께 계신 하나님'이라는 견고한 신앙고백 위에 존재한다. '우리와 함께 계신 하나님'은 그분이 세상 속, 즉 역사 속으로 들어오신 사건에 기인한다. 논리적으로 이해할 수는 없지만 초월과 내재의 신비한 조화요, 신성과 인성의 완전한 공존이다. 기독교 신앙은 구약의 보이지 않는 하나님이 신약 시대에 구체적인 한 인간의 모습으로 나타나신 사건으로 집약된다. 성경과 초기의 신앙고백은 예수님이 완전한 하나님일 뿐 아니라 완전한 인간임을 선포했고, 그 예수님에 대한 고백은 기독교 전체 역사 가운데 지켜져 왔다.

예수님이 제2격의 하나님이며 그분이 우리와 같은 인간임을 우리는 어떻게 받아들여야 하는가? 그분이 신성을 지닌 신적 존재인 동시에 완전한 인간임을 무슨 근거로 주장할 것인가? 그리고 그 난해한 신학적 진술이 가진 의미는 무엇인가?

모든 신앙인이 그런 이론적인 문제와 씨름할 필요는 없지만 그럼에도 그것은 우리에게 매우 중요하다. 제한적인 사랑을 가진 우리가 하나님의 초월적인 사랑을 이해하는 데 한 번은 넘어야 할 관문인 것이다. 예수 그리스도는 하나님의 사랑과 인간의 사랑을 연결시켜 주신다. 예수님을 통하지 않고 우리가 어떻게 초월적인 신적 사랑에 접근할 수 있겠는가. 계시 그 자체로서 예수님은 신적 사랑의 주체이고, 하나님과 인간의 사랑의 관계에서 중재자다. 그분은 우리를 향한 하나님의 영원한 사랑의 신비를 풀어 주는 열쇠다.

우리는 먼저 교회의 역사를 통해 예수님의 존재론에 대한 어떠한 논의가 있었는지를 살펴볼 것이다. 그리고 다시 '사랑'의 주제로 돌아와 예수님의 성육신, 십자가, 부활을 통해 나타난 하나님의 사랑에 대한 신비에 접근할 것이다.

기독론의 역사

지금까지 기독론의 역사를 대략적으로나마 살펴보는 것은 이 장의 주제를 이해하는 데 큰 도움이 된다. 초기의 기독교 역사 속에서 예수님에 대한 이단의 가르침들은 기독론 논쟁의 기폭제가 되었다. 에비온주의자들(the Ebionites)은 예수님의 신성을 부인하며 그분은 하나님의 양자(adopted son)일 뿐이라고 주장했다. 이를 양자 기독론 (Adoptionist Christology) 또는 양자론(adoptionsim)이라고 하는데 인간 예수가 나중에 하나님의 양자로 선택되었다는 이론이다.

또한 예수님의 인성을 부인하려는 흐름도 있었다. 어떤 이들은 물질적인 것은 악하다고 보는 영지주의적 입장에서 예수님을 이해하려고 했다. 그중 하나가 가현론(docetism)이다. 이는 신성을 지닌 그리스도는 실제로 인간의 몸을 입은 것이 아니라 단지 그렇게 보였을 뿐이라는 주장으로 그들은 '육체를 가진 하나님'에 대해 경계 태세를 취했다. 그런 영지주의적 입장은 예수님의 인성을 소극적으로 받아들이게 했다.

이러한 신성이나 인성을 약화시키거나 부인하는 가르침에 대응

하고자 고안된 것이 주후 2세기의 '로고스 기독론'(logos Christoloty)
이다. 그 이론에 따르면 예수님은 완전한 인간이지만 죄가 없고 죄
를 극복했기에 하나님이 신적 속성인 로고스를 선사하셨다. 즉 예
수는 인간이지만 신적인 로고스를 받았다는 점에서 신성을 지니신
분이라는 주장이다. 로고스 기독론에 반대한 사람들은 그 주장에
대해 하나님과 신적 로고스라는 두 신을 상정한 양신론(bitheism)이
라고 비난했다.

　그 후의 기독론도 신성과 인성 사이에서 줄타기를 하며 다양한
형태를 띠게 되는데, 크게 예수님의 인성을 강조한 안디옥 학파와
신성을 강조한 알렉산드리아 학파로 나뉘어 논쟁을 거듭한다. 4세
기에 들어와 아리우스가 예수님의 인성을 강조한 나머지 신성을 격
하시키면서 격렬한 논쟁을 낳는다. 그는 예수님을 선재(pre-existed)
한 로고스로 보았는데 그 주장에 따르면 로고스는 하나님이 아니
라 최초의 피조물이면서 창조된 신적 존재다. 아타나시우스는 결국
325년 니케아 종교회의에서 아리우스를 정죄하고 승리함으로 신성
과 인성을 조화시킨 정통적인 기독론의 신조를 세웠다.

　예수님의 신성을 어떤 방법론으로 이해하는지에 따라 기독론은
두 가지로 나뉜다. 한 부류는 헬라 철학의 형이상학적 개념을 사용
해 예수님의 신성을 드러내고자 해서 '위로부터의 기독론'이라 한
다. 그 기독론을 주장하는 사람들은 이 땅에 실제로 살았던 역사적
인 예수보다는 동정녀 탄생, 그리스도의 십자가와 부활에 대한 교
리, 현재 우리의 신앙 속에서 체험되고 만나는 그리스도를 강조하

며 예수님의 신성을 강조한다.

반면 역사 속에 나타난 예수님의 언행을 통해 신성을 확보해야 한다고 주장하는 사람들은 '아래로부터의 기독론'을 주장한다. 그들은 예수님의 말씀과 행적을 살펴보면서 어떻게 그분을 하나님의 아들로 입증할 수 있는지를 연구한다. 그들의 주장에 따르면 '위로부터의 기독론'은 하나님으로서 그리스도에만 관심을 가진 나머지 실제 예수님의 삶과 그 의미들을 간과했다. 즉 사도신경의 내용처럼 동정녀 마리아에게서 태어난 예수님을, 삶에 대한 어떤 언급도 없이 본디오 빌라도에게 고난을 받으셨다고 함으로써 그분의 역사적 삶을 무시했다는 것이다.

'아래부터의 기독론'을 주장하는 사람들은 그런 교리적인 이야기로 채워진 기독론은 가난하고 소외된 자와 함께하며 병자를 고치시고 율법주의자들과 싸우시던 이 땅에서의 예수님의 삶을 간과하고 평가절하한다고 비판한다. 따라서 그들은 예수님이 동정녀 탄생이나 선재(pre-existence)로써가 아니라 그분의 삶과 사역을 통해 신성이 입증되어야 한다고 주장한다. 그래서 이후의 기독론은 나사렛 예수 그리스도의 역사성을 그분의 신성과 연결시킬 것인지 아니면 분리시킬 것인지, 또한 연결시킨다면 어떻게 해야 할지에 대한 논쟁의 연장선에 있다고 하겠다.

위에서 언급된 두 가지 기독론은 서로 비판하듯이 각각의 맹점이 있다. 고대 정통교리, 개신교 내의 경건주의나 신정통주의자들이 주장한 '위로부터의 기독론'은 기독론적 신앙을 역사적 근거에서 분리시키는 결과를 낳았다. 즉 오늘 내게 실존적으로 경험하는 그리스도의 의미만 중시함으로 예수님의 실제 삶이 주는 의미를 약화시킨 것이다. 그러한 태도는 기독교 신앙을 상징적인 이야기로 축소시켜 신빙성을 떨어뜨리고, 나아가 기독교 신앙의 객관적 토대들을 약화시켜서 성경을 역사가 아닌 해석학의 범주 안에 가두는 방향으로 흐르게 했다.

반면 '아래부터의 기독론'은 인간 예수님을 역사적인 정황(context) 속에서만 파악하려 하고 신적 존재로서 예수님보다는 인간으로서 예수님에 초점을 맞추었다. 그런 이성주의적이거나 계몽주의적 태도는 예수님을 인간의 실존을 대표하는 인물로만 보려 하고 하나님으로서 보는 관점을 무시했다. 결국 그러한 학문적 태도는 그리스도의 신성을 부인하거나 약화시키는 결과를 낳았고, 실제로 많은 자유주의자가 그러한 주장에 동참했다.

기독론에 대한 역사를 굳이 다 이해할 필요는 없다. 그럼에도 복잡한 내용을 굳이 언급한 이유는 그러한 논의들이 '하나님의 사랑'이라는 주제 안에서 매우 실제적인 접촉점이 될 수 있기 때문이다.

사랑으로 조화되는 기독론

하나님의 사랑에 대한 신학적 접근은 두 가지 기독론의 방법을 한 줄기로 인도한다. 예수님을 통한 사랑의 계시는 그분이 이 땅에 오신 위로부터의 목적에 근거하지만, 그분이 세상에 살면서 보여 주신 관계와 행적, 즉 아래로부터의 구체적 면모를 통해 우리에게 드러난다. 그리스도가 보여 주신 사랑은 단지 상징이나 의미가 아니다. 그렇다고 윤리나 따라야 할 규범도 아니다. 삼위일체의 제2격이신 성자 예수님이 신적 사랑의 계시를 위해 이 땅에 실제로 오셨고, 하나님의 사랑을 계시하기 위해 말씀하셨으며, 삶과 죽음으로 그 사랑을 증거하셨다. 우리는 그 역사적 예수님의 삶뿐만 아니라 그분의 십자가 죽음과 부활에 근거해 현실 속에서 하나님의 사랑을 경험하고 알게 된다.

그리스도가 보여 주신 사랑은 하나님의 관점과 인간의 관점을 만나게 한다. 그 두 가지 차원은 하나님의 사랑에 대한 관점에서 분리될 수 없고 분리되어서도 안 된다. 성육신과 부활 등을 통해 드러난 하나님의 사랑은 예수님이 하신 모든 말씀과 행동을 통해 증거되고 실현되었다. 하나님의 사랑이 단지 위로부터의 접근을 통해 우리에게 주어졌다면 우리는 그분의 사랑을 매우 종교적이고 관념적으로만 받아들였을 것이다. 또한 하나님의 사랑이 예수님의 말씀과 구체적인 삶을 통해서만 증거되었다면 우리는 그 사랑을 우리의 구원과 영생에 대한 해답으로 갖기 어려울 것이다.

그리스도가 우리의 경험과 이성을 초월하는 차원에서 하나님의 사랑을 드러내시지 않거나 우리가 예수님의 역사성과 행적만 그분의 신성의 근거로 삼았다면, 우리는 그 신적 사랑을 인간적인 차원으로 축소했을 것이다. 예수님의 실제 삶과 역사성은 그분을 통해 우리의 현재 경험, 즉 실존의 의미를 구체화시킨다. 하지만 그분의 성육신과 십자가와 부활 등으로 나타난 구속의 의미는 하나님의 사랑에 대한 결정적인 단서를 제공하며 우리가 그분의 사랑에 참여하는 궁극적인 의미를 제공한다.

하나님의 사랑은 초월성과 내재성 두 가지 차원으로 우리를 하나님과 다른 피조물들과의 관계 가운데로 인도한다. 예수 그리스도는 완전한 하나님이자 완전한 인간으로 우리에게 오셨고 사랑을 보여 주셨다. 그분이 우리에게 보여 주신 사랑은 신적이면서 인간적이다. 그분은 인간인 우리가 감히 신적인 사랑에 참여하고 그것을 소유하는 길을 열어 주신다. 우리가 그것을 균형 있게 받아들일 때 하나님의 사랑을 초월과 내재, 영원과 현실, 믿음과 삶, 가해성과 불가해성을 넘나드는 영적 실체로 만나게 될 것이다.

결국 초월자 하나님은 인간을 만나며 연합하시는 하나님이다. 인간이 근접할 수 없는, 거룩하신 하나님이 어떻게 우리와 친밀한 관계와 연합을 이루시는지에 대한 신비는 그분의 본성인 사랑으로만 풀 수 있다. 사랑하는 사람이 권위를 내세워 서로 근접할 수 없는 거리를 두는 것이야말로 사랑의 본성에 어긋나는 것이다. 그런 의미에서 초월적인 하나님은 우리의 사랑을 원하고 우리와 함께하시며 연합하기를 원하신다. 결국 초월과 내재라는 기독교 신비는 사랑이라는 기독교의 가장 중요한 특징 안에서만 풀 수 있다. 그것이 바로 예수님의 인성과 신성이 조화를 이룰 수 있는 유일한 방법이다.

1. 멀게만 느껴졌는데 최근에 가까워진 사람이 있는가? 그렇게 된 계기나
   방법은 무엇인가?

2. 예수님을 추상적이고 초월적인 신으로 여기거나 단지 윤리적 차원에
   서 모범이 되는 분으로 생각한 적이 있는가? 그렇다면 이 장을 읽고 깨
   닫게 되거나 도전받은 점은 무엇인가?

3. 초월자요 절대선(The Absolute Goodness)인 예수님이 죄인의 친구가 되
   시고 우주를 다스리는 그분이 나와 동행하시는 비밀은 '사랑'이다. 그
   예수님은 오늘 나에게 누구신가?

11
그리스도의 성육신은 삶으로 증명된다

성육신은 단지 예수님의 출생에 대한 이야기가 아니다. 십자가와 부활을 포함한 예수님의 삶 전체가 '하나님이 인간이 되었다'는 전제 위에 서 있다. 복음서는 자기 자신을 비워 제한된 시간과 공간 속으로 오신 예수님의 이야기다. 오직 사랑을 위해 이 땅에 오신 하나님은 '성육신'을 통해 신비를 벗고 인간이 되셨다. 초월적인 사랑이 인간의 감각에 미치기까지 그분이 가까이 오신 것이다. 성육신은 하나님의 사랑에 대해 수많은 의미를 우리에게 구체적으로 전해 준다. 그중 몇 가지만 생각해 보자.

사랑을 실천하는 삶

첫째, 성자의 성육신은 그분이 실제로 이 땅에서 살던 삶에 관심을 갖게 한다. 성경에서 예수가 그리스도라는 고백은 동정녀 탄생이나 성육신 교리가 아니라 나사렛 예수의 삶에서 도출되었다. 예수님의 신성에 대해 가장 적극적으로 언급하는 요한복음은 역설적으로 예수님의 수태나 탄생에 대해서는 전혀 말하지 않는다. 요한은 기적적인 탄생보다 이 땅에서 예수님과 함께했던 목격자들의 말을 근거로 그분이 하나님의 아들임을 고백한다.

"말씀이 육신이 되어 우리 가운데 거하시매 우리가 그의 영광을 보니 아버지의 독생자의 영광이요 은혜와 진리가 충만하더라"(요 1:14).

말씀이 육신이 된 사건은 성자 예수님이 우리 인간과는 다른 초월적이고 영원하신 분이라는 의미보다 그 고귀한 분이 이 땅에서 가난하고 소외된 자와 함께하며 병자를 고치시고 고통당하다가 죽으셨다는 데 더 큰 의미가 있다. 초기의 증인들은 예수님의 역사적인 삶 속에서 하나님의 영광과 은혜와 진리를 보았다. 성육신은 이 땅에서 예수님과 함께했던 사람들이 그분의 삶을 가까이서 보며 갖게 된 신학적 고백이었다.

베드로는 과연 무엇을 보고 예수님이 하나님의 아들임을 고백했을까? 그는 예수님에 대한 존재론적 또는 형이상학적 이론이나 교리를 배우지 않았다. 세례 요한의 제자들이 예수님께 와서 그분이 메시아인지 물었을 때 예수님은 이사야에 있는 말씀을 인용하여 이렇게 말씀하셨다.

"예수께서 대답하여 이르시되 너희가 가서 보고 들은 것을 요한에게 알리되 맹인이 보며 못 걷는 사람이 걸으며 나병환자가 깨끗함을 받으며 귀먹은 사람이 들으며 죽은 자가 살아나며 가난한 자에게 복음이 전파된다 하라"(눅 7:22).

어찌 보면 예수님은 그분이 베푼 기적을 통해 메시아임을 주장하신 것으로 보인다. 아마도 사람들은 어느 정도 그런 일들을 통해 그분이 예사 사람이 아니라고 생각했을 것이다. 그러나 복음서의 맥락을 살펴볼 때 예수님은 표적을 통해 사람들이 그분을 따르는 것을 무척 경계하셨다. 기적과 표적은 그 자체로 신성을 증명하신 것이기보다는 인간의 간절한 필요에 응답해 주신 예수님의 사랑으로 보는 것이 좋다. 예수님 외에도 기적을 베푼 사람은 있었지만 그것으로 그들의 신성이 증명된 것은 아니다. 오히려 예수님의 신성의 증거는 인간으로서 감당할 수 없는 하나님의 사랑의 표현이 아니었을까? 그분의 말은 모두 신적인 사랑의 언어였고 행동은 인간으로서 행할 수 없는 신적 사랑의 몸짓이었다. 그리고 그 모든 것이 그분의 십자가의 죽음과 부활을 통해 확증되었다.

우리가 크리스천이요 하나님의 자녀가 되는 것도 마찬가지다. 많은 크리스천이 스스로 하나님의 자녀 된 증거를 '영접 기도'라고 생각한다. 물론 영접 기도가 중요한 영적 전환이 되는 것은 사실이다. 그러나 그것이 우리가 하나님 자녀라는 결정적 근거라는 데는 좀 더 신중해야 한다. 회개나 영접 기도는 나의 구원을 보증하는 행위나 업적이 아니다.

영접 기도나 나의 의지나 지적인 동의로 어느 순간에 기독교 신앙을 나의 것으로 받아들였다는 사실은 구원의 완성이 아니라 그 여정의 시작일 뿐이다. 내가 그리스도를 믿고 하나님의 자녀가 되었다는 사실에 대한 증거는 오히려 그 이후 변화된 나의 삶이 되어야 한다. 주님과의 사귐을 통해 그분을 더욱 사랑하며 그분의 명령에 사랑으로 순종하는 삶이다. 우리는 영접 기도를 했다는 사실 때문이 아니라 예수님을 닮아가고 그분의 사랑을 실천하는 삶을 통해 크리스천이라는 증거를 드러내야 한다.

믿음으로 구원받는다는 이신칭의론은 하나님의 절대주권과 은혜를 강조하는 데 매우 중요한 교리다. 그러나 그렇게 이신칭의를 주장한 종교개혁자들은 동시에 성도의 변화된 삶과 성화를 지나칠 정도로 강조했다. 우리는 용서를 받음과 동시에 성화의 여정에 들어선다. 그 두 가지 차원을 분리하면 온전한 크리스천의 삶을 말할 수 없다.

같아짐과 낮아짐

둘째, 성육신은 사랑으로 인한 낮아짐이다. 사랑하시기에, 그리고 그 사랑을 보여 주시기 위해 성자 하나님은 스스로 인간의 수준으로 내려오셨다. 451년 칼케돈 회의는 성육신을 신적인 로고스가 인간의 본성을 취한 행위로 보았다. 성자 예수님이 스스로 인간의 본성을 취한 '겸비'(condescension) 또는 '비하'(humiliation)의 개념으로 성육신을 이해했다.

이러한 성육신에 대한 신학적 통찰력은 종교개혁 시대에 다시 한 번 나온다. 그것은 예수님이 스스로 자기를 비우셨다는 주장으로,

'케노시스 기독론'(kenosis Christology)이라 한다. 성자 예수님이 성육신을 통해 완전한 신적 속성을 스스로 포기하셨다는 것이다. 그 기독론은 성자를 성부보다 못한 존재로 오해하게 한다는 평가를 받기도 했지만, 하나님의 사랑에 대한 중요한 힌트를 제공한다.

피렌체 우피치 미술관에는 레오나르도 다빈치의 "수태고지"(The Annunciation, 1472-1475)라는 작품이 있다. 20세기 중반에 이르기까지도 그 작품의 진정성에 대한 논란이 많았다. 그 이유인즉 그림의 원근법도 엉망이고 그림 속 마리아의 오른팔도 다빈치의 작품이라고 하기에는 너무 부자연스럽기 때문이다. 비평가들은 그것이 다빈치의 작품이 아니거나 그가 부분만 그린 것이라고 생각했다. 혹자는 다빈치가 너무 어릴 때 그린 것이라서 작품성이 떨어지는 것으로 평가하기도 했다.

그러나 연구가 계속되면서 그것이 다빈치의 작품이 확실하다는 사실이 입증되었다. 결정적인 단서는 그 작품이 성당 앞 제단 옆에 전시되어 있었다는 사실이다. 작품을 감상하는 사람들은 정면이 아닌 사선에서만 그 그림을 볼 수 있었다. 그래서 앞에서 그림을 볼 때는 마리아의 팔과 테이블과 벽의 각도가 모두 이상했던 것이다.

놀랍게도 다빈치는 그 작품을 그릴 때 인간의 수준에 자신을 맞추신 성육신의 의미를 따라 사선에서 보는 관객들의 각도를 고려했다. 그림을 보는 사람들의 위치를 배려한 이 걸작품은 인간의 수준으로 자신을 낮추신 성육신의 의미와 절묘하게 일치한다.

계시는 그것을 받는 자들의 감각과 이해의 수준을 존중한다. 그래서 그리스도를 통한 계시는 이미 그 자체가 사랑을 의미한다. 하나님의 사랑을 우리에게 보여 주시기 위해 예수님은 철저히 우리의 눈높이에 맞추는 지고한 사랑의 행위를 하신 것이다. 그 비밀은 하나님 안에 거하며 그분과 깊은 사랑의 교제를 나누는 자에게 드러난다.

오랫동안 다빈치의 수태고지가 비밀스러웠던 것처럼 아직도 그리스도의 성육신은 그 비밀을 알지 못하는 사람들에게 오해와 미스터리로 남아 있다. 단언컨대 그 비밀을 푸는 열쇠는 하나님의 사랑이다. 그 비밀의 내용도 하나님의 사랑이다. 그리고 그 비밀을 알게 된 자에게 나타나는 삶의 변화도 하나님의 사랑이다.

몇 해 전 〈소명〉이라는 다큐멘터리로 우리에게 알려진 강명관 선교사님의 삶은 성육신적 삶에 대한 큰 도전을 주었다. 선교사님은 아마존 원주민들과 함께 쥐나 거북이 등을 먹으며 그들과 같이 문명의 혜택이 거의 없는 삶을 살아간다. 그러한 '같아짐'과 '낮아짐'은 그가 성경 말씀을 현지어로 번역하기도 전에 이미 그들에게 영향을 주었다. 지금도 하나님의 말씀은 그렇게 하나님의 사랑을 신실하게 살아내는 자들을 통해 전해진다.

거룩한 불편함

세 번째, 성육신은 '거룩한 불편함'이다. 예수님이 이 땅에 오신 이유는 무엇일까? 왜 성자 하나님은 하늘 보좌를 버리고 인간의 역사 속으로 들어오셨을까? 우리는 그 해답을 그분의 본성에서 찾는다. 그분은 사랑하셔서 인간이 되셨고 사랑하셔서 불편한 인간의 옷을 입으셨다. 사랑은 죄와 고통 가운데 있는 인간을 보며 성자 하나님을 영광과 존귀의 자리에만 머물 수 없게 했다.

어느 날 아내와 뷔페 식당에서 식사를 하고 있는데 저쪽에서 큰 소리가 났다. 무슨 일인가 보니 한 불량해 보이는 남자가 접시에 음식을 들고 가던 젊은 여자와 부딪힌 것이다. 여자가 들고 있던 접시는 바닥에 떨어졌고 음식은 엎어졌다. 그런데 그 남자는 사과도 하지 않고 적반하장으로 여자에게 소리를 질렀다. 그때 그 여자보다 더 당황스러운 사람은 그 여자의 남편인지 애인인지 모르는 남자였다. 그는 소리를 듣고 여인 앞에 왔지만 덩치가 크고 불량스러워 보이는 남자를 상대하기에는 턱없이 약해 보였다. 그러나 공포에 질려 떨고 있는 여인 앞에서 그는 가만있을 수 없었다. 그래서 용기를 다해 따졌다. "아저씨, 미안하다고 하셔야 하는 거 아닙니까?" 불량스러운 남자는 "너 뭐라고 했어?"라고 윽박지르며 그 남자친구의 멱살을 잡았다. "너 따라 나와." 식당에서 나오려던 참이라서 그 후에 상황이 어떻게 되었는지는 알 수 없지만 나는 옆에 있는 아내에게 조용히 말했다. "여보, 접시 들고 다닐 때 부딪히지 않게 조심해야겠어."

사랑하면 그냥 있을 수 없다. 가만있는 것이 오히려 더 괴롭다. 아들을 군대에 보낸 어머니는 따뜻한 잠자리가 불편하다. 사랑하는 사람이 어려운 상황 가운데 있다면 내가 누리는 편안한 자리는 어느덧 가시방석이 된다. 그것은 불쾌함과는 다르다. 사랑하기에, 그 사랑의 대상 때문에 기꺼이 감당하는 거룩한 불편함이다.

사랑하는 아들이 폭도들에게 당하는 것을 바라만 봐야 하는 아버지의 괴로움은 어떤 고통보다 더 클 것이다. 성자 예수님은 멸망의 길로 가고 있는 인간들을 그저 팔짱만 낀 채 바라보지 않으셨다. 그분은 일말의 망설임도 없이 고통과 조롱과 죽음이 기다리고 있는 인간의 삶 한가운데로 뛰어들어 오셨다. 성육신은 그렇게 거룩한 불편함에 기인한 사랑의 사건이다. 사랑하는 자가 위기 가운데 있는데 그냥 가만히 있다면 사랑하는 것이 아니다.

사랑하기에 감당하는 불편함은 나아가 이웃에게 사랑을 나누고 복음을 전해야 하는 이유를 제공한다. 우리는 하나님의 사랑을 알았고 그 사랑을 세상에 보여 주는 자로 부름받았다. 그렇다면 우리는 사랑하거나 사랑해야 할 대상의 불행을 보고 가만히 있을 수 없다.

감옥에 갇혀 있던 바울은 자신을 돌봐 주던 디모데와 에바브로디도를 빌립보 교인들을 위해 기꺼이 보낸다. 그들을 떠나보내며 바울은 자신의 의도를 "안위를 받으려 함"(빌 2:19)과 "내 근심도 덜려 함"(빌 2:28)이라고 표현한다. 그렇게 사랑하기에 느끼는 거룩한 불편함의 끝에는 아름다운 헌신과 사랑의 행위가 따른다.

수많은 선교사가 전기도, 기초 생필품도 없는 오지로 떠나는 동기는 바로 그 거룩한 불편함 때문이다. 그들은 가만있는 것이 더 불편해서 떠났을 것이다. 불편함을 피한다면 사랑이 아니다. 죽음의 위협마저도 그 불편함을 잠재우지 못하는 것은 그들 가운데 있는 하나님의 사랑 때문이다.

소 / 그 / 룹 / 을 / 위 / 한 / 질 / 문 /

1. 사랑하는 누군가를 위해 불편함을 감수해 본 적이 있는가? 또는 누군가 나를 위해 그런 사랑을 보여 준 적이 있는가? 그때의 느낌이나 감동을 나누어 보자.

2. 예수님이 나를 위해 낮아지고, 불편함을 감수하고, 희생을 당하신 것이 정말 사실이라면 그분에 대한 나의 태도는 어떻게 달라져야 하는가?

3. 성육신은 교리이기 전에 예수님과 그분을 따르는 삶의 모습이다. 나의 삶에서 성육신을 어떻게 실천하며 감당할 수 있는지 나누어 보자.

12
십자가와 부활은 사랑의 절정이다

십자가는 예수님의 죽음을 가리키지만 동시에 그분의 삶의 내용이기도 하다. 성자 예수님은 십자가를 지기 위해 세상에 오셨다. 하지만 이 땅에 구원자로 오신 예수님은 단지 죽음으로 사역을 완성하신 것이 아니다. 그분은 우리와 같이 고난의 삶을 살았다. 이 땅에서의 그분의 삶은 궁극적으로 십자가를 가리키고 있었다. 그리고 십자가 죽음을 향한 모든 과정에는 가난, 오해, 위협, 시기, 배신 등 고통과 고난이 넘쳐났다. 그분의 죽음도 십자가지만 그의 삶 자체가 십자가였던 것이다.

삶과 죽음이 십자가라는 것은 단지 예수님이 고난이 많은 인생을 살았다는 의미가 아니다. 예수님의 인생은 고생하며 힘들게 살다간 인간의 이야기가 아니라 그분의 삶과 죽음 자체가 십자가라는 말이다. 십자가는 하나님의 뜻에 순종하기 위해 사랑으로 감당하는 고난이다. 예수님은 하나님의 뜻에 순종하기 위해 이 땅에 오셨고, 사랑으로 자신을 비워 우리와 같은 인간이 되셨으며 우리를 위해 고난을 당하시고 죽으셨다.

성자 예수님이 느낀 고통은 단지 영적인 고통이 아니었다. 그것은 인간으로서 겪는 육체적이고 인간적이며 현실적인 고통을 포함한다. 그분의 고난은 감각적이고 실제적이다. 손과 발에 못이 박히고 옆구리는 창으로 찔리고 머리에는 크고 단단한 가시들이 박혔다. 그것은 단지 육체적인 고통만도 아니었다. 가슴을 도려내는 내면의 아픔이기도 했다. 그분은 처절하게 고독했고 극도의 수치를 당했고 사랑하는 이들에게 철저하게 배신당했다. 예수님이 가셨던 십자가의 길은 그런 전인적인 아픔이요 총체적인 고통이었다.

프랑스 철학자이며 인류학자인 르네 지라르(Rene Girard)는 예수에 대한 깊은 연구 끝에 기독교로 개종했다. 그는 성경의 예수 이야기가 당시 유행하던 영웅 이야기에 담긴 요소들을 전혀 포함하고 있지 않다는 사실에 깊은 감명을 받았다고 한다. 바벨론과 그리스, 다른 지역에서 나오는 모든 신화는 힘센 영웅을 찬양한다. 거기에 나약한 희생자가 들어설 자리는 없다. 그런데 성경의 주인공 예수는 사회에서 천대받는 자들의 편에 서서 가난한 자, 억압받는 자, 병든 자들과 함께하며 그들을 위해 살았다. 예수님도 가난과 소외 속에서 태어나 유아기에는 피난민의 신분으로 지냈고, 이후 척박한 지역에서 소수 민족으로 살다가 억울하게 고소당해 죄수의 몸으로 죽으셨다.

지라르가 연구한 예수는 지극히 가난하고 소외되고 고통받는 한 인간이었다. 지라르는 어찌 보면 가장 평범한 인간으로 살아간 인간 예수를 통해 다른 사람들과 다른 종교에서 발견할 수 없었던 신성을 발견했다. 고통과 죽음을 겪은 예수는 철저하게 인간이었고,

그 인간으로서의 정점은 그분의 삶과 죽음을 가까이에서 본 이들로 그분의 신성을 부인할 수 없게 했다.

예수님의 고난의 삶과 죽음은 단지 인간으로서 어쩔 수 없는 한계를 보여 주는 것이 아니다. 그것은 우리의 기대와 상식을 뛰어넘은 신적 사랑의 신비다. 예수님의 고난은 그분이 신화 속의 영웅이 아니라 타락된 세상을 구원하고자 기꺼이 인간이 되신 하나님의 사랑의 표지다.

자발적인 사랑의 결과

예수님은 자신의 고난과 죽음을 예상하시고 기꺼이 자신을 내어 주실 준비가 되어 있었다. 그래서 고난을 피하지 않고 고통스러운 죽음을 맞이하셨다. 사랑하기에 그러한 극한의 고통을 온몸으로 고스란히 끌어안으신 것이다.

십자가는 어쩔 수 없이 당하는 수동적인 고통이 아니라 자발적인 사랑의 결과다. 죄악으로 만연한 세상은 사랑하는 자를 고통의 자리로 내몬다. 예수님은 사랑하기에 외로우셨고 모욕당하셨고 매 맞으셨고 끝내 죽으셨다. 그는 사랑으로 모든 고통을 감당하셨다. 십자가는 자신의 모든 것을 내어 주는 사랑과 희생의 결정체다. 십자가는 어쩌다 생긴 불행이나 운명의 가혹함이 아니라 사랑으로 인한 필연이다. 사랑이 아니면 순종도 없었을 것이다. 그러나 순종이 있기에 십자가의 죽음이 있었다. 본회퍼는 예수님이 가신 고난의 길이 사랑의 길임을 이렇게 묘사한다.

"예수는 그것이 의미하는 바를 아신다. 그것은 낮아짐이고 욕설이며 핍박이고 오해다. 또한 그것은 증오와 죽음과 십자가를 의미한다. 그리고 그분은 처음부터 이 길을 선택하셨다. 그것은 복종의 길이며 자유의 길, 곧 하나님의 길이기 때문이다. 그렇기 때문에 그것은 인간에 대한 사랑의 길이다. 예수님을 향한 욕설과 오해, 심지어 증오의 소리가 우리를 위한 사랑의 길에 있다는 것은 그리 놀랄 일이 아니다. 오히려 악과 부조리 속에 살면서 우리에게 그런 어려움이 없는 것이 놀라운 일이다. 사랑이 아니면 피해갔을 그 길을 예수님은 묵묵히 걸으셨다. 그리고 스스로 그 길이 되셔서 우리를 초대하신다."

존 번연의 《천로역정》에는 "순례자는 어려움이 있고 언뜻 보기에 돌아가는 것처럼 보이는 그 길을 따라 갈 때만 목적지에 도달할 수 있다"라는 말이 나온다. 사랑은 순례자가 그 길을 기꺼이 걷게 하는 이유이고 능력이다. 사랑의 길은 십자가의 길이고 십자가의 길은 사랑의 길이다. 주님을 따를 때 우리는 그 길을 피하거나 돌아갈 수 없다. 크리스천에게 그 길은 진리에 이르는 유일한 길로 애초부터 우회도로는 없다. 그러나 그 길의 끝에서 예수님은 죄로 인해 죽은 우리의 영혼에 그분의 생명을 불어넣으신다. 그렇게 십자가에서 그분은 죽고 우리는 살아난다.

십자가를 지신 자의 부활

물론 부활은 예수님의 신성을 나타낸다. 부활은 예수님의 십자가를 포함한 이전의 모든 사건과 그분이 하신 말씀에 신적인 의미를 부여한다. 그분이 단지 인간이 아니라 하나님으로서 말씀하시고 행하시며 십자가를 지신 것은 부활로 인해 보증된다. 그러나 우리는 오해하지 말아야 한다. 예수님은 부활을 통해 신성을 지니게 되신 것이 아니다. 예수님은 부활 전에도 하나님이셨고, 단지 부활을 통해 우리가 그분의 신성을 보고 깨닫게 된 것이다.

부활은 신성과 동시에 예수님의 인성을 증거한다. 예수님의 부활은 자신을 비워 인간이 되신 성육신 사건의 연장선에 있다. 부활의 기적은 그분이 완전한 인간이었다는 것을 역설적으로 증명한다. 사실 신성에서 부활은 특별한 사건이 아니다. 영원하시고 전능하신 하나님께 부활은 애초부터 놀라운 일이 될 수 없다. 하지만 예수님은 완전한 인간이셨기 때문에 죽으신 것이다. 그리고 그분의 부활은 그러한 인간적 한계의 맥락에서 이루어진 것이다.

부활은 예수님이 그분의 영원성과 불멸성을 내려놓으심에 대한 결과다. 예수님이 참 인간으로서 부활하시고 잠자는 자들의 첫 열매가 되심으로, 인간인 우리도 장차 부활할 수 있게 되었다. 그런 의미에서 예수님의 부활은 인간인 우리에게 진정성 있는 소망이 된다. 그분이 우리와 같은 가난과 질병과 슬픔과 고통을 경험한 인간으로 부활하시지 않았다면 부활의 소망은 우리에게 산 소망이 될 수 없었을 것이다.

나아가 부활은 오늘의 십자가를 이기는 능력이 된다. 소망은 현재를 이길 힘을 제공하는데, 부활은 단지 영생에 대한 소망이 아니다. 그것은 결코 공허하거나 추상적이지 않다. 부활은 절망적인 현실 속에 꿈틀거리는 소망의 근거이며 현실의 십자가를 감당하게 하는 능력이다.

부활, 사랑의 계시

칼빈의 신학을 지배하는 명제 중 하나는 '하나님은 우리에게 선한 것을 주기 원하신다'이다. 이는 단지 한 종교개혁자의 의견이 아니라 성경이 증언하는 메시지다. 우리에게 좋은 것을 주고자 하시는 하나님의 의지의 근거는 그분의 사랑이다.

사랑은 그 대상을 향한 선을 추구한다. 부활은 우리에게 승리와 영광을 주시는 사랑의 하나님을 증거한다. 그 사랑 속에서 부활은 소망의 근거가 된다. 슬픔이나 아픔과 고통은 임시적으로나 과정으로 존재할지 모르지만 그 자체가 결론이나 목적은 아니다. 부활은 우리의 모든 어려움과 고난, 죽음마저도 결국 하나님의 선한 계획 아래 있다는 것을 증거한다.

그렇다면 신적 사랑의 견지에서 볼 때 고난은 사랑의 실패가 아니라 성공의 과정이다. 슬픔과 패배처럼 보이는 십자가는 승리를 위한 관문이요 도구이다. 그 주장의 근거에 예수 그리스도의 십자가와 부활이 있다. 부활로 말미암아 십자가는 패배와 실패가 아닌 승리와 영광의 통로로 그 의미가 바뀌었고 그분이 권세를 가지고 하신 모든 말씀과 주장도 부활로 말미암아 비로소 살아 계신 하나님의 사랑의 계시임이 드러났다. 십자가가 하나님의 사랑의 증거임을 아는 한, 십자가는 결코 절망적이나 우울하지 않다. 분명 쓰라린 눈물은 기쁨의 눈물로 이어질 것이고 탄식은 환희로 변할 것이다.

부활은 하나님의 사랑의 계시다. 사랑하는 나사로의 죽음 앞에서 눈물을 흘리셨던 예수님은 그를 다시 살려 주셨다. 사랑은 사랑의 대상에게 절망 대신 소망을 준다. 부활은 사랑하는 자에게 주시는 소망의 절정이다. 나아가 그것은 그리스도의 신부가 된 우리와 영원히 동행하겠다는 그분의 의지요 약속이다.

예수님의 십자가와 부활을 통해 우리는 사랑의 하나님을 만났다. 예수님은 하나님이 우리를 얼마나 사랑하시며 그분의 아들이 왜 우리에게 오셨고 사랑하기에 어떤 희생을 치르셨는지, 그 사랑의 목적과 사랑하는 방법을 우리에게 가르쳐 주셨다. 그리고 그로 인해 우리는 하나님의 사랑을 느끼며 그분과의 친밀한 사귐 속으로 들어갈 수 있게 되었다.

예수님을 통해 하나님을 만난 사람은 예수님처럼 사랑의 계시자가 된다. 삶을 통해 다른 사람들이 주님을 만날 수 있게 하는 것이다. 그리고 그때 우리는 세상 속에서 '사랑'이 된다.

1. 나의 어려움이나 슬픔이 비슷한 처지에 있는 다른 사람들에게 공감과 위로가 된 적 있다면 나누어 보자.

2. 예수님의 십자가와 부활이 주는 개인적인 의미를 생각해 보자. 십자가와 부활이 단지 예수님께만 해당되는 것이 아니라 '나의 사건'이 된다는 말은 무슨 뜻인가?

3. 십자가와 부활은 나를 향한 하나님의 사랑을 떠나서는 제대로 이해할 수 없다. 그렇다면 내 삶에 나타난 그 사랑의 증거는 무엇인가? 그리고 나는 어떻게 다른 사람에게 하나님의 사랑을 증거할 수 있는가?

5장

그리스도인의 삶의 원리

신뢰

13 믿음은 보이지 않는 길을 가는 삶의 원리다

14 신뢰는 십자가와 부활 사이에서 만들어진다

15 신뢰는 사랑에 대한 확신에 근거한다

13
믿음은 보이지 않는 길을 가는 삶의 원리다

〈웨이킹 네드〉(Waking Ned Devine)라는 영화에서 열 살짜리 소년은 자신이 다니는 교회의 젊은 목사에게 질문한다. "목사님은 하나님이 보이나요?" 목사는 "직접적으로는 아니지. 하지만 계시를 받기는 한단다"라고 대답했다. 소년은 다시 묻는다. "목사님은 월급을 많이 받나요?" "그렇지는 않단다. 내 일의 보수는 주로 영적인 것이란다." 질문을 들은 목사는 혹 소년이 목사가 되고 싶어 묻는 것이 아닌가 하고 질문했다. "혹시 목회자가 되는 것에 대해 생각해 본 적이 있니?" 소년은 "아니요"라고 대답했다. "저는 최소한의 월급도 안 주는, 보이지도 않는 분을 위해 일하고 싶지 않아요."

  목회자의 삶, 그것은 앞이 보이지 않는 길이다. 하나님도 보이지 않고 돈을 많이 벌거나 안정된 삶이 보장되는 것도 아니기에 미래도 분명하지 않다. 경제적인 것뿐 아니라 목회 사역 자체도 분명한 것이 별로 없다. 오늘 하루 일과에도 어떤 변수가 있을지 알지 못한다. 항상 예상하지 못한 일이 사역의 현장 곳곳에 돌출한다. 성도들은 목사가 늘 천국에서 사는 줄 아는데 그것은 고상한 오해일 뿐 사실이 아니다. 하루에도 여러 번 보이지 않는 천국과 지옥을 오간다. 소수의 탁월한 목회자를 제외하면 목회지도 평생 보장되지 않는다. 그래서 늘 가방 싸서 떠날 준비를 하며 살아야 한다. 심지어 목사는 자신이 하는 목회의 열매도 다 볼 수 없다. 나의 글이나 설교를 통해 얼마나 많은 사람들이 변화되는지, 아니면 얼마나 짜증을 내는지를 확인하는 것도 포기해야 한다. 그저 하나님의 부르심이라는 보이지 않는 길을 묵묵히 걸어갈 뿐이다.

그리스도인의 삶의 원리

"태초부터 있는 생명의 말씀에 관하여는 우리가 들은 바요 눈으로 본 바요 자세히 보고 우리의 손으로 만진 바라"(요일 1:1).

　말씀에서 요한은 생명의 말씀을 듣고 눈으로 보고 손으로 만졌다고 하며 예수님에 대한 확신을 드러낸다. 그러나 그 말씀은 의미상 역설처럼 들린다. 요한은 예수님을 보았고 직접 가르침을 받았고 3년 동안 삶을 함께했기 때문에 그렇게 말할 수 있지만, 오늘 우리에게 그 말씀은 애매하기 짝이 없다. 요한이 감각을 통해 만났던 예수님은 이미 2,000여 년이나 우리와 멀어져 있다. 그러면 요한은 그저 역사적 예수와 동떨어진 우리에게 자신은 그분을 실제로 만났다고 거드름을 피우는 것인가? 그것이 아니라 그 말씀이 오늘 우리에게도 의미가 있는 것이라면 생명의 말씀 되신 예수님을 어떻게 우리의 현실 가운데 보고 듣고 만질 수 있단 말인가? 예수님이 지금 우리의 눈과 귀와 손으로 감각되는 분이 아니라면 우리에게 그 고백은 어떤 의미인가?

먼저 이 난해한 문제를 풀기 위해 요한이 예수님을 표현한 '로고스'(Logos)라는 단어에서 그 힌트를 찾아보고자 한다. 신약에 330번 등장하는 예수님의 그 호칭은 원래 수를 세고 계산하거나 설명하는 것과 관련이 있는 단어였다. 구체적으로 로고스는 인간 스스로 발견하는 합리적인 능력을 뜻하는 개념이다. 나아가 그 단어는 지성, 의미와 법칙, 기초와 구조라는 관점에서 세상을 보는 만물의 원리를 파악하는 규범이다. 헬라인에게 지식은 언제나 현실을 파악하는 법칙을 인식하는 것이었다. 결국 로고스는 만유의 원리, 즉 현실을 관통하는 원리를 의미한다.

'로고스'라는 단어를 사용한 성경의 기자와 독자들은 당시 헬라 철학에서 사용되는 그 말의 의미에 익숙했을 것이다. 만물의 법칙과 기독론의 오묘한 연결은 세상을 살아가는 크리스천에게 삶의 원칙을 오직 그리스도 안에서 발견해야 함을 가르쳐 준다. 즉 예수 그리스도는 영적인 구원자일 뿐 아니라 현실을 살아가는 크리스천에게 삶의 원리이기도 한 것이다. 로고스, 즉 예수 그리스도는 하나님이 창조하신 세상의 원리요, 크리스천이 살아가는 방식이다.

십자가와 부활

그렇다면 예수 그리스도가 세상의 원리라는 의미는 무엇인가? 요한복음 1장 3절과 10절은 창조의 원리가 되신 로고스에 대해 이렇게 답한다. "만물이 그로 말미암아 지은 바 되었으니 지은 것이 하나도 그가 없이는 된 것이 없느니라"(3절). "그가 세상에 계셨으며 세상은 그로 말미암아 지은 바 되었으되 세상이 그를 알지 못하였고"(10절).

로고스이신 예수님은 세상 모든 만물의 원인이다. 하나님이 그리스도로 말미암아 세상을 창조하셨다는 사실은 로고스가 이 세상의 원인이자 내적 원리라는 의미다. 그러므로 현실에 대한 우리의 탐구는 삶의 원리 되신 예수 그리스도를 아는 것으로 집약된다. 만물이 그로 말미암아 지은 바 되었기에 예수 그리스도를 아는 것은 현실을 살아가는 지혜요 방법이자 삶의 구체적인 목적인 것이다.

골로새서 1장 15-16절은 로고스 되신 예수님의 의미를 더 선명하게 설명한다. "그는 보이지 아니하는 하나님의 형상이시요 모든 피조물보다 먼저 나신 이시니 만물이 그에게서 창조되되 하늘과 땅에서 보이는 것들과 보이지 않는 것들과 혹은 왕권들이나 주권들이나 통치자들이나 권세들이나 만물이 다 그로 말미암고 그를 위하여 창조되었고." 역사의 처음과 마지막이 되신 예수 그리스도는 그야말로 역사와 현실의 원인이자 결과요, 그 둘을 잇는 현재적 원리다. 그렇다면 삶의 원리로서 예수 그리스도는 구체적으로 어떤 내용을 말하는 것인가?

세상과 현실의 원리로서 예수님의 의미는 십자가와 부활로 집약될 수 있다. 그 외 예수님의 행적을 간과하려는 것이 아니라 십자가와 부활이 복음의 핵심이라는 말이다. 세상을 구원하려는 목표를 위해 하나님은 십자가와 부활이라는 방법을 택하셨다. 십자가와 부활은 실제 일어난 일이며 동시에 그분과 연합한 크리스천에게 삶의 원리를 알려 주는 영적 패턴이다. 즉 진정한 구원과 승리를 이뤄가는 모든 과정과 현실 가운데 크리스천의 삶을 지배하는 원리인 것이다. 십자가는 과정이요 방법이며, 부활은 결과요 목적이다. 또한 십자가는 현실이며 부활은 그 현실 가운데 주어진 약속이다.

로고스는 십자가와 부활이라는 두 축을 의미로 연결하는 것, 즉 현실과 약속을 잇는 삶의 원칙이다. 그리고 십자가의 현실 속에서 부활의 약속을 이어 주는 구체적인 내용이 '신뢰'다. 십자가에서 부활은 믿음과 신뢰를 통해서만 연결되고 확보된다. 그것은 아브라함이 모리아 산에서 이삭의 목에 칼끝을 대면서도 소유했던 것이요, 요셉이 감옥에서도 포기하지 않았던 것이며, 사자 굴 속에 있던 다니엘이 죽음의 두려움 속에서도 끝까지 붙들고 있던 것이다.

우리의 삶에서 부딪치는 현실 속 고난은 눈에 보이고 귀에 들리고 손에 느껴진다. 크리스천의 삶 가운데 십자가는 항상 피부에 느껴지는 실제요 현재다. 예수님을 믿는다고 고난에서 제외되지는 않는다. 오히려 예수님을 따르는 사람은 모두 십자가의 자리에 서게 된다. 십자가를 회피하고 폄하하면 결코 예수님의 제자가 될 수 없는 것이다. "누구든지 나를 따라오려거든 자기를 부인하고 자기 십자가를 지고 나를 따를 것이니라"(막 8:34).

부활은 다르다. 어떤 의미에서 부활은 아직 경험하지 않은 것이며 다가온 현실이 아니다. 십자가의 현실 가운데 부활은 오직 약속 안에서만 존재한다. 믿음을 떠나서 부활의 약속은 황당할 수밖에 없고 비현실적이다. 객관적이고 통계적이며 증거를 요구하는 확실성은 믿음 안에 존재하는 부활과는 존재 방식이 전혀 다르다. 믿는 자들이 갖는 확실성은 안 믿는 자들이 갖는 불확실성의 영역에 있다. 크리스천의 삶은 현실적으로 불확실하지만 믿음 안에서 확실한 것을 따라가는 것이다. 반대로 현실 가운데서 확실하고 믿음 안에서 불확실한 것만 추구하는 자는 크리스천이 아니다.

신앙이 보이는 것을 확보하는 방법이라고 생각한다면 그것은 심각한 오해다. 물론 하나님은 우리의 현실적인 문제에도 관심을 갖고 해결해 주신다. 하지만 믿음의 본질상 그것은 순서가 잘못되었다. 오히려 우리는 현실적인 문제가 닥쳤을 때 해결보다 먼저 보이지 않는 하나님을 신뢰해야 한다. 그 문제가 해결되어 하나님을 신뢰하기도 하지만, 해결되지 않거나 지체될 때도 우리의 믿음은 더 깊은 신뢰의 차원으로 나아간다. 하나님의 사람은 그 힘든 상황을 오히려 믿음의 뿌리를 더 깊게 내릴 수 있는 토양으로 삼는 것이다.

그런데 어떤 이들은 믿음의 영역에 두어야 할 것에 세속적인 확실성을 부여하려고 한다. 알 수 없는 것을 알려 하고 대답할 수 없는 것을 대답하려 한다. 그냥 모른다고 하면 될 것을 군이 안다고 해서 잘못된 가르침이나 이단에 빠지기도 한다. 신비의 차원으로 남겨두어야 할 것을 어설프게 확실성 속에 두려고 하다가 초월적인 것을 내재적으로 끌어내리는 오류를 범한다. 바울은 그런 자들이 성경을 억지로 해석하는 것에 빗대어 이렇게 말했다.

"그 모든 편지에도 이런 일에 관하여 말하였으되 그중에 알기 어려운 것이 더러 있으니 무식한 자들과 굳세지 못한 자들이 다른 성경과 같이 그것도 억지로 풀다가 스스로 멸망에 이르느니라"(벧후 3:16).

어떤 이들은 이해할 수 없는 어려움이나 고통을 대면하면, 자신이 이해할 수 없다는 이유로 하나님의 존재와 그분의 사랑을 의심한다. 또 다른 이들은 하나님을 자신의 지식의 틀 안에 넣으려다가 잘못된 이론에 빠지기도 한다. 하나님은 창조 이후 세상에 관여하시지 않는다는 이신론(deism)이나 하나님은 선을 행하시고자 하지만 무능력하다는 유한신론(finite theism) 등이 그 예다. 그렇게 하나님을 세속적인 논리의 틀 안에 가두고 그 귀결에 따라 하나님을 판단하며 성경의 하나님과 전혀 다른 하나님을 만들어낸다. 신뢰는 이성의 한계를 인정하며 겸손히 주님 앞에 나아가는 것이다. 그것이 진정 하나님을 하나님 되시게 한다. 그리고 그때 우리는 합리성보다 더 높은 합리성을 취하게 된다.

1. 나의 삶에서 아직 풀리지 않은 궁금증은 무엇인가? 또는 하나님을 알아가는 데 이해할 수 없는 것은 무엇인가? 그것은 답을 찾아야 하는 것인가, 아니면 신뢰의 차원에 두어야 할 것인가?

2. 신비의 영역에 두어야 할 것인데 확실성을 추구하면서 오해하거나 더욱 혼란스러워진 적은 없는가? 그런 문제가 하나님과의 관계에 미친 영향은 무엇인가?

3. 하나님은 우리에게 말씀하시는 분이지만 그럼에도 신앙은 불확실한 현실을 전제한다. 그 불확실한 자리가 불안과 혼란이 아니라 신뢰와 순종의 자리가 되기 위해 나에게 필요한 부분은 무엇인가?

14
신뢰는 십자가와 부활 사이에서 만들어진다

십자가와 부활 사이에는 간격이 존재한다. 십자가 사건은 이미 일어났다. 패배와 실패로 모든 것이 끝난 것 같은 상황이다. 사람들이 가졌던 예수님에 대한 기대와 소망은 그분이 십자가에서 죽으시면서 완전히 무너지고 이제는 조롱과 핍박과 절망으로 둘러싸인 현실만 남아 있었다.

우리 삶에도 그러한 시간이 있다. 건강은 더 악화되고, 사업은 더이상 일어날 수 없을 만큼 위기로 치닫고, 깨진 관계는 회복의 실마리가 보이지 않는다. 짙은 흑암의 터널은 계속되고 기대했던 한 가닥의 소망조차 물거품이 되었을 때, 그런 사면초가의 상황은 무덤 속의 절망을 연출한다.

그런 의미에서 무덤의 시간은 우리의 현실이다. 하이데거는 자신의 의도와 상관없이 인간의 피할 수 없는 정서로 '불안'을 꼽았다. 어떤 면에서 삶은 힘든 문제들과 아픔과 두려움의 연속이다. 삶의 여러 정황은 항상 인간을 궁지로 몰아넣고, 인간은 자신의 한계 속에서 항상 불안해한다. 그것만 해결되면 다 될 것 같다가도 또 다른 문제들이 어느덧 그 앞을 가로막고 있다. 인간의 실존이 절망이라는 키에르 케고르(S. Kierkegaard)의 선언은 우리의 현실 자체가 두려움에서 완전히 벗어날 수 없음을 이야기한다.

무덤 안에서는 하나님의 약속의 실체를 보지도 듣지도 만지지도 못한다. 그때 하나님의 약속은 우리의 눈앞에 있는 현실이 아니다. 실체가 없기 때문이 아니라 그것을 느끼도록 허락되지 않았기 때문이다. 이 '허락되지 않음'은 어떤 의도와 목적이 있다는 것을 암시한다. 과연 무엇을 위해 약속의 성취는 늦어지는 것일까? 그것이 하나님의 사람들에게 주는 의미는 무엇인가?

바로 그것은 하나님이 우리에게 신뢰를 원하시기 때문이다. 하나님은 우리에게 의인은 믿음으로 산다는 신앙의 진정성을 요구하신다. 그때 우리의 현실은 좋은 일이든 힘든 일이든, 하나님에 대한 신뢰의 도구다. 우리는 문제 해결이나 내가 바라는 결과가 목적이라고 하지만, 하나님은 그것이 아니라 신뢰라고 하신다.

현실과 미래를 연결하는 신뢰

우리는 초월자이신 하나님이 하시는 일을 다 이해할 수 없다. 그러나 신뢰는 절망의 상황과 소망을 연결하고, 무한자와 유한자 사이에 있는 영원의 간격을 이어 준다. 인간은 오직 신뢰 안에서 그분의 크고 오묘한 일들을 기대할 수 있는 것이다.

믿음의 사람에게 응답받지 못한 기도는 더욱 신뢰를 자극한다. 그런 상황을 통해 응답받을 때보다 더 아름답고 깊은 신뢰를 배운다. 또한 하나님께 붙들린 사람은 오히려 어둠과 절망을 통해 하나님께 신뢰를 뿌리내린다. 그들에게 앞이 보이지 않는 상황은 신뢰의 발걸음을 내딛기에 최적화된 자리다. 이해할 수 없는 시간은 자신의 생각을 내려놓고 신뢰로 주님 앞에 나아가는 최상의 기회인 것이다.

성경에 나오는 수많은 찬송은 고난을 배경으로 만들어졌다. 신뢰는 고난 중에도 찬송을 부르게 한다. 고난 자체가 찬송을 야기한 것은 아니다. 시편 43편의 기자는 고난 중에 자신을 주의 거룩한 산과 주의 장막으로 이끌어 달라고 기도한다. 그리고 자신의 의지와 힘으로 할 수 없기에 하나님의 도우심을 요청하며 그곳에서 하나님께 찬양으로 나아갈 것을 약속한다(4절). 도우심을 구하는 인간과 도와주시는 하나님은 그렇게 찬양 가운데 만나고 연합한다.

성경은 고난 중에 찬양하는 자들의 열정을 보여 준다. 그들은 광야에서, 홍해 앞에서, 골리앗 앞에서, 무덤 안에서, 감당할 수 없는 적들 앞에서도 하나님을 찬양한다. 그들의 찬양은 결코 자연스럽거나 쉬운 것이 아니다. 그들은 찬양하기 위해 이를 악물고 몸부림친다. 고통스러운 기다림의 시간을 노래와 예배로 채우기 위해 처절하게 싸우는 것이다.

또한 바울과 실라는 감옥에서 찬송했다. 때로는 소망과 감사로, 때로는 울음과 탄식으로 찬송했다. 로마 치하에서 핍박 가운데 있던 계시록의 사람들은 '바벨론의 멸망'이라는 하나님의 약속을 붙들고 그 기다림의 자리에서 끊임없이 찬송하고 예배했다. 그들은 고통 속에서, 황제 숭배를 거부한 결과로 마주한 순교의 위기 가운데 찬송했다. 찬송하는 동안에도 그들은 여전히 싸우며 죽어갔다. 그러나 그 깊은 신뢰의 샘에서 끌어올린 찬송은 어느덧 그들을 짓누르고 있던 어려움보다 더 강력한 능력이 되어 그들을 일어서게 하는 구령이 되었다.

신뢰는 어느 날 갑자기 생기는 것이 아니다. 이해할 수 없고 끝이 보이지 않는 기다림의 시간 속에서 조금씩 자라난다. 신뢰는 우리에게 꼭 필요한 열매지만 내가 원하는 때에 원하는 만큼 얻지 못한다. 그것은 우리가 닥친 수많은 문제와 오랜 기다림의 씨름을 통해 얻는 결실이다. 또한 신뢰는 천둥 번개와 비바람이 치는 가운데 연단되며 내가 알지 못하는 사이에 자라난다. 그동안 믿음의 삶에서 점점 더 깊어진 주님과의 관계를 토대로 조금씩 내 안에 쌓인다. 그리고 어느 순간 내 안에 크게 자란 신뢰의 열매를 보며 주님을 찬양하게 된다.

몇 년 전 한 성도를 심방한 적이 있다. 평소 주위 사람들에게 존경과 사랑을 받는 사람이었는데, 어느 날 호흡이 불편해서 병원에 갔다가 폐암 말기 진단을 받았다. 40대 후반인 그에게 청천벽력과 같은 소식이었다. 그를 만나는 순간 눈물이 나오려는 것을 간신히 참았다. 아니, 눈물을 보일 수 없었다. 그의 얼굴이 너무나 평온했기 때문이다. 그의 말 한마디 한마디에서 하나님의 평안이 묻어났다.

오히려 내가 위로와 힘을 얻고 자리에서 일어났다. 집으로 돌아오는 길에 그의 문자를 받았다. 심방해 주어 감사하다는 말과 함께 이런 고백이 담겨 있었다. "주님이 신뢰를 가르치시는데 못 따라가서 많이 울었어요." 그가 얻은 평안의 과정을 그렇게 표현한 것이었다. 하나님은 고난 중에 신뢰를 가르쳐 주신다. 그날 내가 보았던 평안은 눈물과 고통 중에 얻은 신뢰의 열매였다.

그렇게 신뢰는 고통스런 영적 싸움을 통해 얻는다. 모리아 산에서 아브라함은 아들을 바쳐야 하는, 죽음과 같은 고뇌를 통해 하나님에 대한 무조건적인 신뢰를 배웠다. 다윗은 그를 둘러싼 시퍼런 창끝과 자신의 죄로 인한 절망 가운데 신뢰를 배웠다. 엘리야는 이세벨과 아합으로 인한 죽음의 위협과 극도의 무력감 가운데 신뢰를 배웠다. 욥은 자신을 둘러싼 처참한 비극과 조롱 속에서 신뢰를 배웠다.

십자가와 부활을 잇는 다리

신뢰는 고난의 현실과 하나님의 약속을 잇는 좁은 길을 가는 동안 눈물의 골짜기를 통과하며 만들어지는 보석이다. 신뢰는 그렇게 십자가와 부활을 이어 준다. 즉 신뢰는 예수 그리스도의 복음, 십자가와 부활을 잇는 원리다. 그것은 십자가의 현실과 부활의 약속 사이를 살아가는 크리스천의 삶의 원리(로고스)인 것이다.

하나님의 사람은 그 신뢰의 원리로 살아가는 존재다. 그들은 무덤 속에서 부활하신 그리스도를 신뢰한다. 모든 절망적인 상황을 뚫고 하나님의 약속을 기다린다. 위기 상황 속에서 눈에 보이는 증거가 없어도 믿음으로 하나님의 말씀에 순종한다.

신뢰는 십자가를 대면하고 부활을 기대하며 준비하게 하는 능력이다. 나아가 오늘의 현실을 말씀으로 해석하고 하나님의 약속된 영광을 미리 살아가는 힘이다. 신뢰는 자신이나 환경이 아니라 하나님을 향해 얼굴을 드는 것이다. 그 모습은 기도의 자세이면서 동시에 기도 자체다. 기도는 가장 자연스러운 신뢰의 표현이다. 그저 원망하고 울부짖는 기도라도 기도 자체에는 신뢰가 포함되어 있다. 신뢰가 없다면 하나님께 나아가지도 않을 것이다.

기도는 하나님에 대한 지식을 전제한다. 하나님이 누구이고 어떤 성품을 가지셨으며 어떤 능력으로 역사하시는 분인지에 대한 반응이 기도다. 하나님에 대한 지식 없이 그분께 무언가를 묻거나 구하거나 바랄 수는 없다. 기도는 아무나 들으라는 향방 없는 소리가 아니다. 그 기도의 대상은 하나님이며 그분은 사랑의 하나님이다. 그 사실을 알기에 우리는 그분과의 관계 속에서 기도하는 것이다. 신뢰는 이루어질 어떤 것이나 상황을 믿는 것이 아니라 오직 인격적인 관계 속에서 형성되며 그 신뢰의 관계는 기도의 토대가 된다.

성경 속 사람들은 기도할 때 하나님이 하신 일과 그분의 약속을 기억한다. 애굽에서 구원해 내신 분, 홍해를 가르신 분, 사막에서 만나를 주신 분, 여리고 성을 무너뜨린 분을 떠올린다. 이스라엘을 애굽에서 어떻게 구원해 내시고 어떤 기적을 베푸셨으며 적들을 어떻게 무찌르셨는지를 열거하면서 그들이 의지하고 있는 하나님에 대한 지식을 스스로 상기한다. 자신의 문제보다 하나님이 어떤 분인지에 대한 표현이 그들의 기도 대부분을 채운다. 신약에 와서 사도들의 기도도 마찬가지다. 그들은 영광의 하나님, 지혜와 계시의 영을 주시는 하나님, 우리에게 소망을 두고 부르시는 하나님, 영광과 풍성함으로 가득 찬 유업을 주시는 하나님, 능력의 하나님 등을 선포하며 기도한다.

그 하나님은 역사 책에 나오거나 나와 상관없는 존재가 아니다. 시편 기자들의 기도를 보라. 천지를 지으신 하나님, 내 우편의 그늘이 되시는 하나님, 나의 산성, 나의 피할 바위, 나의 구원의 뿔, 나의 노래가 되신 하나님을 묘사한다. 지식으로만 알던 하나님이 내 삶에서 실재가 되고 그 과정 속에서 맺게 된 그분과의 인격적인 관계는 그분을 향한 신뢰가 된다. 그리고 그 신뢰는 나의 한숨과 고통을 진정성 있는 기도로 변하게 한다.

그런 기도를 드리다 보면 나의 절망과 두려움에 대해 다시 질문하게 된다. "내 영혼아 네가 어찌하여 낙망하느냐?" 그리고 내가 믿고 있는 하나님과 나의 염려가 너무나 모순임을 깨닫고 스스로 신뢰의 자리로 돌아가라고 채근한다. "너는 너의 하나님을 바라라."

어떤 사람은 10분 이상 기도하기 어렵다고 한다. 기도를 필요를 나열하는 것으로 생각하기 때문이다. 기도는 나의 필요를 나열하거나 어려운 상황을 한탄하는 것이 아니다. 또한 누가 자기 필요를 더 유창하게, 더 빨리, 더 열정적으로, 더 많이 아뢰는지의 싸움도 아니다.

우리는 무엇을 이루어 달라고 기도하기 전에, 하나님을 신뢰하게 해 달라고 아뢰야 한다. 우리가 그 신뢰를 가지고 주어진 십자가를 담대하게 대면할 때 부활의 약속은 실현될 것이다.

소 / 그 / 룹 / 을 / 위 / 한 / 질 / 문 /

1. 내가 가장 신뢰하는 사람은 누구이며, 그를 어떻게 신뢰하게 되었는가?

2. 내가 하나님을 신뢰하지 못한다면 그 이유는 무엇인가? 그분을 신뢰하기 위해 나에게 필요한 것은 무엇인가?

3. 십자가와 부활 사이에서 날마다 씨름하면서 나의 삶 가운데 이미 맺거나 맺고 있는 신뢰의 열매가 무엇인지 나누어 보자. 그리고 그 믿음의 여정을 위해 서로 위로하고 격려하자.

15
신뢰는 사랑에 대한 확신에 근거한다

17세기 독일의 시인 질레지우스(Angelus Silesius)는 "하나님이 내 생각을 그만하신다면 그의 존재도 멈춘다"라고 말했다. 그 말은 자기중심적으로 하나님의 존재를 판단하겠다는 뜻이 아니다. 나를 사랑하지 않는 하나님을 생각할 수 없다는, 하나님의 존재와 그분이 나를 사랑하신다는 사실을 결코 분리할 수 없다는 확고한 믿음의 표현이다.

존재와 본성은 따로 떼어서 생각할 수 없다. 하나님의 존재와 사랑의 본성을 분리할 때 우리의 믿음은 미궁에 빠지고 만다. 하나님의 본성이 사랑이라면 어떻게 존재하지 않고 사랑하실 수 있으며, 사랑하시지 않으면서 어찌 기독교의 하나님으로 존재할 수 있겠는가? 하나님의 본성 자체가 사랑이기에 그분이 나를 사랑하심은 그 존재만큼 분명하다. 기독교 하나님이 존재하시는 한, 그분의 사랑은 결코 흔들릴 수 없는 진리다.

유학 시절 영국에 간 지 1년이 안 되어 한국에 IMF 위기가 찾아왔다. 파운드 환율이 두 배 가까이 뛰어올랐고 여러 악조건이 겹치면서 나는 더 이상 학비와 생활비를 마련할 수 없는 상황에 이르렀다. 졸업하려면 아직 멀었는데 앞이 보이지 않았다. 아이도 태어나고 필요한 비용은 많은데 교회에서 받는 적은 사례비와 아르바이트로는 재정이 채워지지 않았다. 돈에 대한 염려가 머릿속에 가득 찼다. 때때로 말씀을 묵상하고 난 뒤 묵상과 적용을 적어야 할 여백에는 글자보다 숫자가 더 많았다.

어느 날 새벽 기도를 하는 중에 마음속에서 하나님의 음성이 들렸다. '네게 필요한 것이 무엇이냐? 돈이냐, 학위냐, 네가 정말 간구하는 것이 무엇이냐?' 나는 돈을 구하고 있었다. 학위를 따는 것이 목적이었다. 그것을 위해 주님께 도움을 요청했고 믿음은 그 목적을 위한 수단이었다. 내가 무엇을 위해 공부하며 왜 학위가 필요한지, 내가 궁극적으로 무엇 때문에 그 상황 가운데 있는지에 대해서는 별로 생각하고 있지 않았다. 당장의 필요 앞에 하나님과 그분의 나라를 위한 소명은 관심사에서 멀어져 있었다.

하나님이 원하시면 채워 주실 것이고 원하지 않으시면 아무리 발버둥쳐도 어차피 불가능한 일이었다. 그렇다. 내게 필요한 것은 돈이나 박사 학위가 아니라 하나님이었고 그분을 향한 신뢰였다. 나의 문제는 학비나 졸업에 대한 것이 아니라 하나님을 신뢰하지 못함이었다. 그 깨달음으로 나는 마음을 돌이키게 되었고 재정 문제에서 자유함을 갖게 되었다. '공부를 그만두든지, 그만두지 않든지 하나님은 나를 최선의 길로 인도하실 거야'라는 믿음이 생기고 그분만 신뢰하며 나의 근시안적 요구를 내려놓으니 마음에 평안이 찾아왔다.

그 후 어느 날 하나님이 큐티를 통해 다시 말씀을 주셨다. "수고하고 무거운 짐진 자들아 다 내게로 오라 내가 너희를 쉬게 하리라." 마태복음 11장 28절 말씀이었다. 공부의 짐을 내려놓고 한국으로 돌아와 쉬라는 것인지, 아니면 경제적인 짐을 덜어 주신다는 것인지 알 수 없었지만 그 말씀을 붙들었다. 그리고 '주님, 저에게 어떤 쉼을 주시려 하십니까?'라고 적었다.

그분을 향한 나의 신뢰를 오래 기다리셨다는 듯이 하나님은 곧바로 응답을 주셨다. 큐티를 마치고 도서관에서 나와 학교를 거닐다가 무심코 편지함을 확인해 보니 학교에서 편지가 한 통 와 있었다. 나는 편지를 보고 너무 놀라 기절할 뻔했다. 졸업할 때까지 필요한 학비와 생활비를 모두 충당할 수 있는 금액의 장학금 통지서였다. 더 놀라운 것은 그 장학금은 내가 지원한 것도 아니라는 사실이었다. 나중에 알았는데 내가 지원했던 장학금 선정 위원회에서 나를 아는 한 교수님이 한국의 IMF 위기와 내가 처한 상황에 대해 설명했고 이후 나의 지원서를 액수가 훨씬 큰 버니 장학금(Burney Studentship)이라는 다른 위원회로 올린 것이었다.

장학금을 자랑하려는 것도, 기도하면 응답받는다는 것을 말하려는 것도 아니다. 재정적 어려움이라는 긴 터널을 통해 하나님이 내게 가르쳐 주신 것은 '신뢰'였다. 우리는 대부분 어려운 상황 가운데 신뢰를 배운다. 우리가 하나님의 출제 의도에 다가서는 순간 어려운 그 상황은 종료될 수 있다. 진짜 목적에 대한 답을 얻었기 때문이다.

그렇다고 신뢰가 응답을 위한 방법론은 아니다. 하나님을 신뢰할 때 우리는 우리의 요구 자체를 내려놓아야 한다. 사실 신뢰는 우리의 요구를 내려놓아야 가능하다. 그렇지 않으면 우리의 마음은 신뢰의 대상인 하나님이 아니라 내가 원하는 것에 집중하기 때문이다. 내가 원하는 대로 이루어지리라 믿는 것은 아무리 잘 믿어도 신뢰가 아니다. 신뢰는 그 모든 상황과 내 삶의 주인 되시는 그분을 향한 믿음이지 바라는 것에 대한 믿음이 아닌 것이다. 신뢰는 원하지 않는 상황에서도 더 이상 그 상황이나 문제 자체에 얽매이지 않을 때 가능하다. "그가 나를 죽이실지라도 나는 그를 의뢰하리니"(욥 13:15, KJV)라는 욥의 고백은 바로 그런 내려놓음의 결단에서 얻은 고백이었다.

신뢰는 나와 내가 처한 상황에 대한 것이 아니다. 오직 하나님만을 향한다. 하나님을 신뢰하는 것은 어떤 상태를 간절히 기대함도, 상황에 대한 확신이 생길 때까지 "믿습니다"라고 외치는 것도 아니다. 신뢰는 신뢰의 대상인 하나님과 그분을 믿는 우리의 관계에 대한 이야기다. 하나님을 신뢰하는 사람은 그분과의 친밀한 관계 속에 확고하게 서 있는 자로, 하나님이 우리를 사랑하시는 사랑을 믿고 믿음의 뿌리를 시냇가에 깊이 내리고 더위가 와도 두려워하지 않는 나무와 같다(요일 4:16; 렘 17:8).

사랑의 관계 속에서 자라는 신뢰

신뢰는 그 자체로 의미를 갖기보다 신뢰의 대상으로 인해 안전성을 확보한다. 내가 어떻게 신뢰하는지보다 중요한 것은 누구를 신뢰하는지다. 그것에 대해 데이비드 베너(David Benner)는 이렇게 말한다. "무조건적인 사랑이 아닌 다른 어떤 것에 의탁하는 것은 책임 있는 행동이라고 할 수 없다. 궁극적으로 절대적인 의탁은 결국 완전한 사랑 안에서만 할 수 있는 것이다. 오직 하나님만 완전한 의탁을 받으실 수 있다. 하나님만 절대적으로 의지할 수 있는 사랑을 주시기 때문이다."[14]

신뢰는 철저히 사랑의 관계 속에서 자란다. 하나님과 우리의 관계에서 사랑과 신뢰는 불가분의 관계다. 사랑한다면 신뢰할 수 있고 신뢰하는 자만 하나님의 사랑을 체험할 수 있다. 고린도전서 13장 13절이 알려 주듯이 신뢰(믿음)는 사랑과 항상 함께한다. 우리의 믿음은 궁극적으로 하나님의 사랑에 대한 신뢰다. 그리스도의 십자가가 그 사랑을 증거하며 그 증거를 믿는 자가 구원을 받는다.

하나님을 신뢰함은 단지 그분의 능력을 인정하는 것이 아니라 하나님과의 확고한 관계 속에서 그분의 사랑을 확신하는 것이다. 사랑 없이 능력만 의지하는 신뢰는 욕심과 별로 다를 것이 없다. 또한 상황에 따라 확신도 바뀔 것이다. 기다림의 시간이 최대한 빨리 지나가야 할 때는 신뢰가 들어설 여지가 없다. 의심이 없다면 능력이 있는데 지금 뭐 하고 계신지 하나님에 대한 불평만 생기게 된다.

그러나 신뢰의 사람은 지금 상황이 이해할 수 없거나 자신의 기대와 달라도 그분의 뜻을 믿고 기다린다. 그 모든 상황이 그분의 사랑 안에서 진행되고 있음을 알기에 의심하지 않는 것이다. 또한 십자가의 상황에서 두려워하지 않고 부활의 영광을 바라본다. 하나님의 사랑에 대한 확신 없이는 십자가의 죽음을 감당할 수도 없고 부활의 영광에 참여할 수도 없다.

　사랑은 그 대상에게 정말 필요한 것이 무엇인지 알게 하는 능력이다. 하나님은 우리의 모든 요구를 들어주시기 전에 사랑 안에서 성도의 믿음을 지키신다. 그래서 때때로 환란과 핍박을 통해 우리의 믿음을 지키신다. 그분의 능력은 단지 문제 해결이 아니라 어려움 가운데 우리의 믿음을 자라게 하시고 그분과 더 확고한 신뢰의 관계를 만드신다. 그 신뢰야말로 우리에게 가장 필요한 것임을 알기 때문이다. 신뢰는 하나님이 자녀 된 우리에게 주시는 최상의 선물이요 최고의 가치다. 그 확실한 지식을 근거로 우리는 불확실한 세상을 이기는 삶의 능력을 갖게 되는 것이다.

확실한 한 가지

우리의 인생은 계속 뭔가 확실한 것을 찾아 헤맨다. 그러나 세상에 진정 확실한 것이 있을까? 우리가 보고 듣고 느끼는 모든 것은 언제든지 우리를 속일 수 있다. 그 확실성은 특정한 상황과 시간 안에서 그럴듯해 보이는 현상일 뿐 실체는 결국 허무하다. 칸트가 말했듯이 감각하는 세계(phenomena)는 진정한 세계(noumena)에 대해 그 무엇도 확실하게 말할 수 없다. 확실한 것은 하나님의 사랑밖에 없다. 그것은 결코 변할 수 없는 우주적인 진리다. 우리의 감각은 틀릴 수 있어도 그분의 사랑을 틀릴 수 없다.

테레사 수녀는 무언가 확실한 것을 찾으려는 구도자에게 "확실한 답이야말로 우리가 붙들 것이 아니며 오히려 내려놓아야 하는 것입니다. 내게 확실한 답이 있었던 적은 없습니다. 내게 늘 있는 것은 신뢰입니다"라고 말했다.[15] 순례의 여정에서 우리를 이끄는 것은 눈에 보이는 확실한 답이 아니라 신뢰다. 그리고 신뢰는 하나님의 사랑에 대한 가장 적절한 우리의 반응이다. 또한 우리가 하나님께 받는 선물이면서 그분의 사랑 때문에 우리가 드리는 선물이기도 하다.

하나님의 사랑은 우리가 갖는 신뢰의 근거요 내용이다. 하나님의 사랑은 세속적 확실성에 근거하지 않는다. 하나님의 사랑 자체가 근거요 증거이기 때문이다. 그래서 신적 사랑에 기초한 신뢰는 우리의 이성적이고 감각적인 것보다 더 높은 차원의 지식이다. 그것은 모든 것 위에 뛰어난 분의 사랑에 대한 확신이다. 하나님이 나를 사랑하신다는 진리는 영원한 하나님의 선포이며 약속이다. 그 사랑의 약속은 들리거나 보이거나 만지는 현실에 대한 해석에서 나오지 않는다. 오히려 영원하고 확고한 그 사랑을 통해 눈에 보이는 현실이 해석된다.

그래서 예수님은 제자들에게 대놓고 신뢰를 요구하신다. "하나님을 믿으니 또 나를 믿으라"(요 14:1). 신뢰를 요구함은 우리를 사랑하시는 분의 권리다. 자신의 생명을 내어 주시는 사랑이 있기에 당연히 신뢰받기를 원하시는 것이다. 신뢰는 사랑에 근거하며 사랑은 다시 신뢰의 대상이 된다. 칼 융(Carl Jung)은 사랑과 신뢰의 관계에 대해 이렇게 말했다.

"사랑은 무조건적인 신뢰를 요구하며 절대적인 의탁을 기대한다. 하나님께 전적으로 자신을 맡기는 자만 하나님의 은혜에 참여할 수 있는 것과 같이, 무조건적으로 헌신할 수 있는 사람들에게만 사랑의 가장 숭고한 비밀과 신비가 드러나는 것이다."[16]

소 / 그 / 룹 / 을 / 위 / 한 / 질 / 문 /

1. 누군가에게 신뢰를 주고자 할 때 나는 어떻게 행동하는가?

2. 신뢰는 그 대상과의 인격적인 관계에서 얻을 수 있다. 지금 하나님과 나의 관계는 어떤 상태인가?

3. 지금 나의 삶에서 주님이 가장 신뢰를 요구하시는 부분은 무엇인가? 그 부분에서 하나님을 향한 나의 신뢰가 주님이 나를 사랑하신다는 사실과 어떻게 조화를 이루고 있는가?

3부

사랑의 영

성령은 능력의 영이기 전에 사랑의 영이다. 사랑은 모든 성령의 열매의 기초요 처음이며 최고의 은사다. 사랑에 기초하지 않은 능력은 비인격적인 힘에 불과하다. 사랑이 없으면 아무것도 아니다. 땅 끝까지 복음을 증거하는 능력도 사랑을 떠나서는 존재할 수 없다. 하나님에 대한 지식도 사랑에 근거한다. 그분을 사랑하지 않으면 하나님과 그분의 신비에 다가갈 수 없다. 오직 사랑만이 우리에게 참된 지식을 준다.

6장

일으키는 사랑

능력

16 사랑은 신학의 차이를 넘어선다

17 성령의 능력은 궁극적으로 사랑의 힘이다

18 약함 속에 진정한 사랑의 능력이 있다

16
사랑은 신학의 차이를 넘어선다

성령에 대해 말할 때 특히 대조되는 두 가지 신학적 흐름이 있다. 하나는 정통적 장로교로 대표되는 '개혁주의'고 다른 하나는 은사와 능력을 강조하는 '오순절주의'다. 그들의 성령에 대한 다른 입장은 나름대로 신학적 강점을 가지고 있지만 동시에 한계도 가지고 있다. 결론부터 말하자면 사랑에 대한 성령론적 관심은 그 두 가지 성령론을 보완해 주고 다리를 놓는 역할을 할 수 있다.

개혁주의는 성령론에 대한 포괄적인 기초를 마련해 준다. 개혁주의 전통 안에서 성령은 성도들에게 보편적으로 적용되는 신앙의 원리 같은 것이다. 즉 성령은 그리스도와의 연합을 가능하게 하고, 모든 피조 세계에서 일반적으로 활동하시는 분으로 강조된다. 또한 성령은 말씀을 통해 그리스도인의 성장과 성숙, 즉 성화를 이루시는 분으로 성도의 신앙을 이끄신다.

그러나 개혁주의 전통 안에서 성령에 대한 이해는 은사와 관련된 부분에서 매우 제한적이다. 획일화해서 말할 수는 없지만 많은 개혁주의자들이 방언이나 신유 또는 예언과 같은 초자연적인 능력을 성경시대에만 국한된 것으로 이해한다. 그들은 성령의 역사가 신앙을 가진 자들에게 나타나는 2차적 표증이나 현실적인 문제를 해결하는 능력이 아니라, 말씀과 성화와 같은 차원에 머물러야 한다고 주장한다.

개혁주의의 선구자라 할 수 있는 칼빈은 신유의 은사는 한시적으로만 존재하는 것으로, 이제는 말씀과 설교를 통한 성령의 역할을 강조하기 위해 더 이상 필요하지 않다고 주장했다. 그러한 가르침은 후대 개혁주의 신학에 지대한 영향을 미쳤다. 오늘날에도 칼빈의 가르침을 따르는 자들은 말씀과 성화의 중요성을 높인다는 명목 하에 표적과 기사는 사도 시대를 끝으로 막을 내렸다고 생각한다.

반면 오순절주의의 성령론은 다르다. 그들은 성령의 역동적인 역사를 중요시하고 성령의 체험을 강조한다. 즉 각종 은사나 치유에 관한 성경의 기록과 그들의 체험을 중심으로 성령에 대한 관심을 집중한다. 하지만 복음과 말씀에 관련된 성령에 대해서는 상대적으로 신학적 관심이 약하다.

오순절주의의 특징은 그들의 '성령 세례'에 대한 이해에서 잘 드러난다. 그들에게 성령 세례는 구원의 역사에서 일어나는 성령의 역할과 구분된 것으로, 능력 있는 사역을 위해 2차적으로 성령을 체험하는 것을 말한다. 구체적으로 방언, 예언, 신유 등 초월적인 현상이 성령 세례의 증거로 나타난다.

그러한 성령의 역사에 대한 강조는 영적 침체에 빠진 자들에게 활력을 주고, 여러 가지 현실의 어려움으로 침체에 빠진 사람들에게 힘과 위로와 소망을 준다. 나아가 합리주의와 자유주의의 영향으로 성령의 초월적 역사에 무관심했던 교회들이 다시 성령에 관심을 기울이게 하는 데 큰 역할을 했다.

누가 함부로 성령이 하시는 일을 신학적 틀로 규정하거나 제한할 수 있을까? 기적이나 그 밖의 초자연적인 현상은 성령의 사역에 포함될 뿐 아니라 신앙생활에 나타나는 중요한 현상이다. 기적이나 능력에 대한 경험은 사람들의 내면에 믿음의 도약을 가져오고, 실제로 역동적인 신앙생활을 하도록 돕는다. 따라서 다양하고 신비한 성령의 역사를 편협한 이론이나 신학으로 쉽게 무시하거나 비판해서는 안 될 것이다.

그러나 초자연적인 능력을 체험하는 것 자체를 필요 이상으로 강조하거나 그것을 신앙의 목적으로 삼아서는 안 된다. 그렇게 될 때 우리의 신앙은 하나님을 가리는 우상숭배, 기복신앙, 영적 엘리트주의 등에 빠질 수 있다. 성경에 나타난 기적과 표적은 하나님의 권능을 알고 믿음을 갖게 하는 도구로 주어진 것이다. 그런데 오히려 그것이 사람들이 추구하는 목적이 되었을 때 예수님은 그들을 피하고 경계하셨다.

나는 말씀을 중요시하는 개혁주의 교회에서 자라났고 장로교 전통의 신학교에서 교육을 받았다. 또한 하나님은 나를 오순절주의 영성을 가진 선교단체와 교회에서 훈련받게 하셨다. 그래서 두 종류의 다른 신학적 분위기에서 혼란과 갈등을 경험하기도 하고 조화와 폭넓은 이해에 대한 도전을 받기도 했다. 그러다 보니 두 가지 입장을 상호보완적이며 포괄적으로 이해함과 동시에 창조적으로 넘어서야 한다는 생각을 하게 되었다. 그러한 생각은 복음의 현실성, 즉 우리의 구체적인 삶에 들어오시는 성령의 역사를 감지하되, 그러한 경험과 고찰이 오순절 교파뿐 아니라 더 넓은 신학적 스펙트럼에서 다루어져야 한다는 깨달음으로 이어졌다. 그것은 나아가 복음의 핵심이요, 성령의 본질인 '사랑'의 차원에서 개혁주의와 오순절주의의 접목과 상호보완이 가능하다는 현실적인 기대를 주었다. 사랑은 구원과 말씀의 차원뿐 아니라 삶의 문제와 긴밀하게 연결되고, 모든 분야를 통합할 수 있는 신학적 토대가 된다.

궁극적으로 추구해야 할 은사

흔히 말씀을 강조하는 교회는 은사에 약하고 은사를 강조하는 교회는 말씀에 약하다고 한다. 그렇지 않은 교회와 지도자와 성도들도 많기에 일반화해서는 안 되겠지만 한쪽으로 치우치지 않기 위한 주의와 노력은 필요하다. 말씀과 은사 모두 성령의 역사다. 개혁주의는 인간의 신념과 특정한 시대에 뿌리를 둔 신학이 성령의 역사를 제한할 수 있음을 주의하고, 오순절주의는 인간의 경험이나 영적 체험이 건강한 말씀의 해석과 그 테두리를 벗어나지 않도록 더 깊은 연구와 신중한 태도를 견지해야 한다.

　말씀에 대한 지식이 많거나 영적인 체험과 은사가 많을 수도 있다. 그러나 말씀에 대한 지식이나 영적 은사가 우리가 그리스도 안에서 얼마나 성숙했는지에 대한 기준은 아니다. 이는 말씀 자체나 은사가 중요하지 않다는 의미가 아니다. 성경 지식과 은사가 많아도 여전히 영적으로 어린아이일 수 있다는 것이다. 사도 바울 역시 성경 지식이나 은사 자체가 신앙의 궁극적인 목표가 될 수 없음을 고린도 교회에 보낸 편지에서 분명히 밝혔다.

고린도 교회는 당대 최고의 성경 교사인 아볼로가 가르쳤고, 여러 은사도 많은 교회였다. 어떻게 보면 영적 성장을 위해 필요한 두 가지가 모두 있었던 교회였다. 그러나 당시 고린도 교회만큼 문제가 많은 교회가 없었다. 그들은 파벌을 나누어 서로 다투었고 그 안에는 우상숭배와 성적인 문란 등이 만연했다. 그렇다면 그들에게 필요한 것은 무엇인가? 많은 지식과 은사가 있어도 풀 수 없던 문제를 어떻게 해결할 수 있는가? 사도 바울은 단호하고 분명하게 말한다. "너희는 더욱 큰 은사를 사모하라 내가 또한 가장 좋은 길을 너희에게 보이리라"(고전 12:31).

바울은 고린도전서 12장 후반부에 각종 성령의 은사를 언급한 후 최고의 은사에 대해 이야기한다. 그것은 다름 아닌 사랑이다. 혹자는 바울이 서로 싸우는 고린도 교인들의 화합을 위해 사랑을 강조했다고 하지만, 좀 더 큰 맥락에서 보면 사랑은 그런 특정한 상황뿐 아니라 크리스천의 인생 전체를 통해 궁극적으로 추구해야 할 은사다. 왜냐하면 그것은 바로 믿음의 주요 온전케 하시는 이인 예수님의 성품이기 때문이다. 고린도전서 13장에 나타난 사랑의 여러 가지 면모는 예수님이 어떤 분인지를 말해 주는 다른 표현이다. 그리스도 안에 나타난 사랑이야말로 최고의 성령의 은사요, 모든 은사의 기초요, 크리스천의 삶 속에 이루어지는 영적 성숙의 결정체다. 아무리 지식과 은사가 많아도 사랑이 없으면 그리스도 안에서 어린아이요, 바울이 말한 것처럼 아무 소용이 없다(고전 13:3). 그러나 우리가 그리스도의 사랑으로 가득 채워지는 것은 진정한 성령 충만이요, 그리스도 안에서 자라나고, 그분을 닮아가는 분명한 증거다.

그러면 우리는 어떻게 사랑할 수 있고, 사랑의 영으로 충만해질 수 있을까? 물론 우리의 결단과 노력과 훈련이 필요하다. 하지만 본질적인 면에서 볼 때 사랑은 언제나 우리의 통제를 벗어난다. 내가 사랑하고 싶다고, 사랑하고 싶지 않다고 그럴 수 있는 것이 아니다. 우리는 사랑을 통제할 수 없다. 사랑은 우리에게 속한 것이 아니라 하나님께 속했기 때문이다. 우리에게 남은 방법은 오직 사랑을 구하는 것이다.

성령은 사랑의 영이다. 사랑의 영이신 그분은 우리에게 능력을 주시고 우리를 도와주신다. 그렇다면 우리가 하나님을 사랑하고 성령으로 충만해지는 길은 그분의 도움을 받는 것이다. 앞서 언급했듯이 우리가 성령을 이해하면서 잊지 말아야 할 것은 그분이 인격이라는 사실이다. 인격이신 그분은 우리에게 사랑을 강요하거나 강제로 주시지 않는다. 그렇게 하는 것은 사랑의 본성을 벗어난다. 다시 말해 우리가 사랑으로 충만해지는 방법은 성령을 갈급해하며 자발적으로 구하는 것이다.

그래서 사도 바울은 자신과 성도들을 위해 성령을 구하고(딛 3:6), 성령 안에서 기도하기 위해 늘 깨어 구하기를 힘쓰라고 권면했다 (엡 6:18). 그것은 성령이 사랑의 영이라는 측면에서 매우 중요하다. 하나님은 사모하는 영혼을 만족시켜 주시며, 주린 영혼에게 좋은 것으로 채워 주신다는(시 107:9) 말씀은 사랑으로 충만해지기를 원하는 우리에게 너무도 중요한 진리다.

성령을 갈망함

성령에 대해 마음을 열고 갈망하지 않고서는 우리는 그분으로 충만해질 수 없다. 조지 벤슨(George Benson)은 다음과 같이 권고한다. "하나님의 임재에 대한 내면의 갈망 없이, 그리고 하나님의 사랑 외에 그 어떠한 방법으로도 채워질 수 없는 마음의 빈 공간에 대한 허탈감 없이, 이 일에 뛰어든다는 것은 어리석은 짓이다."[17]

성령님은 나의 연약함을 도우시기 위해, 즉 우리에게 힘과 능력을 주시기 위해 말할 수 없는 탄식으로 간구하시는 분이다(롬 8:26-27). 그러나 그분의 탄식과 사랑에는 우리의 자발적인 마음과 태도가 필요하다. 그분은 우리의 마음이 육신의 소욕에 사로잡힐 때가 아니라, 그분을 향해 욕심과 열정을 가질 때 우리에게 임하신다. 성령님은 그분이 환영받는 곳에 임하신다.

"내가 이르노니 너희는 성령을 따라 행하라 그리하면 육체의 욕심을 이루지 아니하리라 육체의 소욕은 성령을 거스르고 성령은 육체를 거스르나니 이 둘이 서로 대적함으로 너희가 원하는 것을 하지 못하게 하려 함이니라"(갈 5:16-17).

성령님은 우리 안에 내주하시며 그분의 사랑과 능력을 충만하게 부어 주신다. 사랑은 내 힘이나 의지를 넘어서는 것이기에 우리의 열정이나 갈망마저 그분께 내어드려야 한다. 우리는 그저 그분의 역사에 마음을 여는 것뿐이다. 나의 삶을 돌아보아도 내 의지로 사랑하려 하고 타인을 위한 공간을 만들려 했던 많은 노력은 모두 실패로 끝났다. 나는 스스로 변할 수 있는 사람이 아니라는 것을 실패를 반복하며 알게 되었다. 그 실패의 자리에서 주님을 바라보고 구할 때 주님이 내 안에서 일하기 시작하신다. 그분이 나의 진정한 주인이 되실 때 나의 내면의 상처와 견고한 진들(strong holds)을 제하신다. 그때 성령님이 십자가의 사랑을 깨닫게 하시고, 나를 그분의 사랑으로 채우사 내가 할 수 없었던 사랑을 하게 하신다.

그런 의미에서 제랄드 메이(Gerald May)가 사랑에 대해 '능력'(capability)이라는 단어보다 '용량'(capacity)을 선호한 것은 전적으로 옳다.[18] 능력이 내가 소유한 어떤 기능을 말하는 것이라면 용량은 무언가를 담을 수 있는 공간이다. 크리스천에게 능력은 성령이 채워 주시고 담아 주시는 것이지, 자신의 노력이나 훈련의 결과가 아니다.

성령은 우리 안에 그렇게 사랑을 부어 주신다. 그리고 우리는 그 사랑으로 성경을 하나님의 살아 있는 말씀으로 대하게 된다. 우리에게 보내 주신 사랑의 메시지를 어찌 그분에 대한 사랑 없이 읽을 수 있겠는가? 사랑으로 충만할 때 우리는 말씀에 대한 참된 지식과 생명력을 갖게 된다. 또한 사랑은 모든 은사의 기초가 된다. 사랑으로 채워질 때 우리는 더 다양하고 충만한 은사를 누릴 수 있고 그 은사에 대한 진정성을 갖게 된다. 이렇게 사랑의 영으로서의 성령에 대한 인식은 오순절주의와 개혁주의 등 다양한 신학적 전통을 보완해 주고, 자칫 간과할 수 있는 신학적 약점을 보완해 준다.

우리는 항상 사랑이 부족하다. 여전히 나 중심적이고 이기적이다. 그러므로 오직 성령이 우리의 마음에 사랑을 부어 주셔야 한다. 그때 비로소 우리는 하나님을 사랑하고 자신을 하나님의 사랑 안에 두며 나아가 내면에 타자를 위한 공간을 갖게 된다. 오늘도 성령은 말할 수 없는 탄식으로 나를 사랑하사 주님의 사랑을 깨닫게 해주신다. 그리고 그 사랑을 통해 진정한 성령의 능력을 갖게 하신다.

소 / 그 / 룹 / 을 / 위 / 한 / 질 / 문

1. 나의 삶 가운데 관계 속에서 '사랑'을 가장 많이 느낀 시절은 언제인가?

2. 주님과의 관계 속에서 사랑을 느끼며 사랑으로 채워지는 것은 구체적으로 어떤 모습인지 나누어 보자.

3. 나는 성령을 얼마만큼 갈망하는가? 또한 내 안에 부족한 사랑 때문에 얼마나 갈증을 느끼는가? 사랑이신 그분을 진정으로 원하는 마음을 갖게 해 달라고 기도하자.

17
성령의 능력은 궁극적으로 사랑의 힘이다

얼굴에 여드름 꽃이 만발하던 사춘기 때의 일이다. 아마도 고등학생이 되던 해의 여름이었던 것 같다. 같은 교회에 다니던 집사님의 조카가 여름방학을 보내려고 미국에서 온다는 소식을 듣게 되었다. 그 후 그 집사님 댁에 갔다가 만난 조카는 나보다 한 살 어린 여학생이었는데, 나는 첫눈에 가슴이 두근두근하며 이국적인 그 소녀에게 완전히 마음을 빼앗기고 말았다. 그러던 어느 날 집사님에게 조카가 기타를 사러 시내에 가야 하는데 한국말을 못하니 함께 가 달라는 부탁을 받았다. 기타에 대해 좀 알았기에 나는 선뜻 함께 가겠다고 약속을 해버렸다.

문제는 의사소통이었다. 그 아이는 한국말을 못했고 나는 영어를 못했다. 눈짓과 몸짓으로만 대화할 수는 없기에 나는 약속한 날짜를 앞두고 죽을힘을 다해 영어 공부를 하기 시작했다. 난생 처음 공부하느라 밤도 새고 머리에 경련이 날 만큼 영어 단어와 문장을 외웠다. 열심히 준비한 덕분인지 그날의 데이트는 그럭저럭 성공이었다. 그러나 높은 언어의 장벽으로 인해 대화가 부족했고 더 이상의 관계는 지속되지 못했다. 그 아이는 방학이 끝날 즈음 미국으로 돌아갔다. 허탈한 마음에 나는 한동안 그리움에 묻혀 살았고 그 후 그 아이가 다시 한국에 왔다는 소식은 듣지 못했다. 하지만 그때 단기간의 영어 공부는 이후 나의 영어 실력에 엄청난 도움이 되었다. 당시 외웠던 영어 문장이 지금도 또렷이 기억나는 것을 보면 대단히 노력을 하기는 했던 것 같다.

사랑하면 왠지 모를 힘이 생긴다. 아무리 힘든 일을 해도 지치지 않고 평소 내가 할 수 없다고 생각했던 일을 거뜬히 해내기도 한다. 사랑만큼 강한 힘과 동기를 불러일으키는 것이 있을까? 단지 동기부여를 넘어 사랑은 우리의 숨겨진 능력을 발견하게 하고 때때로 상상할 수 없던 힘까지 발휘하게 한다.

오래전 해외 뉴스에서 본 기사가 있다. 한 어머니가 교통사고로 트럭에 깔린 어린 아들을 꺼내기 위해 집채만 한 차를 들어 올렸다는 것이다. 쉽게 믿어지진 않지만 분명 꾸며낸 이야기는 아니라는 생각이 든다. 평상시에는 불가능한 일 같지만 위급한 상황에서 사랑은 그러한 초인적인 힘을 발휘하게 한다. 뜨거운 사랑을 해본 사람이라면 사랑이 그런 신비한 능력을 가지고 있다는 사실을 부인할 수 없을 것이다.

초등학교 1학년 때 나는 어머니와 함께 스쿨버스를 기다리고 있었다. 그러다가 실내화를 깜빡하고 집에 놓고 온 것이 생각났다. 입학한 지 얼마 안 된 때라 학교에 무언가 안 가져가는 것이 커다란 공포였다. 그러나 집에 갔다 오기에는 시간이 턱없이 부족했다. 그때 어머니는 "혁빈아, 기다려" 하시더니 집을 향해 전속력으로 뛰셨다. 얼마 후 스쿨버스가 도착해 나는 버스에 탈 수밖에 없었다. 그렇게 버스가 출발하는데 그 순간 저 뒤에서 비명소리에 가까운 어머니의 목소리가 들렸다. 버스 기사는 차를 세웠고 어머니는 숨이 넘어갈 듯 헐떡이시며 버스 창문으로 실내화를 건네주셨다. 어린 나이였지만 어머니의 투혼을 생각하며 버스에서 내내 울었던 기억이 지금도 생생하다.

학교 준비물을 빼먹은 나의 실수를 위해서도 목숨 걸고 뛰는 것이 어머니의 사랑이라면, 하물며 우리의 죽을 죄를 위한 하나님의 사랑은 어떻겠는가? 하나님은 우리를 구원하시기 위해 아들을 내어주실 만큼 우리를 사랑하신다. 그런 사랑의 하나님께 무엇이 불가능하겠는가?

본성과 능력은 구분할 수 없다. 아름다운 꽃의 본성은 사람들의 시선을 끄는 능력이 된다. 하나님의 사랑 속에서 그분의 능력이 나타난다. 하나님의 전능하심은 그분의 완전한 사랑이라는 맥락에서 이해되어야 한다. 중세 신학자들이 사랑과 능력을 하나의 개념으로 생각한 것은 바로 그러한 깊은 성찰의 결과일 것이다.

사랑의 능력

우리는 성령의 능력을 말하며 그분이 사랑의 영이라는 사실을 반드시 기억해야 한다. 에이든 토저(Aiden Tozer)는 "사랑이 없다는 것은 성령이 내 안에 계시지 않거나 적어도 그분이 내 안에서 활동하지 않으신다는 것이다"라고 말했다. 진정한 능력은 사랑에 기인한다. 반면 사랑이 없는 능력은 거짓된 힘이요, 악을 초래하는 능력이며 비인격적인 에너지일 뿐이다.

바울이 말하듯이 사랑은 모든 은사 중 최고의 은사다(고전 13:13). 또한 성령의 아홉 가지 열매 중 가장 먼저 나오는 것이 사랑이다 (갈 5:22). 아홉 가지 열매가 일직선으로 나열되어 있지만 사랑은 다른 여덟 가지 은사를 은사 되게 하는 기초가 된다.

최근의 성령 운동은 안타깝게도 사랑을 배제한 채 능력만 내세우는 경우가 많다. 성령의 현상은 하나님의 본성인 사랑을 통해 그 진정성을 인정받아야 한다. 성령을 받고 성령 충만한 것은 무엇을 의미하는가? 분명한 것은 능력을 받기에 앞서 하나님과 사랑에 빠져야 한다는 사실이다. 우리는 주님과의 깊고 친밀한 사귐을 통해 하나님과 이웃을 사랑하게 되고, 바로 그 사랑에서 은사와 능력이 나타나게 된다. 사랑 없이 능력을 행사할 수 있으나 그 능력은 교만하고 파괴적이며 생명을 주지 못한다. 성령은 사랑을 통해 능력을 행하시고 능력을 통해 사랑을 드러내신다.

사도행전 1장 8절에서 예수님은 제자들에게 오직 성령이 임하시면 권능(능력)을 받는다고 말씀하셨다. 그리고 그들이 그 능력으로 예루살렘과 온 유대와 사마리아와 땅 끝까지 이르러 그리스도의 증인이 될 것이라고 하셨다. 그 말씀의 내용과 같이 성령은 우리에게 복음 사역을 위한 능력을 주신다.

그런데 그 '능력'은 어떤 능력을 말하는 것인가? 전도의 수완 (skills)인가, 언변인가, 아니면 체력인가? 물론 복음 전도를 위해 그런 능력이 필요하지만 본질적으로 그 능력은 '사랑'이어야 한다. 사랑 없이 어찌 그 일에 헌신할 수 있겠는가? 하나님과 영혼에 대한 불붙는 사랑 없이 어떻게 안정된 삶을 내려놓고 가난과 불편함과 핍박이 있는 선교지로 가겠는가? 뜨거운 사랑이 없다면 진정한 능력도 가질 수 없다. 오직 성령이 우리에게 임하실 때 우리는 내 안에 없던 열방과 영혼을 향한 하나님의 사랑을 갖게 된다.

사랑의 능력을 행함

기독교 선교 역사에는 눈물겨운 희생과 헌신의 행적이 수없이 많다. 하지만 부분적으로는 선교사들이 선교지에 나가 저지른 온갖 오만과 폭력의 행적이 우리를 부끄럽게 한다. 그러한 잘못과 시행착오의 원인을 아는 것은 어렵지 않다. 사랑이 없는 힘과 능력이다. 하나님과 영혼들을 향한 사랑이 없는 헌신은 아름다운 복음의 열매 대신 상처와 분노와 거절감을 낳는다.

때때로 사역 현장에서 사랑에 기초하지 않는 능력이 사탄의 도구가 되는 것을 목격한다. 수많은 성도가 그러한 현상 앞에서 혼란스러워한다. 성령을 받았다고 하면서 더 세속적이고 거칠어지며 교만해지는 사람들을 본다. 그것을 분별하는 방법은 간단하다. 그들에게 하나님과 영혼에 대한 사랑이 있는지 보면 된다. 사랑은 단지 사역자가 갖추어야 할 여러 가지 덕목 중 하나가 아니다. 사랑은 모든 것을 가능하게 하는 원천이다. 성령의 사람은 사랑하는 사람이다. 그는 인격적으로 성숙하고 바다와 같이 사랑의 폭이 넓으며 자신을 희생하는 사랑의 능력을 가진 자다.

교회에서 여러 사람과 같이 사역해 보면 동역하기가 너무나 좋은 사람이 있는가 하면 매우 어려운 사람도 있다. 전자는 사랑하는 사람이다. 그런 사람은 하나님을 사랑하기에 다른 지체와 영혼을 사랑한다. 사랑하는 마음으로 사역을 감당하기에 보이지 않는 일이나 궂은일도 마다하지 않는다. 서로의 시각이나 의견이 달라도 나의 것을 주장하기보다 하나님과 공동체를 품고 겸손하게 행한다. 그러나 사랑하지 않는 사람은 함께하기가 정말 어렵다. 차라리 능력이라도 없으면 좋겠는데, 그 열정과 탁월함은 자신의 이익을 추구하고 타인과 공동체에 상처를 입히는 데 사용된다.

그래서 오늘 우리는 사역의 현장에서 능력을 구하기 전에 사랑을 구해야 한다. 하나님의 사람은 사역의 자리에 탁월함이나 성취를 묻기 전에 사랑이 있는지를 점검할 것이다. 나는 사랑이 있으면 능력은 따라온다고 믿는다. 진정한 성령의 능력은 사랑에서 나오고 사랑의 방법을 취하며 하나님의 사랑을 드러내고 전한다. 이는 온갖 거짓된 능력으로 둘러싸인 혼란스러운 세상에 살며 진짜 능력을 가려내는 가장 기본적이면서 확실한 영적 분별력이다.

영국에서 한인교회 청년부를 섬길 때의 일이다. 한번은 그 지역에 있는 한인 학생들을 초대하는 행사를 계획했다. 다양한 프로그램과 한국 음식 등 행사 준비와 함께 근처 학교들을 방문하고 길거리에 다니며 적극적으로 행사를 홍보했다. 우리는 길거리로 나가기 전에 초청하는 영혼들을 진심으로 사랑하게 해 달라고 모여서 열심히 기도했다.

하루는 청년부 회장이었던 형제가 손에 초대장을 들고 길에서 한 사람에게 말을 건넸다. 옷차림도 그렇고 가느다란 눈에 전형적인 한국인 얼굴을 가진 청년이었다. "저, 한국 사람이시죠?" 그러자 그 청년이 냉담하게 한국어로 대답했다. "아닌데요." 어렵게 말을 건넨 상대에게 면전에서 무시당한 상황이었다. 그런데 그 말을 들은 형제는 당시 상황을 이렇게 고백했다. "굉장히 기분이 나쁠 줄 알았는데 그렇지 않았어요. 오히려 그 영혼이 안타깝고 사랑스럽게 느껴졌어요."

그런 영혼에 대한 사랑의 마음 때문에 초청 잔치는 전혀 힘들지 않고 기쁨 가운데 성공적으로 마무리됐다. 우리는 케임브리지에 거주하는 거의 모든 학생을 초대했고 그중 여러 명이 예수님을 영접했다. 그리고 우리는 영혼을 구하는 데 필요한 능력은 그들을 향한 사랑임을 다시금 깨닫게 되었다.

지금은 고인이 된 이민아 목사님의 글에 이런 내용이 있다. "나 자신을 죽이고 남을 섬기는 것이 기독교가 말하는 예수의 십자가 사랑이다. 그 사랑의 에너지를 돌처럼 딱딱한 내 심장에 끊임없이 충전받아야만 말썽꾸러기 자식에게, 원망스럽기만 한 배우자에게, 생판 모르는 이웃에게 폭풍 같은 사랑을 쏟아부을 수 있다고 생각한다. 하늘의 태양, 그 햇살 없이는 내 힘으로 화초도 키울 수 없다는 뜻이다."

그렇다. 성령이 임하시면 내 안에 없던 사랑이 샘솟는다. 평소 무관심했던 사람들에게 시선이 가고 무시했던 사람들에 대한 긍휼함이 생기며 사랑하기 힘든 사람도 사랑하게 된다. 또한 절대 용서하지 않겠다고 생각했던 사람을 용납하고 심지어는 원수까지 사랑하게 된다.

신학대학원의 교수로 있을 때 일이다. 입시 때가 되어 어느 날 서류전형을 통과한 지원자들을 대상으로 면접 시험을 치르고 있었다. 세 명의 교수가 면접실에서 한 번에 세 명씩 만나 여러 가지 질문과 답변을 진행했다. 그중 40대로 보이는 여성 지원자의 이력서를 보니 예수를 믿은 지 이제 5년밖에 안 되는 분이었다. 그래서 어떻게 신학교에 지원했는지 물었더니 짧은 간증을 들려주었다.

그녀는 결혼 초기에 매우 힘든 생활을 했다. 혼수 문제로 시작된 시부모님의 핍박이 시간이 지날수록 더욱 심해졌다고 한다. 자신이 구박당하는 것도 힘든데 시부모님은 친정 부모님까지 함부로 대하며 심지어는 입에 담지 못할 욕설을 퍼부었다고 했다. 그리고 그 충격으로 친정아버지가 쓰러지셨고 얼마 후 병환으로 돌아가셨다. 그녀의 마음은 원망과 미움으로 가득 찼고 시댁 식구들을 도무지 감당할 수가 없었다. 급기야 집을 나와 남편과 별거를 하게 되었는데,

그때 아는 분의 전도를 받아 교회에 나가게 되었다. 하나님의 사랑을 알게 되고 그 사랑 안에서 그녀의 상한 마음은 회복되어 갔다. 그러던 어느 날 문득 자신이 의도하지 않은 마음의 변화가 일어나기 시작했다. 그토록 밉던 시부모님과 남편에게 긍휼한 마음이 생기고 그들이 보고 싶어진 것이다. 결국 그녀는 시댁으로 다시 들어갔고 그들에게 하나님의 사랑을 전하여 이제는 가족 모두가 믿음을 갖게 되었다고 했다. 그녀는 그 과정을 "하나님이 나에게 사랑을 부어 주셨다"라고 설명했다. 그러면서 하나님의 사랑을 체험하고 나니 그 놀라운 것을 나만 가지고 있을 수 없다는 생각에 그 사랑을 전하기 위해 신학을 공부하고 싶다고 했다.

성령을 받으면 사랑하게 된다. 바울은 로마서 5장 5절에서 "우리에게 주신 성령으로 말미암아 하나님의 사랑이 우리 마음에 부은 바 됨이니"라고 말한다. 성령님은 오늘도 우리에게 하나님의 사랑을 부어 주신다. 그리고 그 사랑의 능력으로 그분의 일을 감당하게 하신다. 성령은 하나님의 계획을 완성하기 위해 세상에서 일하시는 하나님의 능력이다. 그 계획은 반드시 그분의 사랑을 소유한 자들을 통해 이루어질 것이다.

1. 나의 삶에서 '사랑'이 '능력'의 기초가 된 일이 있는가? 무슨 일이었으며, 그로 인해 어떤 열매가 있었는지 나누어 보자.

2. 사랑이 지닌 힘은 우리의 기대와 상식을 뛰어넘는다. 그런 의미에서 사랑은 신비다. 나에게 사랑에 의한 하나님의 능력은 어떤 의미인가?

3. 하나님의 사랑으로 말미암아 내가 용서하기 어려운 사람을 용서하거나 사랑하게 된 경험이 있는가? 아직 그런 적이 없다면 그 사랑의 능력을 하나님께 구하고, 그것으로 인해 내 삶에 생길 수 있는 변화는 무엇인지 나누어 보자.

18
약함 속에 진정한 사랑의 능력이 있다

여기서 우리는 다시 질문한다. '크리스천에게 진정한 능력은 무엇인가?' 그것은 나 자신의 능력이 아니라 우리와 연합하신 하나님의 능력이다. 우리는 그분과의 연합을 통해 그분의 능력을 공급받는다. 그분의 능력은 궁극적으로 사랑의 능력이다. 그 능력은 그저 맹목적이고 방향 없는 것이 아니다. 그것은 우리를 빛 가운데로 인도하고 하나님의 형상인 예수님을 닮아가게 하며 구원의 역사를 이루는 능력이다. 그러나 그 영광스러운 목표를 향해 가는 길은 세상의 성공 지향적인 사고와 전혀 다른 가치와 모양으로 이루어진다. 바로 순종, 희생, 연약함 같은 것이다. 하나님의 사랑은 역설과 같은 방법을 통해 그분의 위대한 계획을 이루시는 능력이다.

사랑의 순종

순종은 세속적인 사회 속에 사는 현대인에게 매우 생소하고 환영받지 못하는 덕목이다. 순종은 복음적인 삶의 방식과 세속적인 삶의 방식 사이에서 근본적인 갈등을 드러낸다. 진정한 순종은 사랑을 통해 이루어지기에 그것은 이 시대에 사랑이 없다는 것을 반증한다. 그렇게 순종은 사랑이 없는 세상의 허상과 한계에 도전한다.

순종은 무능력이나 굴욕이 아니라 자발적으로 자신을 낮출 수 있는 능력에서 나온다. 그것은 본질적으로 하나님이 그리스도를 통해 우리에게 보여 주시고 가르쳐 주신 사랑에 기인한다. 사랑은 본질상 자신을 낮추고 상대를 높인다. 사랑은 교만하지 않고 오히려 자신을 낮춰 겸손한 자세를 취하게 한다. 그렇게 낮게 취한 자세는 순종을 위한 준비다.

순종은 사랑으로 이루어진다. 성경은 우리가 하나님을 사랑하는 것과 그분의 계명을 지키는 것, 즉 순종을 구분하지 않는다(출 20:6). 예수님도 이렇게 말씀하신다. "너희가 나를 사랑하면 나의 계명을 지키리라"(요 14:15). 사랑이 없는 순종은 두려움이나 자기 이익에 근거하므로 무겁고 감당하기 어렵다. 그러나 사랑으로 인한 순종에는 기쁨이 있고 힘이 넘친다. 요한은 그것을 이렇게 표현한다. "하나님을 사랑하는 것은 이것이니 우리가 그의 계명들을 지키는 것이라 그의 계명들은 무거운 것이 아니로다"(요일 5:3). 하나님을 향한 사랑은 그분의 명령과 우리의 순종을 자연스럽게 이어 준다. 그러므로 오늘 나에게 순종이 어렵다면 내 안의 사랑의 여부를 물어야 할 것이다.

돌판에 새겨진 율법은 억지로라도 지키는 것이다. 인정받으려는 욕구와 죄책감이나 형벌에 대한 두려움이 행동의 동기로 작용한다. 반면 마음판에 새겨진 복음은 즐겁고 자발적인 순종을 낳는다. 원래 율법의 정신은 하나님과 이웃을 사랑하는 것이다. 그러나 인간의 완악함으로 율법에 대한 태도가 왜곡되었기에 예수님은 복음 가운데 나타난 사랑을 통해 그 율법을 완성시키셨다. 복음을 통해 하나님의 사랑을 알게 된 사람은 두려움이 아니라 사랑으로 순종한다.

예수님의 삶은 순종 외에 다른 어떤 것이 아니었다. 그분의 모든 삶의 과정과 죽음은 순종으로 빚어진 결과였다. 예수님의 모든 순종은 사랑에서 뿜어져 나왔다. 그분 안에 충만했던 성령의 능력은 곧 사랑의 능력이었다. 그렇다면 순종은 오늘 예수님을 따르는 우리가 구해야 할 능력이다. 사랑은 주님의 명령에 순종하게 하고 그분의 뜻이 이루어지게 한다. 예수님의 사역이 오직 순종으로 이루어진 것이라면 우리의 사역도 순종 외에 다른 것으로 이루어져서는 안 된다. 내가 하고 싶은 것이 아니라 하나님이 하시고자 하는 일을 하는 것이 순종이다. 내 방법이 아니라 하나님의 방법으로, 내 능력이 아니라 그분의 능력으로 하는 것이 순종인 것이다.

사랑의 희생

대학에 들어가면서 나는 크리스천답게 살기 위해 여러 가지를 포기했다. 고등학교 때 호기심으로 피우던 담배도 끊고 가끔 친구들과

몰래 마시던 술도 그만두었다. 그 결과는 소외였다. 믿지 않는 친구들은 나의 존재를 부담스러워하기 시작했고, 만나도 마땅히 같이할 것이 없는 나를 불편해했다. 그래서 나는 친구들과 어울릴 수 있는 마지막 보루를 남겨두었는데 그것이 바로 당구였다. 당시 당구를 배우며 많이 들었던 말 중에 기억나는 것이 있다. 100을 치려면 100만 원을 투자해야 하고, 200을 치려면 200만 원, 300을 치려면 300만 원을 당구장에 바쳐야 한다는 것이다. 그 말은 틀린 말이 아니었던 것 같다.

거기에는 하나의 원리가 있다. 무언가를 잘하는 것은 희생의 정도에 비례한다는 것이다. 물론 남다른 재능이나 다른 원인이 있을 수 있지만 그래도 무엇이든 잘하려면 시간과 에너지 등 다른 대가를 치러야 한다. 성공주의에 대한 경계 때문에 성공이라는 단어를 쓰기 조심스럽지만 더 진실한 의미라면 가능하지 않을까 싶다. 희생하면 성공한다. 더 구체적으로 말해 희생하면 그 희생의 목적에서 성공한다.

가정생활에 성공하고 있다면 가족을 위한 많은 희생이 있었을 것이다. 가족뿐 아니라 사제지간, 친구 등 어떤 관계든지 우리가 성공하고 있다면 분명 그 관계를 위한 희생이 많을 것이다. 공부를 위해 다른 것을 희생하면 그에 따른 결실을 얻게 될 것이다. 목사가 성도를 위해 희생하면 그 목회는 성공할 것이다. 교회가 다음 세대를 위해 희생하면 분명 원하는 대로 이룰 것이다. 물론 예외도 있고 다른 장벽 때문에 방해받을 수도 있지만, 희생하는 만큼 성공한다는 원리는 우리의 삶에서 쉽게 부인할 수 없는 사실이다. 우리가 할 일은 그 원리를 옳은 목적과 방향 가운데 적용하는 것이다.

크리스천에게 옳은 목적과 방향을 설정해 주는 것이 바로 사랑이다. 사랑은 우리의 희생을 올바른 성공으로 이어 주는 능력을 제공한다. 사랑은 우리가 욕심과 이기적인 목적으로 추구하는 성공을 제어한다. 또한 본질상 자기의 유익을 구하지 않고(고전 13:5) 오히려 자신을 낮추어 희생하게 한다. 사랑이 없는 능력은 더 가지려 하고, 더 가져서 힘을 갖고, 그 힘으로 더 큰 욕심을 채우려 하지만 사랑은 채우기보다 타인을 위해 자신을 비운다. 사랑하는 사람은 타인의 필요를 겸허하게 받아들인다.

바울은 갈라디아서 5장 16절에서 이렇게 말한다. "너희는 성령을 따라 행하라 그리하면 육체의 욕심을 이루지 아니하리라." 성령은 단지 자기 수양을 위한 통제력이 아니다. 우리가 욕심에 따라 살지 않도록 변화시키는 성령의 방법은 우리에게 사랑을 부어 주시는 것이다. 사랑에서 나오는 능력은 타자를 위해 자신을 희생한다. 욕심은 우리의 의지로 꺼버리기에는 너무나 강력한 불길이지만 성령님이 부어 주시는 사랑은 그 욕망의 불을 덮고 희생의 불을 타오르게 한다.

나아가 사랑은 우리의 희생을 즐거운 것으로 만들고 더 큰 능력을 발휘하게 한다. 그런 의미에서 희생은 힘들고 불만족스럽고 빈곤하게 하는 것이 아니라, 오히려 우리의 삶을 더 기쁘고 행복하고 풍성하게 해준다. 그렇기에 사랑으로 인한 희생은 능력이다. 희생은 어두운 곳에 빛을 비추고 우리 안에 그리스도의 형상을 회복하게 하며 온 세상을 구원하는 복음의 역사를 이루어 내는 능력이다. 희생, 곧 세상이 알지 못하는 사랑의 능력에 절망적인 이 시대의 소망이 있다.

약함 가운데 드러난 사랑의 능력

"그녀는 아무것도 하지 않을 수 있는 능력을 가지고 있었다." 서머셋 모옴(W. Somerset Maugham)의 소설 "과자와 맥주"에 나오는 한 여인에 대한 묘사다. 역설적으로 표현된 그 문장은 우리가 평소에 잘 생각하지 못하는 다른 차원의 능력이 있음을 알려 준다.

성경은 무언가 더 강하고 가시적인 능력만 기대하는 사람들에게 생소하면서도 신비한 능력을 가르쳐 준다. 믿음의 세계에는 세속의 가치와 합리성으로 가늠할 수 없는 능력이 있다. 우리는 그 능력을 십자가에서 발견한다. 십자가의 능력은 앞서 말한 무위(無爲)의 능력과 다르다. 그것은 세속적인 눈으로는 보이지 않으나 믿음의 눈을 가진 자에게는 보이는 역설적인 능력이다.

십자가의 자리는 온 인류의 죄가 씻기고 사탄의 권세가 패배한 곳이요, 우리의 구원이 이루어진 곳이다. 패배와 절망처럼 보이는 십자가는 하나님의 전능하심의 표증이자 실체다. 놀랍게도 그곳에는 세상이 기대하는 어떤 기적도 없다. 오히려 기적이나 능력에 대한 기대를 처참히 무마시킨다.

십자가로 향하는 예수님의 여정은 그 역설을 더 분명하게 보여 준다. 예수님의 사역 초반부에는 사람들이 놀랄 만한 기적에 대한 이야기가 많이 나온다. 하지만 시간이 지나 십자가 사건에 가까워 질수록 그러한 기적은 좀처럼 나타나지 않는다. 예수님은 갈수록 약해지셨고 결국 무력한 모습으로 십자가에 달려 조롱과 탄식 속에서 죽으셨다.

그러나 더 큰 의미에서 보면 그분은 약해지신 것이 아니었다. 만일 그렇게 무능력해 보이는 십자가가 없었다면, 예수님이 힘과 기적을 일으키며 고난을 모두 피하셨다면, 세상을 구원하는 가장 위대한 능력은 드러나지 못했을 것이다. "십자가의 도가 멸망하는 자들에게는 미련한 것이요 구원을 받는 우리에게는 하나님의 능력이라"(고전 1:18).

기적을 체험하는 것은 신앙에 큰 도움이 된다. 물론 은사와 능력도 우리에게 필요하다. 예수님도 기적을 통해 사역하셨고 많은 능력을 보여 주셨다. 그러나 예수님의 가장 큰 능력은 그분이 행하신 기적과 표적들보다 실패와 패배와 죽음으로 보이는 십자가에서 가장 선명하게 나타났다. 바로 온 세상을 구원하신 십자가의 능력이다.

"내가 복음을 부끄러워하지 아니하노니 이 복음은 모든 믿는 자에게 구원을 주시는 하나님의 능력이 됨이라"(롬 1:16). 복음은 십자가의 약함 가운데 드러난 사랑의 능력이다. 그 복음으로 인해 이 세상의 어떤 왕도 가지지 못한 위대한 능력이 나타났다. 순종과 희생과 약함을 기꺼이 선택하신 예수 그리스도의 사랑을 깨닫지 못하면 십자가에 숨겨진 하나님의 능력을 볼 수도, 체험할 수 없다. 우리의 진정한 능력은 바로 그 신비에 감춰진 사랑의 능력을 발견하는 데 있다.

소 / 그 / 룹 / 을 / 위 / 한 / 질 / 문 /

1. 나의 삶에서 사랑하기에 순종이나 희생이나 약함을 선택할 수 있었던 일은 무엇인가?

2. 힘의 논리가 난무하는 세상 속에서 크리스천이 말하는 순종, 희생, 약함과 같은 개념은 전혀 설득력이 없어 보인다. 역설적인 그 능력이 나에게 주는 도전은 무엇인가?

3. 십자가에 나타난 사랑의 능력은 크리스천이 죄로 만연한 세상을 이기는 진정한 방법을 제시한다. 나의 삶에 적용하고 실천하는 데 스스로 제한하고 있는 십자가의 능력은 무엇인가?

19
오직 사랑만이 참된 지식을 준다

첫째 딸 제희가 다섯 살 정도였을 때의 일이다. 늦은 밤까지 아빠를 기다리던 딸아이는 집에 돌아와 옷을 갈아입는 나에게 말을 걸었다. 손에는 자신이 무척이나 아끼는 수첩이 있었다. 아이는 다짜고짜 수첩의 속지 한 장을 뜯어 주겠다고 했다. 아빠를 사랑하는 마음에서 주려는 선물이었다. 딸의 마음을 헤아리지 못한 나는 당장이라도 속지를 뜯으려 하는 딸을 말렸다. 별 필요도 없었고 속지 한 장을 뜯으면 보기에도 안 좋게 되니 그냥 두라고 했다. "아빠는 내 성의를 무시하고…." 크게 마음먹고 주려던 것을 아빠가 받지 않으려 하자 아이는 시무룩해져서 자기 방으로 들어갔다. 미안한 마음에 아이를 달래 주어야 했지만 나는 피곤함을 핑계로 그냥 잠자리에 들었다.

다음 날 새벽예배에 가기 위해 집을 나서는데 현관 앞에 반으로 접힌 종이 한 장이 놓여있었다. "아빠 사랑해요, 퐛하이팅!" '퐛하이팅'은 아직 철자법을 모르는 아이가 영어로 '파이팅'(fighting)을 그렇게 적은 것이었다. 삐진 줄 알았던 아이는 무슨 생각이었는지 기어코 수첩의 속지 한 장을 뜯어 거기에 자신의 용서와 응원이 담긴 사랑의 메시지를 그렇게 표현한 것이다. 애틋한 마음에 그 쪽지를 들고 잠시 서 있었던 것 같다. 그것을 곱게 접어 한동안 지갑에 넣고 다니며 틈틈이 꺼내 보았다.

만약 딸을 모르는 누군가 그 쪽지를 길에서 주웠다고 생각해 보자. 나와 똑같은 마음으로 그 내용을 읽을 수 있을까? 그 글에 담긴 아이의 마음을 과연 읽어낼 수 있을까? 서운했지만 그래도 사랑하는 아빠에게 선물을 주고자 한, 야속했지만 아빠의 지친 어깨를 보며 용서하고자 한 어린 딸의 마음을 상상이나 할 수 있을까? 혹 비뚤비뚤한 글씨와 틀린 철자법을 보며 읽을 가치조차 느끼지 못하지는 않을까? 그 쪽지를 길거리에 떨어진 휴지만큼 하찮은 것으로 여기지는 않을까?

그 쉬운 몇 글자에 담긴 뜻은 누구나 이해할 수 있는 것이 아니다. 쪽지를 쓴 아이를 잘 알지 못하거나 친밀한 관계가 없는 사람은 그 글의 내용에 제대로 접근할 수 없다. 상황에 대한 설명을 들었다고 해도 어느 정도 공감할 수 있을 뿐이지 나처럼 한 글자 한 글자에 담긴 사랑의 호흡을 깊이 느끼지는 못할 것이다. 쪽지를 보며 피곤하다는 핑계로 아이의 감정에 세심하게 반응하지 못한 아빠의 미안한 마음이 없다면, 집에 있으면 늘 내 무릎을 떠나지 않는 사랑하는 딸의 체온을 생명처럼 느낀 적이 없다면, 자신의 가장 소중한 것을 아무렇지도 않게 주고받는 관계가 아니라면 그 쪽지는 제대로 읽을 수 없다.

사랑이라는 단어는 이해하기 어려운 말이 아니다. 그러나 그것은 누구에게나 같은 의미로 다가오는 객관적이며 중립적인 말이 아니다. 내가 아내를 사랑한다는 말과 향긋한 커피를 사랑한다는 말에서 사랑은 결코 같지 않다. 하나님을 표현하는 가장 고귀한 그 단어가 가장 음란하고 천박한 단어로 전락할 수도 있지 않은가? 사랑, 그 짧은 단어에는 개인의 삶을 수놓은 헤아릴 수 없이 많은 이야기가 가득 담겨 있다. 사랑을 하나의 획일화된 개념으로 간주해 그 안에 배어 있는 무한한 의미를 잠식시키는 것은 너무나 몰지각한 일이다.

그러므로 누군가에게 느끼고 그 관계 속에 스며들어 있는 사랑은 사랑의 언어를 이해하는 데 가장 본질적인 요소가 된다. 사랑은 각 사람에게 다양하고 풍부한 해석의 지평을 열어 준다. 사랑의 표현은 관계 속에 축적된 수많은 경험과 정보와 느낌을 통과해 매우 주관적이고 구체적이고 섬세하게 전달된다. 사랑은 사랑으로 이해해야 한다.

사랑으로 이해하는 사랑

사랑은 주관적이지만 꼭 그렇지만도 않다. 주관적이기에 모호하다고 폄하할 수도 있지만, 사랑이야말로 진리의 기준이자 기초가 된다. 진리를 탐구한다는 철학(philosophy)의 어원은 지혜(sophia)에 대한 사랑(philos)이다. 어거스틴은 "사랑이 진리를 깨닫게 한다"라고 외치며 영적인 무지 가운데 몰락하는 로마 시대를 깨우려 했다. 그는 진리를 탐구의 대상이 아니라 사랑의 대상으로 보았다. 6세기 서로마 제국의 교황이요 중세 교회에 지대한 영향을 미친 그레고리 대제는 그의 책《복음서들에 관한 설교들》과《에스겔 주석》에서 "오직 사랑만이 바른 이해를 준다"라고 역설했다.

'사랑'은 하나님의 모든 말씀과 행위의 근본에 자리 잡은 시작점이다. 그래서 사랑은 하나님이 만드신 세상에서 모든 지식의 기초가 된다. 참된 사랑을 깨달을 때 비로소 진리로 가는 길이 확보된다. 사랑을 모르면 하나님도, 사람도, 관계도, 삶의 목적도, 사물의 이치도, 나 자신도 알 수 없다. 사랑을 모르면 하나님의 말씀도, 나를 향한 그분의 뜻과 행위도 제대로 이해할 수 없다.

사랑을 통해 진정한 지식을 얻을 수 있다는 사실은 삶에서 수없이 경험한다. 아이들은 왜 부모님이 매일 이를 닦고 자라고 하는지, 왜 먹기 싫은 반찬을 먹으라 하는지, 왜 공부하라 하는지, 왜 잘못했을 때 혼을 내는지 잘 이해하지 못한다. 때때로 아이들은 그러한 부모님의 관심과 간섭을 거부하기도 한다. 그러나 성장하고 또 자신도 자녀를 낳아 키우면서 그 모든 것이 사랑의 언어와 행위였음을 깨닫게 된다. 사랑이라는 인식론적 기초가 없을 때 우리의 이해는 늘 제한될 수밖에 없다.

오래전 유행하던 노래 중 "어머님께"라는 곡이 있다. 그 가사에는 매일 라면을 먹어야 했던 가난한 어린 시절, 아들에게 자장면을 사 주셨던 어머니를 그리워하는 내용이 나온다. 그중 "어머니는 자장면이 싫다고 하셨어"라는 대목이 여운을 남긴다. 당시 철없던 어린 소년은 그 말의 뜻을 이해하지 못했을 것이다. 어머니는 왜 이렇게 맛있는 것을 싫어하시는지 생각할 겨를도 없이 눈앞의 자장면을 순식간에 먹어치웠을 것이다. 하지만 나이가 들어 철이 들고 비슷한 상황을 경험하거나 진정으로 어머니의 사랑을 알게 되면서 비로소 그 말의 의미를 가슴으로 알게 되었을 것이다.

사랑하는 사람의 편지를 손에 든 사람에게는 표현할 수 없는 흥분이 있다. 편지를 읽으며 글을 보내는 이와 받는 이의 영혼이 교차한다. 사랑의 숨소리를 듣고 심장은 사정없이 두근거린다. 평소에는 자존심이 강하다고 자부했어도 편지 앞에서는 바보처럼 울고 웃는다. 때로는 편지 속 한 문장을 곱씹으며 밤잠을 이루지 못한다. 사랑하는 사람의 말 한마디가 태산같이 큰 의미가 되어 영혼을 짓누르기 때문이다.

그 사랑의 편지를 가장 잘 이해할 수 있는 사람은 누구겠는가? 당연히 사랑을 나누는 당사자들이다. 서로 관계가 깊어질수록 더해지는 친밀감과 애정은 그 글에 대한 이해력을 증폭시킨다. 연애편지는 단순한 문자의 나열이 아니다. 그러므로 뛰어난 언어학자도 그 편지를 당사자들보다 더 잘 이해할 수는 없다. 아무리 훌륭한 문법책과 사전을 놓고 읽어도 그 글에 담겨 있는 둘만의 세계를 온전히 파악할 수는 없다. 사랑을 주고받는 대상이 아닌 이상 이미 그 편지를 이해하는 가장 기초 단계에서 실패한 것이다.

성경은 하나님의 본질, 즉 사랑에 대한 언어적 계시다. 그런 맥락에서 키에르 케고르가 "성경은 하나님의 연애편지"라고 한 것은 너무나 걸맞은 표현이다. 창세기부터 요한계시록까지 관통하는 하나의 주제는 하나님의 사랑이다. 성경의 모든 사건과 가르침은 궁극적으로 하나님이 우리를 얼마나 사랑하시는지, 그래서 어떤 사랑의 행위를 하셨는지를 보여 준다. 또한 성경의 저자이신 성령이 '사랑의 영'이라는 사실은 그분의 말씀이 사랑의 언어라는 사실에 대한 내적 증거가 된다.

성경은 단지 읽는 것만으로 진정한 의미에 도달할 수 없다. 성경의 내용은 하나님과의 사랑의 관계를 떠나서는 제대로 깨달을 수 없다. 그 독서는 지루하고 묵상은 공허할 것이다. 심지어 그 뜻을 자신의 의도나 편견 또는 욕심에 따라 곡해할 수 있다. 하나님의 사랑을 알고 그분을 사랑할 때 비로소 지루하게 느껴지는 율법도, 혹독한 책망도, 무서운 심판의 말씀도, 따분하게 나열된 숫자와 뜻 모를 단어로 가득한 구절도 모두 나를 향한 사랑의 언어임을 알게 된다.

성경에는 깨진 마음으로 기다리시고 슬퍼하시며 절규하시는 하나님의 모습도 있고, 침묵하시고 질투하시며 분노하시는 하나님의 모습도 있다. 펄 벅(Pearl Buck)이 "키스해 주는 어머니도 있고 꾸중하는 어머니도 있지만 사랑하기는 마찬가지다"라고 했는데 하나님은 그 표현과 같다. 하나님은 집에 들어오지 않는 아들을 밤새도록 기다리시기도 하지만 눈을 부릅뜨고 매질도 하신다. 화를 내신다고 해서 사랑하시지 않는 것은 아니다. 그 사랑을 제대로 알면 표현의 차이는 문제가 되지 않는다. 결국 말씀을 제대로 이해하지 못하는 것은 사랑의 맥락에서 읽지 않기 때문이다. 연애편지가 아니라 문법책이나 윤리 교과서 또는 역사책이나 과학책으로 읽기 때문이다.

어거스틴은《*On Christian Doctrine*》(기독교 교리에 대해)이라는 책에서 성경을 해석하는 간단한 규칙을 소개한다. 그에 따르면 성경의 내용은 크게 두 가지다. 하나는 하나님의 사랑을 직접적으로 말하는 것이고, 다른 하나는 간접적이거나 비유적으로 말하는 것이다. 어떤 본문이 무엇을 말하든지 사랑에 근거한 해석이 나올 때까지 계속 검토하고 묵상해야 한다. 해석이 꼭 한 가지만 있다는 말은 아니다. 그러나 여러 가지 해석 중 하나님과 이웃에 대한 사랑을 가장 잘 드러내는 해석이 가장 옳고 안전하다는 것이다.

관계에 기초한 지식

하나님과 사랑의 관계가 시작되고 그 관계가 지속되고 사랑이 깊어질수록 우리는 그분의 뜻을 더 깊이, 더 제대로 알 수 있다. 오직 사랑이 우리를 참된 진리 가운데 인도한다는 어거스틴의 가르침은 오히려 해석의 난무와 혼란의 시대에 더욱 빛나는 지혜다. 반대로 하나님에 대한 사랑이 없이 그분의 뜻을 이해하거나 말씀을 해석하는 것은 교만에 빠진 무지일 뿐이다.

국내 한 저명한 철학자가 요한복음을 강해하면서 세간의 관심을 모은 적이 있다. 반기독교 인사로 알려진 그가 성경 해석의 진수를 보여 주겠다며 책을 발간하고 방송에 나와 강의를 한다고 하니 적지 않은 사람들이 의아해했다. 그의 글과 강의를 보며 나도 씁쓸

한 웃음을 지을 수밖에 없었다. 그는 뛰어난 학자지만 분명 하나님과의 사랑의 관계 가운데서 말씀을 읽은 것이 아니다. 종교학자, 철학자, 지적 엔터테이너로서 성경을 읽고 올바른 해석을 제공하는 것은 애초부터 어불성설이다. 그는 신중하지 않은 신학적 안목으로 그리스도의 신성을 무시하고 삼위일체를 부정하며 하나님의 말씀을 자의적으로 해석한다. 성경 자체의 메시지보다는 한글 성경의 번역과 한자의 오류를 찾아내어 기독교의 결정적인 약점을 잡은 양 특유의 비아냥거리는 미소를 짓는다.

특히 그는 요한복음의 핵심 구절인 3장 16절은 언급도 안하고 지나간다. 하나님이 세상을 사랑하신다는 기독교 신앙의 대전제는 그의 관심사가 아니기 때문이다. 하나님이 얼마나 우리를 사랑하시는지, 그래서 그분이 우리에게 누구를 주셨는지, 그 아들 예수를 믿으면 어떤 일이 일어나는지에 대한 언급은 그에게 기대하는 것조차 어색하다. 그는 연애편지를 읽는 설렘과 갈망의 태도가 아닌 시종일관 '왜 이것은 이렇게 썼는가?', '왜 맞춤법이 틀렸는가?'라는 식으로 비평가의 자세를 취한다.

예일 대학교 교수였던 한스 프라이(Hans Frei)는 신학의 다섯 가지 종류를 말하면서 세속적이고 종교학적인 관점에서 신학을 하는 다섯 번째 유형은 기독교 신학이 아니라고 못 박는다.[19] 기독교를 제3자의 시각에서 그저 많은 종교 중 하나라고 간주하는 입장은 객관성이라는 허영의 가면을 쓴 채 진리를 외면한다. 그 가면 안의 편견과 무지는 자신이 하나님 위에 서 있다는 교만 때문에 진리를 보지 못한다.

그 철학자는 크리스천이 아니다(최소한 요한복음을 강해할 당시에는 그랬다). 그래서 그는 하나님과 '나와 너'(I and Thou)[20]의 사랑의 관계를 떠나서는 성경을 제대로 이해할 수 없다는 사실을 모른다. 그리고 인정하려 하지 않을 것이다. 하나님을 사랑하지 않는 자신을 인식의 중심에 놓고 성경을 하나의 이성의 대상으로 여길 때 성경은 더 이상 하나님의 말씀이 아니다. 물론 사랑하지 않아도 성경은 읽을 수 있다. 그러나 사랑하면 그 말씀이 살아 움직여 읽는 자의 생각을 압도하고 마음을 전율하게 한다. "사랑하지 아니하는 자는 하나님을 알지 못하나니 이는 하나님은 사랑이심이라"(요일 4:8). 그러므로 우리는 성경을 읽기 전에 스스로 질문해야 한다. '나는 누구로서 성경을 읽는가?'

소 / 그 / 룹 / 을 / 위 / 한 / 질 / 문 /

1. 연애편지나 깊은 사랑이 담긴 편지를 받아본 적이 있는가? 가장 기억에 남는 내용은 무엇이며 그때 든 생각은 무엇인가?

2. 내가 누군가를 사랑하는데 상대가 내 사랑을 오랫동안 알아차리지 못한 적이 있는가? 혹은 반대의 경우가 있는가? 그런 상황에 비추어 나를 향한 하나님의 마음을 헤아려 보고 생각과 느낌을 나누어 보자.

3. 성경을 읽을 때 어떻게 읽는지도 중요하지만 누구로서 읽는지가 더욱 중요하다. 성경 앞에서 나는 누구인가? 또한 나에게 성경은 무엇인가?

20
성령과 말씀은 사랑 안에서 함께한다

서양의 근대 학문체계에서는 '주체-객체'의 구조 속에서 주체가 객체를 인식하는 데 이성을 절대적 도구로 삼았다. 이성을 정확한 논리와 추론으로 해답을 얻어내는 최선의 방법론으로 여겼다. 그러다 보니 어느 정도 객관적인 지식이 가능해지기도 했지만, 동시에 다양하게 이해할 수 있는 것들이 강자의 이익과 해석 속에 무시되고 함몰되는 결과를 낳았다. 다시 말해 지성이라는 미명하에 타인의 소리를 잠식시키고 힘의 논리로 지식세계를 지배하는 오만과 지적 폭력이 난무했다. 결국 그러한 인식론은 20세기 전후로 계속되는 도전과 비판 속에서 신학을 포함한 대부분의 학문에서 지지 기반을 잃었다. 인간의 이성을 필요 이상으로 대접하던 시대는 그렇게 저물어갔다.

종교개혁자 칼빈은 인간의 이성이 죄로 오염되었기 때문에 그것만으로는 하나님의 말씀을 이해할 수 없다고 주장했다. 그리고 그 이성의 한계를 넘어서 하나님의 말씀을 이해할 수 있는 유일한 방법을 이렇게 소개했다. "우리의 정신은 하나님의 진리에 도달하지 못할 만큼 헛된 것에 휩쓸려 있다. 그리고 그 침체된 상태는 하나님의 진리의 빛 앞에서 항상 어둡기만 하다. 그래서 성령의 조명 (enlightenment) 없이 우리는 성경의 어떤 것도 이해할 수 없다."21)

하나님의 진리는 인간의 논리나 지식의 범주를 넘어선다. 물론 하나님이 인간에게 이성을 주셨기에 우리가 그것을 통해 사고하지만, 성령의 조명이 없다면 우리의 타락한 이성은 하나님의 진리에 접근할 수 없다. 그것을 바울은 고린도 교회에 보낸 편지에서 다음과 같이 표현했다.

"기록된 바 하나님이 자기를 사랑하는 자들을 위하여 예비하신 모든 것은 눈으로 보지 못하고 귀로 듣지 못하고 사람의 마음으로도 생각하지도 못하였다 함과 같으니라 오직 하나님이 성령으로 이것을 우리에게 보이셨으니 성령은 모든 것 곧 하나님의 깊은 것까지도 통달하시느니라 사람의 일을 사람의 속에 있는 영 외에 누가 알리요 이와 같이 하나님의 일도 하나님의 영 외에는 아무도 알지 못하느니라"(고전 2:9-11).

하나님의 진리와 그분의 뜻을 아는 것은 말씀을 깨닫는 것을 통해 이루어진다. 그러나 우리는 때때로 무엇이 하나님의 뜻이고 무엇이 아닌지를 분별하지 못해 혼란스러워한다. 그것에 대해 바울은 우리가 하나님의 뜻을 세상의 지혜와 지식, 합리성으로만 해석하려 하기 때문이라고 지적한다. 그리고 그 문제를 해결하는 방법을 이렇게 제시한다. "우리가 이것을 말하거니와 사람의 지혜가 가르친 말로 아니하고 오직 성령께서 가르치신 것으로 하니 영적인 일은 영적인 것으로 분별하느니라"(고전 2:13).

　여기서 "영적인 일"이라는 표현은 한 가지로 정의하기에 좀 모호하지만 바로 앞에 나오는 "성령께서 가르치신 것"이라는 표현을 볼 때 넓은 의미에서 하나님의 계시나 말씀으로 볼 수 있다. 그것을 뒤에 나오는 "영적인 것"으로 아는데 바로 "성령"을 통해서다. 이를 성경이라는 하나님의 말씀에 초점을 맞추어 보면, 성령이 쓰신 것은 오직 성령을 통해서만 분별할 수 있다는 뜻이다. 물론 이성이나 논리적 사고를 배제하고 신비한 영적 체험이나 은사를 통해 이해해야 한다는 것은 아니다. 그런 생각은 오히려 영지주의적인 생각으로 이성뿐 아니라 영성마저 왜곡시킨다. 우리는 하나님의 말씀을 해석하는 데 자칫 빠질 수 있는 비합리주의와 반이성주의 함정을 경계해야 한다.

　사랑이 하나님의 본성이라는 것을 떠올려 볼 때 '영적인 것'에 사랑을 대입하는 것은 말씀을 해석하는 데 매우 중요한 통찰력을 준다. 우리는 성경, 즉 사랑의 영이신 성령이 쓰신 말씀을 사랑의 영이신 성령을 통해 이해할 수 있다. 다시 말해 성령이 사랑으로 말씀하실 때 우리는 사랑의 영에 충만함으로 그분의 음성을 듣고 그분의 뜻을 알게 된다.

　물론 우리가 하나님과의 깊은 사랑의 관계에 있어야만 하나님의 말씀을 이해할 수 있는 것은 아니다. 성령의 역사는 우리의 영성이나 준비 없이 강권적으로 임할 때도 있다. 성령이 하시는 일을 우리의 조건이나 공식으로 제한해서는 안 될 것이다. 그러나 성령의 계시는 우리 가운데 임하시는 그분의 역사하심 없이 인간에게 전달되지 않는다. 성령은 그렇게 인식의 대상뿐 아니라 인식의 주체로서 일하신다.

성령과 말씀

여기서 우리는 중요한 주제를 만난다. 성령의 역사는 곧 말씀의 역사이고, 말씀의 역사는 곧 성령의 역사라는 것이다. 성령이 일하실 때는 늘 말씀이 동행한다. 역으로 말씀의 역사에도 늘 성령이 함께하신다. 그 둘을 분리하는 것은 성경에 위배된다. 말씀이 육신이 되었다(요 1:14)는 것은 그리스도를 의미하며 성령은 바로 그리스도의 영이다(롬 8:9). 에베소서 6장에 나오는 "성령의 검"은 말씀을 의미한다. 또한 성경의 시작 부분에서도 말씀과 성령의 관계를 강조한다.

"태초에 하나님이 천지를 창조하시니라 땅이 혼돈하고 공허하며 흑암이 깊음 위에 있고 하나님의 영은 수면 위에 운행하시니라"(창 1:1-2).

하나님은 말씀으로 세상을 창조하시며 "하나님의 영", 성령과 함께 동역하셨다. 즉 창조는 성부와 그로 인한 말씀(로고스, 성자 예수님)과 성령이 함께 일하신 결과다. 거기서 끝난 것이 아니다. 하나님의 창조는 태초에 마무리된 것이 아니고 현재와 종말까지 계속된다. 성경에 나오듯이 창조의 역사는 구원의 역사다. 태초에 시작되었고 현재도 계속되고 있으며 종말에 완성될 것이다. 온 세상을 구원하시려는 하나님의 계획은 늘 말씀과 성령이 함께 나타나는 방식으로 이루어진다.

특별히 사도행전은 그런 의미에서 매우 두드러진 책이다. 사도행전의 주제라고도 할 수 있는 1장 8절은 성령이 임하시는 증거와 결과로서 말씀이 확장될 것을 예언한다. "오직 성령이 너희에게 임하시면 너희가 권능을 받고 예루살렘과 온 유대와 사마리아 땅 끝까지 이르러 내 증인이 되리라 하시니라." 증인이 된다는 것은 복음, 곧 하나님의 말씀을 전하는 일로 성령이 임하실 때 이루어진다. 그 내용과 일맥상통하는 구절이 사도행전 4장에도 나온다. "빌기를 다하매 모인 곳이 진동하더니 무리가 다 성령이 충만하여 담대히 하나님의 말씀을 전하니라"(31절). 성령이 충만해진 제자들이 하나님의 말씀을 담대하게 전한 것이다.

사도행전은 그 문제에 관해 매우 일관적이다. 성령이 임하시는 곳마다 하나님의 말씀이 선포되었고 하나님의 말씀이 선포되는 곳에 성령이 임하셨다. 오순절 성령강림 사건 때도 그랬고, 베드로는 성령으로 하나님의 말씀을 전했으며, 고넬료를 비롯한 이방인들도 말씀을 들을 때 성령이 임했다. 개인적으로 내가 경험한 강력한 성령 체험도 하나님 나라에 관한 말씀을 듣고 있을 때였다. 성령은 하나님의 말씀인 성경을 깨닫게 하신다. 성령의 도우심을 통해 우리는 성경을 하나님의 말씀으로 인식하고 그분의 음성을 들으며 그 의미를 깨닫는다.

칼빈은 성경에 대한 이해에 관해 신학적으로 공헌이 크다. 특히 그는 성경에서 성령의 내적 증거 및 영감과 조명의 교리를 발전시켰다. 그는 성령의 내적 증거로 성경이 '하나님의 말씀'임을 보증한다고 주장한다. 즉 성경이 그 자체로 권위를 가진다는 것이다. 당시 가톨릭 교회의 입장에서는 교회가 성경의 신성을 보증했다. 그러나 칼빈의 입장은 달랐다. 그는 성경을 정경으로 결정한 것이 교회이므로 교회가 성경에 대한 최종적 권위를 가진다는 로마 가톨릭의 주장을 따른다면 그 권위는 인간의 손에 있는 것과 다름없다고 주장했다. 그의 주장에 따르면 죄로 인해 타락한 인간은 성경에 대한 신적인 권위를 부여할 수 없다. 나아가 성령이 우리에게 내적 증거를 주시지 않으면 누구도 하나님의 말씀 중 어떤 것도 받아들일 수 없다.

칼빈은 성경을 '성령의 학교'라고 표현했다. 성경이 쓰여지는데 '영감'(inspiration)을 불어넣으신 성령은 성도들의 마음에 침투해 성경의 진리를 깨닫도록 '조명'(illumination)하신다. 이를 위해 칼빈은 요한복음 14장 26절을 증거로 제시한다. "보혜사 곧 아버지께서 내 이름으로 보내실 성령 그가 너희에게 모든 것을 가르치고 내가 너희에게 말한 모든 것을 생각나게 하리라." 즉 말씀을 통해 우리 가운데 믿음을 갖게 하시는 것이 성령의 사역임을 강조한 것이다.

칼빈의 영향을 받은 칼 바르트도 말씀과 성령의 상관관계를 주장한다. 하나님은 오직 성령을 통해서만 인식할 수 있다. 하나님의 말씀을 말씀으로 받아들이는 것은 오직 성령을 통해서만 가능하다. 성령의 증언 없이 기록된 말씀만으로는 의미가 없다. 성경은 그리스도를 증거하는 책인데 그리스도는 성령을 통해서만 우리에게 계시하시기 때문이다. 비록 성경이 자체적으로 권위가 있는 것은 틀림없지만 그럼에도 성령의 내적인 사역 없이는 우리가 결코 하나님의 말씀으로 인식할 수 없다는 칼빈의 주장을 견지했다.

성경의 저자이신 성령

이러한 성령과 말씀의 내적 연관성은 매우 중요한 신학적 통찰을 제공한다. 칼빈의 주장대로 성령의 영감과 조명 없이 성경은 우리에게 하나님의 말씀으로 다가오지 않는다. 그러므로 성령과 성경을 분리하는 것은 성경의 권위를 해칠 뿐 아니라 해석의 불가능을 초래한다. 성경을 해석할 때 그것이 정말 하나님의 뜻인지를 어떻게 아는가? 한 구절로도 수많은 해석이 가능한데 그중 어느 것이 진정한 하나님의 의도인가?

포스트모더니즘의 영향을 받은 현대 해석학자들은 그렇게 다양한 해석이 가능한 상황에서 더 이상 저자의 의도는 중요하지 않고 실제로 알 수도 없다고 주장한다. 저자도 자신의 사고와 언어가 어떤 이데올로기와 시대정신 속에서 사용되었는지 스스로 알지 못하기 때문이다. 예를 들어 가부장적인 문화를 너무 당연하게 여기던 시대 속의 저자는 자신이 가부장적인 사고에 젖어 있다는 사실을 스스로 인식하지 못할 수 있다. 즉 자신의 글이 어떤 이데올로기를 담고 있는지 모르는 자는 스스로 쓴 글조차 진정한 의미를 파악할 수 없다는 원리다. 결국 본문의 의미는 그것을 읽는 독자의 몫으로 남고 저자의 의도는 중요하지 않은 것으로 전락한다. 독자도 특정한 시대와 문화 속에 있기에 독자마다 본문의 의미를 다르게 이해할 수 있고, 그에 따라 절대적인 해석이나 의미는 더 이상 존재하지 않게 된다.

어떤 이들은 그러한 해석의 원리를 성경에도 적용하려 한다. 결국 그들에게는 성경 말씀에 대한 그 어떤 절대적인 진리나 올바른 해석이 존재하지 않는다. 이러한 해석학적 경향은 진리로서 성경의 권위를 떨어뜨리고 더 이상 그것을 신앙과 삶의 지표로 받아들이지 못하게 한다. 하지만 그러한 상대적인 해석학 논리 속에서 성경을 하나님의 말씀으로 주장할 수 있는 근거가 있다. 그 근거는 성경을 읽는 독자가 성령을 성경의 저자로 받아들이는지를 질문하면서 확보된다. 그것을 해석학 용어로 '윤리적인 독서'(ethical reading)라고 하는데 '내가 누구로서 글을 읽고 있는가?'를 통해 해석의 기준을 마련하는 것이다.

성경의 저자를 그저 인간으로만 생각할 때 우리는 위에서 언급한 해체주의적 해석학에서 빠져나올 수 없다. 물론 성경은 시대와 문화의 영향을 받고 언어의 한계를 가진 사람들에 의해 쓰였다. 하지만 그들은 단지 자기의 생각을 기술한 것이 아니라 성령의 영감을 받아 기록했다. 그래서 그것을 믿는다면 성령이 성경의 궁극적인 저자임을 인정하지 않을 수 없다. 성령의 역사 없이 성경은 그저 고문서에 불과하다. 결국 하나님의 사랑의 말씀인 성경은 그 사랑의 영이신 성령에 의해서만 쓰이고 이해하고 해석할 수 있다는 당연한 결론에 도달하는 것이다.

성령이 성경의 저자라는 사실은 모든 성경 말씀이 저자이신 성령의 본성과 의도를 반영한다는 사실을 확보해 준다. 즉 성경에는 인간의 한계와 상황에 따라 제멋대로 변하는 의미가 아니라, 하나님의 뜻이라는 분명한 의미가 있다. 그렇게 성경과 성령의 관계는 우리가 말씀을 진정한 의미로 접근할 수 있는 확고한 길을 제공한다.

성령, 사랑의 영

성경의 저자로서 성령의 본성은 사랑이다. 그분의 말씀의 의도, 곧 저자의 의도도 성경을 통해 하나님의 사랑을 계시하는 것이다. 그러므로 성경의 모든 구절은 하나님의 사랑을 반영한다. 성경 말씀은 궁극적으로 하나님이 사랑하시는 세상의 구원에 초점을 맞추고 있다. 그리고 그 구원의 역사는 세상에 하나님의 사랑을 전하고 그것을 세상이 받아들이면서 이루어진다.

그러므로 성령과 말씀의 사역에서 사랑은 아무리 강조해도 지나침이 없다. 건강한 신학은 복음 안에서 성령과 말씀을 조화시킨다. 성령과 말씀은 하나님의 본성이요, 복음의 본질인 사랑을 떠나서는 우리에게 다가오지 않는다. 신적 본질로서의 사랑은 성령과 말씀의 기초요, 본질이자 구체적 내용이며, 그 불가분 관계를 연결하는 매개체다.

성령은 하나님의 사랑을 우리에게 전해 주신다. 로마서 5장 5절은 "우리에게 주신 성령으로 말미암아 하나님의 사랑이 우리 마음에 부은 바 됨이니"라고 말한다. 성령이 하나님의 사랑을 우리 마음에 붓는 이유는 그것이 성령의 고유한 사역이며 성령 자체가 사랑의 영이기 때문이다. 성령은 어떤 비인격적인 힘이 아니라, 우리에게 다가오시는 인격적인 하나님이다. 그 사랑의 영은 우리를 그리스도와 연합시키고 그로써 우리는 하나님의 말씀을 진정으로 깨닫게 된다. 결국 성령 충만한 삶이란 말씀이 충만한 삶이요, 사랑이 넘치는 삶이다. 그 안에는 복음에 나타난 하나님의 사랑이 흘러넘친다.

소 / 그 / 룹 / 을 / 위 / 한 / 질 / 문 /

1. 하나님을 알아가는 데 나의 언어나 생각 또는 논리의 한계를 느껴 본 적이 있는지 나누어 보자.

2. 내가 하나님을 온전히 믿지 못하는 이유는 하나님을 나의 이성에 맞추기 때문은 아닌가? 나의 방법론적인 한계를 인정하는 것이 어려운 이유는 무엇인가?

3. 성령이 '사랑의 영'이라는 사실은 오늘 나의 말씀 생활(성경 읽기, 묵상, 설교 듣기)에 어떤 도움과 깨달음을 주는가?

21
실패와 고난에도 사랑의 메시지가 있다

하나님은 여러 가지 방법으로 그분의 뜻을 우리에게 전달하신다. 성경은 물론 우리 삶의 수많은 경험도 그 말씀의 도구요 통로다. 삶 속에서 살아 계신 그분과의 사귐 속에 있다 보면 나를 향한 사랑의 음성을 들을 수 있다.

크리스천으로서 우리는 나를 향한 하나님의 뜻을 알기 원한다. 지금 내게 무엇을 말씀하고 계신지, 어떤 계획이 있으신지, 무엇을 선택하는 것이 좋은지, 지금 겪고 있는 사건의 의미가 무엇인지 등 궁금한 것이 한두 가지가 아니다. 성령은 그분이 하시는 일을 우리로 깨닫게 하신다(고전 2:14). 그분의 임재 가운데 나아갈수록, 그의 음성에 귀 기울일수록, 우리는 모든 문제를 통해 사랑으로 말씀하시는 그분의 뜻을 깨닫게 된다. 그 내용이 어떤 것이든, 그것이 우리의 기대와 같든 다르든, 그것이 축복이든 징계이든, 그분은 사랑 외에는 말씀하시지 않는다. 사랑 가운데 말씀하시고 사랑을 말씀하시며 모든 것이 사랑으로 귀착된다. 그분의 뜻은 침묵 가운데서도 사랑이다.

우리는 어려운 일이 있을 때 하나님의 사랑을 의심한다. 그리고 이렇게 생각한다. '내가 무엇을 잘못해서 이런 일이 일어난거야', '하나님이 나를 미워하시는 거야', '내가 죄를 지었기 때문에 하나님이 나를 버리신 것은 아닐까?' 고난 중에 하나님께 도움을 구하지만 그 고난의 의미를 하나님의 사랑과 연결시키지 못할 때 우리의 질문은 답을 얻지 못한다.

C.S.루이스는 "인간의 고난과 우리를 사랑하시는 하나님의 존재를 조화시키는 문제는 우리가 사랑이란 단어에 매우 좁은 정의를 내리고 인간이 그 중심에 있는 한 풀 수 없다"라고 말했다. 그렇다. 우리의 편협한 사랑을 하나님의 사랑과 동일시할 때 우리는 고난과 그분의 사랑을 연결시킬 수 없다. 그러나 고난이 하나님의 사랑의 섭리 속에 있음을 안다면, 그 믿음은 하나님을 매우 기쁘시게 할 것이다. 그것이 하나님의 자녀가 누려야 할 특권이요, 그분의 자녀라는 확실한 증거다.

하나님의 사랑을 의심한 적이 있다면 이제는 그 의심을 의심하라. 나로 의심하게 하는 원인이 무엇인지를 파악하고, 혹 그것이 하나님의 사랑에 대한 편협하고 자의적인 판단 때문이면 우리의 의심의 대상을 교묘히 바꾸어 놓은 사탄의 속임수를 감지하라. 그 가운데 나의 고난과 하나님의 사랑 사이에 끊어졌던 믿음이 회복되기 시작할 것이다.

실패나 고난의 사건들을 통해 하나님의 사랑을 느낄 수 있다면, 그 믿음과 그분과의 관계에 대해 주님께 감사할 수 있다. 하나님의 사랑을 확신하는 자는 어려운 상황에서도 평안과 신뢰의 자리에 서 있게 된다. 그러나 하나님의 사랑을 의심하는 자는 그 상황과 사건의 참된 의미에서 눈이 가려져 하나님으로부터 더 멀어질 수 있다.

하나님이 하시는 모든 일의 의미는 사랑이다. 다만 우리가 그것을 깨닫거나 깨닫지 못할 뿐이다. 물론 삶에서 경험하는 모든 일의 원인을 하나님께 찾을 필요는 없다. 그것은 죄의 결과일 수도 있고 악한 영의 역사일 수도 있다. 또한 그 모든 결과는 하나님이 원하시는 것이 아니다. 하나님이 그것을 막으시지 않는 이유를 우리는 다 헤아릴 수 없다. 하지만 하나님은 분명 그분의 자녀를 회복시키실 것이고, 그런 부정적인 일을 통해서도 그분의 계획을 완성시키시며 사랑을 드러내실 것이다.

사랑의 단서

무언가를 알기 위해 우리가 일반적으로 사용하는 인식론적인 도구는 크게 두 가지다. 하나는 이성이고 다른 하나는 경험이다. 이 두 가지는 우리에게 지식과 깨달음을 주지만 분명 한계도 있다.

이성의 가치가 극에 달했던 근대 사람들은 "아는 것이 힘이다"라고 외치며 이성이 인간에게 최대한의 지식과 만족을 가져다줄 것이라고 기대했다. 그러한 이성주의는 하나님을 인식의 대상으로 놓고 세속의 방법론을 통해 하나님에 대한 지식을 추구했다. 그 결과 하나님을 철학적이거나 형이상학적인 존재로 만들어 성경 속의 하나님을 왜곡하기에 이르렀다. 파스칼이 말했듯이 철학자들의 하나님은 아브라함과 이삭과 야곱의 하나님과 다르다.

이성은 개인의 입장, 상황, 의도, 욕심 등에 따라 얼마든지 왜곡될 수 있다. 또한 누군가 자신의 의견을 주장할 때는 의식적으로든 무의식적으로든 그 생각과 언어 뒤에 힘의 논리가 작용하게 된다. 하나님은 인간의 이성을 둘러싼 여러 요인에 좌우되는 존재가 아니다. 결국 이성주의적 접근으로는 하나님에 대한 참된 지식에 도달할 수 없게 된다. 하나님을 우리의 이기적이고 유아적이며 편협한 생각의 틀에 맞추려 하는 것은, 창조자이신 그분을 인간의 피조물로 만들어 버리는 행위다.

인간의 경험도 지식을 위한 유용한 도구요 방법이다. 하지만 경험 역시 개인의 감정, 과거, 이익, 선입견, 건강상태, 주변 환경 등 여러 가지 요인으로 해석되는 것이기에 참된 지식을 줄 수 없다. 배고픈 사람들에게 달이 더 커 보이는 원리와 같다. 사실 인간의 모든 경험은 경험 자체가 아닌 해석을 통해 지식이 된다. 같은 일이라도 사람에 따라 다르게 경험하고 다르게 해석하며 다르게 반응한다. 더구나 경험은 과거에서 지금까지 일어난 일들을 일컫는 것이기에 필연적으로 미래를 포함하지 않는다.

물론 우리는 지식으로 하나님을 알게 될 뿐 아니라 경험을 통해서도 하나님에 대한 지식을 갖게 된다. 그러나 그 지식은 부분적이고 파편적이라서 불충분하다. 나아가 인간의 경험은 착각일 수 있고, 주관적으로 해석된 것으로 오류의 가능성이 많다. 하나님은 우리의 경험의 대상일 수 있지만 인간의 경험은 그분에 대한 온전한 지식을 보장하지는 않는다. 다만 제한적인 지식만을 제공하고 동시에 오류의 여지를 남긴다.

결국 하나님에 대한 우리의 지식은 그러한 이성적 사고와 경험에 근거하지 않는다. 크리스천의 궁극적인 확신은 추론이나 감각에 근거해서 얻는 것이 아니다. 타락한 인간의 이해나 경험의 차원에 갇혀 있는 지식은 우리를 참된 영적 차원으로 이끌 수 없다.

때때로 어려운 상황에서 내가 붙드는 믿음의 교두보는 무엇인가? 나의 믿음과 감정이 나락에 떨어졌을 때, 내가 끝까지 서 있을 수 있는 믿음의 근거는 어떤 것인가? 이성과 경험이 지금의 혼란과 절망을 해결해 주지 못할 때, 나는 무엇을 붙잡고 믿음을 유지하는가? 사도 바울은 주저하지 않고 우리가 붙들어야 할 것이 그리스도의 십자가라고 주장한다. 우리의 이성과 경험이 더 이상 우리의 믿음을 지탱해 주지 못할 때, '하나님의 사랑'이라는 결론으로 우리를 인도해 주는 유일한 길은 예수 그리스도와 그분의 십자가뿐이다.

"예수 그리스도와 그가 십자가에 못 박히신 것 외에는 아무것도 알지 아니하기로 작정하였음이라"(고전 2:2). 사도 바울의 선언은 하나님을 아는 데 어떤 말과 지혜도 우리를 참된 지식에 이르게 할 수 없다는 깊은 깨달음의 고백이다. 오직 예수 그리스도와 그분의 십자가만이 하나님의 사랑에 대한 절대적인 단서가 된다. 그것은 그 자체로 진리이며 궁극적으로 우리의 이성과 경험에 근거하지 않는다.

사랑의 의미

십자가는 상황과 환경이 나를 흔들고 혼란스럽게 할 때, 사람들이 나를 속일 때, 심지어 조언자의 말이 도움이 되지 않고 어떤 가르침도 귀에 들어오지 않을 때 나의 믿음을 지켜 줄 결정적인 카드다. 예수 그리스도는 내가 믿든 믿지 않든, 내가 받아들이든 받아들이지 않든 이미 나를 위해 십자가를 지시고 나를 구원하시기 위해 생명을 주셨다.

그 진리를 믿는다면 나는 하나님의 사랑을 의심할 수 없는 존재다. 크리스천이라는 정체성 속에 이미 그 십자가의 사랑이 포함되어 있다. 예수 그리스도의 십자가가 나를 위한 것임을 믿고 크리스천이 되었다면, 오늘의 내가 어떤 상황에 있든지 나를 향한 그분의 사랑을 의심해서는 안 된다. 의심하고 있다면 분명 속고 있는 것이다. 하나님의 사랑을 의심하는 것은 오늘 내가 크리스천이라는 사실과 양립할 수 없는 모순이기 때문이다.

혹시 나의 경험이나, 내가 들은 하나님의 음성이나, 누군가 나에게 전한 하나님의 말씀 중에 나를 혼란스럽게 하는 것이 있는가? 그것을 분별하는 좋은 방법이 있다. 그것을 하나님의 사랑의 맥락에서 받은 것이라면 그것은 하나님으로부터 왔을 가능성이 높다. 하지만 그분의 사랑이 그 안에 묻어나지 않는다면 의심해 봐도 좋다. 그것은 하나님으로부터 온 것이 아니다. 사랑의 하나님은 사랑의 의미를 벗어나서 말씀하시지 않는다.

딸아이가 어릴 때 회초리를 든 적이 있다. 맞는 것보다 때리는 것이 더 힘들고 마음이 무거웠다. 울면서 방으로 들어가는 아이의 뒷모습을 보니 너무나 마음이 아팠다. 힘든 마음을 다스리지 못하고 그냥 앉아 있는데 다시 방문이 열렸다. 방금 맞고 들어간 딸아이였다. 아이는 열린 문틈으로 머리를 내밀며 나에게 말했다. "아빠, 20분만 놀아 주시면 안 돼요?"

그때의 감동은 아직도 선명하다. 자신을 혼낸 아빠의 마음이 사랑이었다고 생각하지는 못하겠지만, 아이는 아빠가 자신을 미워하지 않는다는 사실은 알고 있었던 것 같다. 그때 나는 하나님이 죄를 미워하시는 이유는 죄 자체보다, 죄가 우리를 하나님으로부터 멀어지게 하기 때문임을 깨달았다. 나아가 죄가 우리를 망하게 하고 죽게 하기 때문이다. 하나님이 우리를 얼마나 사랑하시는지를 느끼게 되는 대목이다. 죄가 우리를 하나님과 오히려 가까워지게 한다면 아마도 하나님은 죄에 대해 더 너그러우셨을지도 모른다. 하나님은 우리를 혼내면서도 사랑하신다. 아이는 부모가 잘해 준 것은 기억하지 않고 혼낸 것은 잘 기억한다. 때리는 부모가 두려워하는 것은 혹시나 아이가 자기를 미워해서 혼내는 거라고 생각해 마음에 상처를 입는 것이다. 부모의 사랑을 의심하여 관계가 멀어지고 깨지는 것이 가장 피하고 싶은 결과인 것이다.

14세기의 여성 신학자 노리치의 줄리안(Julian of Norwich)은 "모든 것이 무엇을 의미하는지 알고 싶으냐?"라는 주님의 음성을 듣고 이렇게 기록했다. "사랑이 그 의미였다. 누가 그것을 너에게 보여 주었나? 사랑이. 무엇을 너에게 보여 주었나? 사랑을. 왜 그것을 너에게 보여 주었나? 사랑 때문에. 너 자신을 항상 그 사랑 안에 두라. 그러면 너는 더욱 사랑을 배울 것이다. 그리고 다른 것은 전혀 배우지 않을 것이다. 절대로!"[22]

나의 기대와 요구를 빗나간 일 때문에 의기소침해하거나 그분이 사랑하시지 않는다고 생각하지 말라. 나의 상상을 넘어 엄청난 사랑과 놀라운 계획이 나의 삶의 저변에 흐르고 있다. 내가 그분의 뜻을 아는 것은 당장 이루어지지 않을지 모른다. 그러므로 최대한 신뢰와 소망을 가지고 그분의 사랑 가운데 거하라.

소 / 그 / 룹 / 을 / 위 / 한 / 질 / 문 /

1. 하나님의 사랑을 의심해 본 적이 있는가? 그렇게 의심한 이유는 무엇인가?

2. 사랑의 하나님을 느끼지 못하게 만드는 요소들(과거의 상처, 잘못된 지식, 선입견, 현재 상황 등)에 대해 생각해 보고, 그것을 극복하기 위해 나에게 필요한 도움은 무엇인지 나누어 보자.

3. 힘들고 어려운 상황 속에서 하나님의 사랑을 더욱 분명하게 체험한 적이 있는가? 그것은 소중한 간증으로 다른 사람들에게 영적으로 유익한 도움이 될 수 있다. 그 경험에 대해 간단하게 나누어 보자.

4부

사랑의 형상

기독교 인간론은 신론에 근거한다. 사랑의 하나님에 대한 지식은 그분의 사랑으로 창조되고 구속되고 자녀 된 인간에 대한 지식을 제공한다. 사랑에 근거한 하나님의 이해가 우리에게 다가오는 순간 우리가 하나님을 어떻게 닮았는지, 죄가 무엇인지, 우리의 정체성이 갖는 의미가 무엇인지 등 우리 안에 감춰져 있던 놀라운 신비가 하나씩 펼쳐진다.

8장

사랑의 관계를 맺는 존재

이마고 데이

22
관계는 하나님의 형상을 반영한다

방학이면 아이들이 집에 있다. 아이들은 방학이 시작된 지 몇 주가 지나서야 생활계획표를 벽에 붙인다. 일어나기, 세수하기, 아침 먹기, 공부하기, TV 보기 등 어디서 많이 본 듯한 내용이다. 세월이 지나도 아이들의 생활계획표는 별 차이가 없다. 그런데 계획표의 내용만큼이나 비슷한 것이 있다. 그것을 지키는 아이들의 모습이다. 공부하기, 숙제하기 등의 시간은 슬렁슬렁 잘도 뛰어넘고, 밥 먹는 시간, 쉬는 시간, TV 보는 시간 등은 무슨 일이 있어도 지키는 것이다. 비교적 계획에 맞추어 사는 아내는 아이들을 향해 한숨을 내뱉으며 중얼거린다. "대체 누구를 닮아서 그러지?" 나는 못 들은 체하며 딴청을 피웠지만 속으로는 뜨끔했다.

또 이런 일도 있었다. 첫째 딸이 거울을 보면서 얼굴을 찌푸리고 얼굴형이 마음에 안 든다며 대뜸 "아빠 탓이에요!"라고 말했다. 그런 딸에게 물었다. "아니, 아빠 얼굴형이 뭐가 어때서?" 딸이 대답했다. "엄마는 계란인데 아빠는 감자예요!"

누구를 닮았다는 것은 단지 외형만 말하는 정도가 아니다. 그것은 존재론이라는 깊은 차원으로 우리를 인도한다. 크리스천에게 '닮음'에 대한 탐구는 어떤 철학보다 심오하다. 그것은 인류학이나 사회학과 같이 인간 자체를 다룰 뿐 아니라 하나님과 연관시켜야 하는 신학적 작업을 요구한다. '하나님의 형상'이란 주제는 계시의 토대 위에 논의하는 이론과 삶의 결정체다. 대체 인간은 하나님의 무엇을 닮은 것이며, 그것은 현실에서 어떤 의미가 있는가?

성경은 인간이 하나님의 형상이라고 말하지만, 이상할 만큼 구체적 내용을 말해 주는 데는 인색하다. 사실 그 주제는 신론과 인간론을 망라하는, 그리고 기독교 역사 전체를 거쳐 끊임없이 계속된 논쟁거리다. 여기서는 지나친 단순화의 무모함을 무릅쓰고 세 가지로 하나님의 형상에 대한 내용을 묶어 보았다. '관계의 유비', '하나님의 대리인', '그리스도의 흔적'이다. 모두 개별적인 의미가 있지만 복음 이야기에서 한 줄로 엮어진다.

부모와 자식의 비슷함은 존재론적 관점에서 볼 때 인과관계를 갖는다. 원인과 결과 사이의 유사성은 단지 외형적인 차원보다 본질적인 차원으로 우리를 이끈다. 하나님과 인간의 '닮음'도 본성 (essence)의 차원에서 해석해야 한다. 즉 인간이 하나님의 형상으로 만들어졌다는 것은 피조물인 인간과 창조주이신 하나님의 본성이 유사하다는 것을 의미한다. 단지 손가락이 닮았거나 키가 비슷하다는 것과 같은 비본질적인 차원의 유사성만 말하면 억측이나 왜곡이 될 수 있다. 부모와 닮지 않은 자녀도 있고 아무 상관도 없는 사람끼리 외모가 비슷하기도 하다. 그래서 어떤 유사성을 말하는지에 따라 하나님의 형상이라는 주제는 인간의 본질을 관통할 수도 있고 말장난이 될 수도 있다.

고대와 중세의 많은 신학자는 하나님의 형상이란 '인간이 소유한 어떤 것'이라고 생각했다. 그것을 '구조설'이라고 하는데 구체적으로 인간이 가지고 있는 합리성, 도덕적 자유, 책임성, 거룩성 등을 가리킨다. 이레나이우스(Irenaeus)를 비롯한 여러 교부는 그러한 속성을 세분화하여 인간의 타락으로 상실한 것을 하나님의 모양(likeness)이라 하고 타락인데도 보존되는 것을 형상(image)이라 하기도 했다.

그러나 또 다른 부류의 학자는 그러한 형식적 논의에 불만족스러워했다. 그들은 하나님과 인간의 유사성이 '관계'의 차원에 있다는 사실에 주목했다. 현대 신학에서 그 '관계성'은 하나님의 형상에 대해 논의할 때 가장 중요하고 핵심적인 주제다.

하나님의 형상으로서 관계성

어떤 목사님이 설교 시간에 교인들에게 질문했다. "우리 중에 혹 미워하는 사람이 하나도 없는 사람이 있습니까?" 모두 조용했다. 아무 반응이 없는데 뒤에서 한 노인이 손을 들었다. "아니, 어르신 정말 미워하는 사람이 없으세요?" 그 노인이 대답했다. "응, 있었는데 다 죽었어."

인정하고 싶지 않지만 우리는 많은 경우 관계와 사랑에 실패한다. 그것은 나의 인격의 문제, 상황의 문제, 상대의 문제일 수 있지만 더 근본적인 문제에 기인한다. 인간은 죄인이고, 죄인인 인간은 관계에서 실패한다. 죄의 결과가 관계의 파괴인 것이다.

김동인의 소설 《배따라기》에서 화자인 주인공은 의처증과 오해로 평범하게 살던 사람들의 관계를 깨뜨리고 결국 아내를 죽게 한다. 저자는 죄책감을 가지고 평생을 떠돌며 고향에 가지 못하는 주인공을 통해 죄에 대해 무력한 인간의 모습을 신랄하게 고발한다. 죄로 인해 관계를 파괴하고 다시 관계 속으로 들어가지 못하는 인간의 실존이다.

어거스틴은 타락 이전에 인간이 하나님과 온전한 관계를 가졌기 때문에 그 관계성 자체가 하나님의 형상이라고 주장했다. 그에게 죄로 인하여 하나님과의 관계가 깨진 것은 인간에게 있던 하나님의 형상이 파괴된 것이었다. 관계성은 신론과 인간론뿐 아니라 그가 주장한 모든 신학의 기초였다. 하나님의 형상을 인간과 하나님 사이의 관계적 개념으로 보려 한 어거스틴의 통찰력은 오랜 시간이 지난 지금도 신학에서 그의 비중을 느끼게 한다.

타락이 하나님의 형상을 광범위하게 손상시켰다고 주장한 종교개혁자들은 중세의 인간론과 결별을 선언했다. 그들에게 하나님의 형상은 그리스도로 인해 회복된 하나님과의 관계였다. 즉 하나님의 형상이 일반적으로 모든 인간이 공유하는 어떤 것이 아니라 죄로 인해 상실되었고, 오직 그리스도로 인해 회복되는 하나님 앞에서의 지위를 의미했다. 진정한 하나님의 형상인 그리스도를 통해 인간은 하나님의 형상에 참여하게 된 것이다.

20세기에 들어와 마르틴 부버(Martin Buber)의 영향을 받은 신정통주의 신학자들 역시 관계성과 하나님의 형상을 긴밀하게 연결시킨다. 에밀 브루너(Emil Brunner)는 하나님의 형상을 관계적인 측면에서 다루며 그것을 구조설의 틀 속에 집어넣었다. 즉 하나님의 형상을 형식적(formal) 측면과 내용적(material) 측면으로 나눈 것이다. 전자는 하나님과 다른 사람들에게 응답할 책임을 말하는 것으로 죄로 상실되지 않는다. 반면 후자는 인간이 이미 상실한 하나님에 대한 합당한 응답으로 그리스도를 통해서만 회복된다. 인간은 그리스도를 통해 내용적인 측면에서 하나님과 타인과 모든 피조물과의 깨진 관계를 회복한다.

관계성으로서 하나님의 형상을 가장 구체적으로 발전시킨 사람은 신정통주의의 대표적인 신학자 칼 바르트다. 그는 먼저 하나님의 형상을 인간 구조 속의 어떠한 성향이나 능력으로 말하는 것을 철저하게 거부했다. 즉 인간은 하나님 앞에서 완전히 타락했으며 인간에게는 어떤 신성한 것도 남아 있지 않다. 그에게 타락한 인간이 하나님의 어떤 속성이라도 가지고 있다고 하는 것은 지독한 신성모독이요, 그리스도의 전적인 은혜를 부인하는 것이었다. 대신 창세기 1장 27절 말씀을 주석하면서 사람과 사람이 맺고 있는 관계성에서 하나님의 형상을 말하고자 했다.

칼 바르트는《교회교의학》에서 요한복음 1장 1절의 형식을 빌려

"태초에 관계가 있었다"라고 말한다. 그 관계는 삼위일체, 즉 성부, 성자, 성령의 관계다. 하나님은 우리에게 다가오셔서 '나와 너'의 관계를 맺으시는 분이다. 인간은 하나님이 그분의 형상을 따라 창조하셨기에 단지 하나의 개체가 아니라 하나님의 형상을 따라 사랑의 관계를 이루며 살아가도록 지음을 받은 존재다. 또한 인간이 하나님 및 다른 존재들과 관계를 맺는 것 자체는 하나님의 형상으로 창조되었다는 것을 의미한다. 그러한 생각을 통해 칼 바르트는 아퀴나스를 중심으로 주장했던 하나님과 인간 사이의 존재론적인 유비(analogia entis)를 거부하고 관계적인 유비(analogia relationis)라는 새로운 신학적 토대를 마련했다.

관계의 화해자

인간은 하나님의 형상을 따라 '관계를 맺도록' 창조되었다. 구체적으로 말해 인간은 사랑의 관계 가운데, 공동체 안에 사시는 하나님을 반영하도록 지음받은 피조물이다. 하나님의 형상은 인간의 어떤 능력이나 소유가 아니라 다른 존재들과 사랑의 관계를 맺는 삶의 본질이다. 그런 하나님의 의도를 상실한 채 사랑의 관계로부터 소외된 인간의 실존은 죄의 결과요 하나님의 형상이 파괴된 모습이다.

그런 하나님의 형상에 대한 관계론적인 접근은 성경에 확고한 근거가 있다. 특히 바울 서신에서 하나님의 형상에 대한 논의는 지극히 기독론적이다. 사도 바울은 예수 그리스도가 궁극적으로 하나님의 형상임을 밝히고(고후 4:4; 골 1:15), 히브리서 기자도 그것을 증거한다(히 1:3). 그 구체적인 내용은 십자가를 통한 그리스도의 구속 사역이다. 즉 우리는 그리스도를 통해 참된 하나님의 형상을 알게 되었고 십자가 구속을 통해 그분의 형상에 참여하게 된다는 것이다.

하나님의 형상으로서 그리스도는 철저히 관계의 차원에서 이해해야 한다. 십자가는 하나님과 인간의 관계 회복이며 유대인과 이방인들의 관계 회복이고, 나아가 모든 깨진 인간관계와 피조물의 관계의 회복이다. 그리스도는 모든 무너진 관계의 화해자로 오셨다.

"그의 십자가의 피로 화평을 이루사 만물 곧 땅에 있는 것들이나 하늘에 있는 것들이 그로 말미암아 자기와 화목하게 되기를 기뻐하심이라"(골 1:20).

그리스도의 속죄로 하나님의 형상에 참여하게 된 인간은 화목케 하는 직책(고후 5:18)을 받은 존재이며 그 화해의 구체적 내용은 사랑이다(살전 5:13, 요일 4:10). 사랑을 떠난 관계나 관계를 떠난 사랑은 자기중심적이고 쾌락적이며 공허하고 파괴적이다. 그러나 그리스도의 사랑은 모든 관계를 온전하게 하는 진정한 능력이요, 공동체적 삶의 기초다. 따라서 사랑의 개념과 하나님의 형상으로서 관계성은 결코 분리할 수 없다.

소 / 그 / 룹 / 을 / 위 / 한 / 질 / 문 /

1. 나는 누구를 가장 많이 닮았는가? 그 사람과 어떤 면에서 닮았고 또 어떤 면에서 닮지 않았는가?

2. 나의 삶에서 가장 근본적으로 해결해야 할 관계는 무엇이며, 그 관계가 나에게 중요한 이유는 무엇인가?

3. 나는 '화목하게 하는 직분'을 잘 감당하고 있는가? 화해자로서 내가 감당해야 할 가장 시급한 역할은 무엇인가?

23
인간은 하나님을 보여 주는 존재다

"하나님이 이르시되 우리의 형상을 따라 우리의 모양대로 우리가 사람을 만들고 그들로 바다의 물고기와 하늘의 새와 가축과 온 땅과 땅에 기는 모든 것을 다스리게 하자 하시고 하나님이 자기 형상 곧 하나님의 형상대로 사람을 창조하시되 남자와 여자를 창조하시고 하나님이 그들에게 복을 주시며 하나님이 그들에게 이르시되 생육하고 번성하여 땅에 충만하라, 땅을 정복하라, 바다의 물고기와 하늘의 새와 땅에 움직이는 모든 생물을 다스리라 하시니라"(창 1:26-28).

인간에게 "땅을 정복하고 모든 생물을 다스리라"는 명령은 무슨 의미인가? 그 명령과 함께 주어진 '하나님의 형상'이라는 개념은 그 명령의 의미를 헤아리는 데 매우 중요하다. 서양 근대 교회와 사회는 '정복과 다스림'의 의미를 인간이 다른 모든 피조물을 마음대로 사용하고 착취해도 된다는 허락으로 생각했다. 그러한 사고는 개인, 집단, 국가, 인종 간 관계의 파괴를 포함해 자연재해, 환경문제, 생태계 파괴 등의 심각한 문제를 초래했다. 과연 파괴자로서 인간은 세상을 창조하신 하나님 및 그분의 형상과 조화를 이룰 수 있는가?

'정복과 다스림'과 '하나님의 형상'의 관계를 살피기 위해 우리는 해당 성경 구절의 배경이 되는 고대 근동의 역사와 문화를 참고할 필요가 있다. 고대 근동 지방에는 지역마다 왕의 형상이 있었다. 왕들은 친히 다스릴 수 없는 도시나 영토에 자신의 형상을 세워 놓고 자신의 주권과 위엄을 형상화했다. 이를 '제왕 이데올로기'라고 하는데 그것에 비추어 볼 때 하나님의 형상은 '대리'(representation) 또는 '사절'(envoy)의 의미를 갖는다.

창세기 1장 26절의 '다스리다'는 히브리어로 '라다'(radah)이다. 이는 고대 이집트와 바벨론의 궁중 언어에서 온 것으로 '돌보다'를 뜻한다. 인간이 다른 생물들을 돌본다는 것은 자연이나 동물들을 숭배해 온 고대인들의 시각에서 매우 혁신적이다. 다른 피조물을 예배하거나 두려움의 대상으로 보지 않고 돌보고 관리해야 하는 대상으로 여기는 것은 피조세계에 대해 인간이 가져야 할 책임을 의미한다. 즉 남용이나 파괴가 아니라 하나님을 대신해서 그들을 보호하고 돌보는 역할이 인간에게 있는 것이다. 그런 의미에서 하나님의 형상은 하나님께 위임받은 권세와 책임을 뜻한다. 그래서 하나님이 인간을 그분의 형상으로 지으시고 다른 피조물 사이에 두신 것은 이 세상이 하나님의 영토이며 그분이 다스리시는 나라임을 알려 주는 중요한 단서다.

크리스천의 삶은 세상에서 하나님의 대리자로, 하나님의 형상을 보여 주는 목적 아래 살아간다. 세상에서 하나님의 통치를 보여 주는 대리인으로서 책임을 아는 크리스천은 지구상 생태계의 고통이

나 각종 사회 문제에 무관심할 수 없다. 우리의 관심사가 개인이나 가족, 종교, 인종, 국가에만 제한되어 있는 것은 크리스천의 사명과 정체성을 부인하는 것이다.

그리스도의 형상이 이루어지기까지

예수님은 "나를 본 자는 하나님을 본 것과 같다"(요 14:9)라고 말씀하신다. 세상은 보이지 않는 하나님을 보여 달라는 것이 아니라 우리의 말과 행위를 통해 우리 안에 계신 하나님을 보기를 원한다. 하나님의 형상인 우리에게는 다른 사람들에게 하나님이 어떤 분인지를 보여 줄 사명과 책임이 있다. 하나님의 대리인으로서 우리는 "하나님이 어디 있어?"라며 따지듯 묻는 사람들에게 "나를 보면 하나님이 안 보이냐?"라고 반문하며 사는 것이다. 하나님의 사랑과 임재를 세상에 보여 주는 것이 크리스천으로 살아가는 목적이자 이유다.

얼마 전 우리 교회에 오신 강사님이 자신의 삶에 대해 이렇게 고백했다. 그녀는 크리스천으로서 좀 알려지다 보니 어디를 가도 사람들의 눈이 부담스러웠다고 한다. 자신을 알아보는 사람들에게 좋은 크리스천의 이미지를 심어 줘야 하는 책임감이 생기니 말과 표정, 일거수일투족이 예전보다 불편해진 것이다.

"그래서 저는 어디 안 가고 주로 집에 있어요." 농담이지만 생각하게 하는 말이었다. 물론 크리스천은 숨어 사는 존재가 아니라 하나님을 드러내는 존재로 살아간다. 우리의 삶은 하나님의 현존을 보여 주는 세상 속의 증거다. 하나님의 대리인이라는 정체성은 우리가 맺고 있는 모든 관계에 영광스러운 부담을 준다. 결국 믿음으로 사는 것은 그러한 소명의 자리에서 하나님의 형상으로 나를 세우신 목적을 알고 그것에 합한 자가 '되어 가는 것'이다.

하나님의 형상은 과정인 동시에 회복이다. 하나님은 우리 안에 죄로 인해 훼손된 그분의 형상이 다시 원래 모습을 찾기 원하신다. 그런 의미에서 하나님의 형상은 회복의 여정을 통해 마지막 날에 완성될 것으로 인류를 위한 하나님의 의도이자 목표다.[23] 그것에 대해 고린도 교인들을 향한 사도 바울의 선언은 명료하다.

"우리가 다 수건을 벗은 얼굴로 거울을 보는 것같이 주의 영광을 보매 그와 같은 형상으로 변화하여 영광에서 영광에 이르니 곧 주의 영으로 말미암음이니라"(고후 3:18).

종교개혁자 루터는 우리가 죄로 인해 하나님의 형상을 상실하더라도 말씀과 성령을 통해 회복될 수 있다고 주장했다. 칼빈도 그런 루터의 주장에 이어 '성화'의 차원을 강조함으로 인류의 역사가 하나님의 형상이라는 미래의 목표를 향해 역동적으로 전진하고 있음을 역설했다.

즉 하나님의 형상으로 창조되었다는 것은 단지 존재론이나 어떤 상태 또는 조건이 아니라 목표를 지닌 하나의 운동이다. 그런 의미에서 '하나님의 형상'에 대한 우리의 관심은 인간론에 머물지 않고 종말론을 향해 있다. 크리스천은 사도 바울이 갈라디아 교인들에게 말한 바와 같이 우리 안에 "그리스도의 형상을 이루기까지"(갈 4:19) 그 완성을 위해 달려가는 자들이다.

하나님의 주권의 회복

하나님의 형상은 나아가 '하나님의 주권'을 상징한다. '땅을 정복하고 다스리는 것'은 우리가 하나님의 대리인으로 살며 궁극적으로 하나님의 주권을 드러내는 존재임을 암시한다. 앞에서 언급한 '제왕 이데올로기'는 결국 형상이 있는 그 땅에 '왕의 주권'이 있음을 보여 주기 위한 것이다.

하나님은 당연히 그분이 지으신 세상에서 주권을 가지신다. 세상은 하나님 나라가 이루어지는 곳이다. 국가를 성립하는 필수 요소에 주권이 있듯이 하나님 나라는 단지 공간적인 개념이 아니라 주권의 개념으로 보아야 한다. 세상에 하나님의 주권이 이루어지는 것은 하나님의 형상인 우리가 역사 속에 존재하는 이유이자 사명이다. 사회의 모든 분야에 하나님의 주권이 임하게 하는 것은 단순히 칼빈주의 신학이 아니라 성경과 역사가 지향하는 목표점이다.

네덜란드의 신학자이자 목사요, 언론인이며 정치가였던 아브라함 카이퍼(Abraham Kuyper)는 당시 프랑스 혁명으로 인한 유럽의 반기독교적인 시대정신으로부터 교회를 지키고 시대와 국가를 변화시키려 했던 사람이다. 칼빈의 개혁주의 정신을 이어받은 카이퍼는 교회의 사명, 즉 하나님 나라 운동을 '하나님의 주권'이라는 의미에서 보았다. 그는 교회의 역할과 존재 목적을 현실세계에서 하나님의 주권을 회복하는 것으로 이해했다. 그의 글에는 이런 구절이 있다.

"한 가지 열망이 나의 삶을 지배해 왔다. 하나의 고상한 동기가 나의 마음과 영혼에 흔적을 남겼다. 바로 그것은 온 세상이 반대해도 하나님의 거룩하신 명령을 가정과 학교와 국가에서 모든 사람의 선을 위해 확고하게 수행해야 한다는 열망이다. 즉 국가가 하나님께 다시 경의를 표시할 때까지 성경과 창조 세계가 증거하는 주님의 명령을 국가의 정신 안에 새겨 넣는 열망이다."[24]

카이퍼는 하나님으로부터 멀어진 세속 사회에 다시금 하나님의 주권을 세우고 하나님의 말씀에 기초한 사회를 세우는 데 일생을 바쳤다. 그래서 그는 크리스천 리더를 양성하고 언론, 정치, 경제, 교육 등 사회 각 분야에서 성경에 입각한 하나님의 뜻을 구현하려 했다. 즉 삶의 모든 영역에 그리스도의 문화를 세우고, 크리스천이 유기적으로 활동함으로 하나님의 명령을 지키며 그분의 영광을 회복하는 것이다.

모양은 다를 수 있지만 오늘날에도 하나님의 주권을 회복하기 위한 열망과 움직임은 절실히 필요하다. 하나님의 형상으로 창조된 인간은 바로 그 일을 통해 존재론적인 목적에 부합하는 삶을 살게 된다. 나의 삶을 통해 하나님의 통치가 다른 사람들에게 드러날 수 있도록 하나님의 대리자이자 하나님의 형상으로 그 위대한 소명의 자리에 서 있어야 한다. 이렇듯 '하나님의 형상'은 우리의 삶의 자리, 나아가 전 우주를 향한 위대한 희망을 담고 있다.

크리스천의 삶은 단지 세상에서 잘 버티는 것이 아니다. 크리스천은 세상에서 이리저리 치이다가 교회에 와서 위로받고 간신히 힘을 얻어 세상에 나아가는 존재가 아니다. 기독교는 그저 개인적인 어려움이나 해결하고 마음의 평안을 얻기 위해 믿는 종교가 아니다. 그렇게 개인적이고 사변적으로 살 때 인간은 하나님의 형상으로 세상에 존재하는 목적과 사명을 잃어버리게 된다.

구원은 개인적인 사건이 아니라 세상에 하나님의 임재와 통치를 보여 주기 위해 능력과 권위를 회복시키는 차원으로 이해해야 한다. 그것을 위한 모든 조건은 예수 그리스도를 통해 완성되었다. 그분의 위임을 받고 세상 한가운데 하나님의 대리자로 선 우리는 그 사명을 위해 살아가는 존재다. 그것이 하나님이 우리를 그분의 형상으로 지으시고 우리에게 복을 주신 이유이자, 우리에게 소유와 은사와 영향력을 주신 이유다.

1. 믿지 않는 사람이 나를 통해 하나님을 더 긍정적으로 생각하게 된 경험
   이 있다면 나누어 보자.

2. 주변의 크리스천 중 나에게 좋은 영향을 주거나 반대로 좋지 않은 영향
   을 주는 사람은 누구인가? 무엇 때문에 마음이 열리고 무엇 때문에 마
   음이 닫히는가?

3. 하나님의 형상은 회복해야 하는 동시에 추구해야 할 목표다. 나는 어떤
   의미에서 하나님의 형상이 되어 가고 있는가?

24
고통은 그리스도의 흔적이다

사랑하면 예뻐진다. 사랑하면 심장 박동 수가 높아지고 그로 인해
입술이 더 붉어지며 눈 밑의 다크서클도 없어진다. 또한 고조된 감
정이 눈동자를 팽창시키기 때문에 눈이 더 밝고 깨끗하게 보인다.
그렇게 사랑은 우리를 더 사랑스럽게 만든다.

그러나 사랑은 그저 눈에 보이는 아름다움에 대한 것만이 아니
다. 오히려 사랑은 삶 자체의 아름다움에 대한 이야기다. 일반적으
로 아름다움이란 개념은 그 기준을 정하기 쉽지 않고 그 실체도 공
허할 수 있다. 하지만 크리스천에게는 아름다움에 대한 분명한 기
준이 있다. 하나님은 아름다움을 창조하신 분이다. 그러므로 하나
님의 형상이신 예수님(고후 4:4)은 아름다움의 극치이자 기준이다.

크리스천의 삶은 예수님을 닮아가는 여정이다. 크리스천은 예수
님이 우리에게 보여 주고 가르쳐 주신 마음과 성품과 행실을 본받
아야 한다. 더 많이 본받을수록 더 아름다워진다. 진정 아름다워지
고 싶은가? 그렇다면 미의 근본이신 예수님을 닮아가라. 결국 파괴
된 하나님의 형상을 회복하는 일은 그리스도를 만나고 교제하며 닮

아갈 때 이루어진다.

예수님을 닮아가는 것은 우리 삶의 전반적이고 전인적인 차원에서 이루어진다. 그러나 그렇게 포괄적으로 보면 길을 잃기 쉽다. 그렇지만 본질적인 차원에서 보면 명확하다. 한 가지가 모든 것을 포함하고 그것이 곧 기반이요 결과가 된다. 바로 하나님의 사랑이다. 예수님을 통해 인간은 하나님의 사랑을 보았고 들었고 만지게 되었다(요일 1:1). 하나님의 형상인 그분을 통해 우리는 하나님의 사랑의 현존을 체험하고 잃었던 사랑의 능력을 부여받았다. 사랑은 하나님의 형상이신 예수님의 삶 전체를 떠받치고 있는 내적 원리다. 즉 하나님의 사랑 안에 거하는 것은 그리스도를 통해 보여 주신 하나님의 형상을 회복하는 방법이다.

사랑과 연결된 고통

그리스도를 통해 나타난 하나님의 사랑은 단지 외적인 아름다움이나 행복한 느낌이 아니다. 그 사랑은 세속적이고 우리의 말초신경을 자극하는 쾌락적 사랑이 아니라 고통을 대면하는 십자가 사랑이다. 신적 사랑의 절정인 십자가보다 하나님의 사랑을 더 극명하게 보여 주는 것은 없다. "하나님이 세상을 이처럼 사랑하사"라는 신적 사랑의 원인은 구체적 사랑의 행위를 낳았다. 그 행위는 "독생자를 주셨으니"다. 세상에서 가장 아름답고 고귀한 사랑이지만 처절한 고통을 배제하지 않는다. 극도의 그 아픔은 사랑의 하나님과 결코 분리할 수 없다. 기독교 신앙을 가진 자에게 사랑이란 그저 낭만적인 것이 아니다. 하나님의 사랑 안에 거하는 것은 그분의 사랑의 절정인 십자가를 제외하고 생각할 수 없다.

고통은 성부 하나님뿐 아니라 보냄을 받은 성자 예수님의 정체성을 이룬다. 부활하신 후 예수님은 제자들에게 나타나셨고 그분을 알아보지 못하는 도마에게 이렇게 말씀하셨다. "내 손과 발을 보고 나인 줄 알라"(눅 24:39). 요한은 그 부분을 더 사실적으로 묘사한다. "도마에게 이르시되 네 손가락을 이리 내밀어 내 손을 보고 네 손을 내밀어 내 옆구리에 넣어 보라"(요 20:27). 손과 발, 옆구리의 못 자국은 예수님을 드러내는 가장 분명한 표시였다. 도마는 그제야 예수님을 알아보았다. "도마가 대답하여 이르되 나의 주님이시요 나의 하나님이시니이다"(요 20:28). 부활도 그분의 상처를 지울 수 없었다. 그 상처를 없애는 것은 그분의 사랑을 지우는 것이 된다. 하나님의 본질인 사랑에 고통이 수반되듯 고통은 하나님의 형상을 회복해 가는 인간의 본질을 이룬다. 우리는 사랑할수록 희생하게 되고 희생은 고통 없이 이루어지지 않는다. 사랑하기에 받는 고통 가운데 우리는 하나님의 형상을 더 회복하게 된다.

앞서 5장에 나온 월터스토프 교수는 아들의 사고 후 누군가에게 자신을 소개할 때 속으로 이렇게 말한다고 한다. "저는 아들을 잃은 사람입니다." 그에게 아들을 잃은 고통은 버리거나 포기할 수 없는 정체성이 된 것이다. 그 고통을 애써 피하는 것은 아들에 대한 사랑을 잃어버리는 것이라 여겼기 때문이다. 고통은 어느새 그의 존재의 핵심을 관통하고 있었다.

하나님이 사랑이라면 그분의 형상대로 지어진 우리의 삶의 본질도 사랑이다. 사랑하는 자에게는 고통도 따라온다. 사랑을 따라온 고통은 필연적으로 나를 나 되게 한다. 고통으로 인한 정체성은 바로 사랑의 뒷면에 있다. 그 고통은 십자가처럼 하나님의 형상을 반영한다. 그렇게 우리는 그 고통을 통해 하나님을 만나고 그분과 동행하며 그분을 닮아간다.

우리 안에 있는 사랑은 하나님의 형상의 표지다. 그 사랑은 필연적으로 행복과 고통을 넘나든다. 사랑은 때때로 고통스럽지만 그 고통을 피하거나 외면할 때 진정성의 궤도를 벗어난다. 진정한 사랑은 아픔에 적극적으로 뛰어들어 그것을 견뎌낸다.

그리스도의 흔적

크리스천으로서 사랑하기에 경험하는 십자가의 고통은 그리스도의 흔적(στιγμα, 스티그마)이다. 우리는 그 흔적을 통해 그 안에 거하며 그분을 닮아간다. 고통을 미화하고 싶은 의도는 없다. 사실 고통 자체가 하나님의 형상은 아니며 우리 삶에서 겪는 모든 어려움이 그리스도의 흔적은 더더욱 아니기 때문이다. 십자가의 고통은 우리에게 참된 하나님의 형상에 대해 더 분명하게 알려 준다. 십자가는 나의 잘못이나 그냥 어쩌다가 생긴 고통의 경험이 아니라 하나님의 뜻을 따르기 위해 선택한 고통이다.

갈라디아서 6장에서 사도 바울은 예수의 흔적을 가졌다고 말한다(갈 6:17). 그는 복음을 위해 살다가 당한 고난과 어려움을 그리스도의 흔적이라고 자랑한다. 그것을 십자가의 고통에 연결시키며 예수님의 흔적으로 내세운다. 그는 죄인 중의 괴수였던 자신을 이방인을 위한 사도로 부르신 하나님의 사랑 때문에 자발적으로 십자가의 길을 선택했다.

하나님을 사랑하고 그분의 뜻에 순종하기 위해 우리의 삶에 생긴 아픔의 흔적이 있다. 돌아보면 주변에도 그런 흔적을 가진 사람들이 많다. 새로 이사 온 성도의 짐 정리를 도와주다가 눈이 다쳐 실명한 목사님, 머나먼 타지에서 선교 사역을 하다가 뜻하지 않은 질병을 얻었지만 그곳에 계속 남아 소명을 감당하는 선교사님, 수백 만 달러 연봉을 받는 직업을 내려놓고 하나님의 사랑을 실천하기 위해 노숙자 재단을 만든 장로님, 크리스천으로 정직하게 세금을 내고 사업하기 위해 큰 손해와 불이익을 감수하는 집사님, 사랑하는 하나님과 교회를 위해 암 치료를 받으면서도 주방 봉사를 감당하는 (아무리 말려도 자신의 기쁨이라며 오히려 나를 설득하시는) 권사님 같은 사람은 이웃과 세상에 하나님을 보여 주는 그분의 형상이다.

하나님을 사랑하고 그분의 뜻을 따르면서 생긴 고통의 흔적을 부끄러워해서는 안 된다. 그것은 주님을 닮아가는 모습이요 우리가 반드시 회복해야 할 하나님의 형상의 조각이다. 나아가 우리가 하나님의 사람이요 예수 그리스도의 제자가 되었다는 표시다. 그리고 우리는 그 흔적을 통해 하나님을 만나고 그분과 연합하며 깊이 교제하게 된다. 그것을 부끄러워하는 것은 자신의 영광스런 정체성을 부인하고 그리스도의 십자가를 부끄러워하는 것임을 기억해야 한다.

"그러므로 너는 내가 우리 주를 증언함과 또는 주를 위하여 갇힌 자 된 나를 부끄러워하지 말고 오직 하나님의 능력을 따라 복음과 함께 고난을 받으라"(딤후 1:8).

하나님의 형상으로서 우리를 아름답게 하는 것은 외모나 돈, 권력이 아니라 사랑이요, 그로 인한 고통과 희생이다. 그렇게 사랑 안에서 그리스도의 고난에 참여하며 살아갈 때 우리는 하나님의 형상으로서 참된 정체성을 갖게 된다. "너희가 서로 사랑하면 이로써 모든 사람이 너희가 내 제자인 줄 알리라"(요 13:35)는 말씀 뒤에는 그 사랑으로 인한 고통과 흔적이 고스란히 담겨져 있다. 그리스도의 제자로서 우리의 정체성이 사랑임을 다시금 일깨워 주는 것이다. 그리고 그 정체성은 우리를 사랑하기에 십자가에 달리신 주님을 따라가는 길에서 확인하고 유지할 수 있다.

하나님은 아름다우신 분이다. 그 아름다움은 우리의 삶 속에서 날마다 발견되어야 한다. 오늘도 하나님을 사랑하기에, 또 그분의 뜻을 따르기 위해 고통을 끌어안고 살아가는 그리스도의 제자들을 축복한다. 그들은 그리스도를 닮아가는 너무나 아름다운 하나님의 형상이다.

1. 내가 만난 사람들 중 주님을 가장 닮은 사람은 누구이며, 그렇게 여기는 이유는 무엇인가?

2. 내 삶에 있는 아픔과 고통은 무엇인가? 그리고 그것은 나의 삶에 어떤 의미인가?

3. 십자가를 하나님의 뜻을 따르기 위해 감당해야 하는 고통이라고 할 때 나에게 있는 십자가, 즉 그리스도의 흔적은 무엇인가? 그것을 통해 나는 얼마나 아름다워지고 있는가?

9장

나를 향한 사랑의 선언

정체성

25
기독교의 인간론은 신론에 근거한다

신학교에서 인간론을 가르치며 '과연 이런 이론적인 내용이 나중에 학생들의 목회에 도움이 될까?'라고 고심한 적이 있다. 그래서 한 번은 아예 MBTI 전문 강사를 불러 특강을 진행했다. 그때 학생들의 집중력은 훨씬 높았고 학생들도 사람들을 이해하는 데 실제적인 도움을 받았다고 생각한다.

사람에 대해 알아가는 과정이 참 흥미롭다. 애니어그램, MBTI 등과 같은 다양한 도구를 통해 사람들의 차이점에 대해 배우다 보면 그들의 말과 행동에 대해 더 깊은 이해를 갖게 된다. 그리고 남뿐만 아니라 자신에 대해 진지한 의문을 가진다. 자신의 정체성에 대해 심각한 고민에 빠지거나 그러다가 길을 잃어버리는 경우도 있다. 자신이란 존재는 가장 친숙한 것 같지만 인식의 대상으로는 가장 먼 존재다. '나'라서 더욱 나를 모른다.

'나'를 알아내는 과정에는 더 포괄적인 나, 즉 인간에 대한 정의가 필요한데 그것도 모호하기 그지없다. 인간이란 무엇일까? 인터넷 국어사전에서 검색해 보니 '사람, 인류'라고 나온다. 그 후 몇 가지가 더 나오기는 하는데 가장 먼저 나오는 것은 '사람'이다. 더 실제적인 내용이 나오리라 기대했는데 좀 허무했다. 그래서 사람이 무엇인지를 알면 인간에 대해 더 잘 알겠다는 생각에 '사람'을 검색해 보았다. '가장 진보된 고등 동물, 지능이 높고 서서 걸으며 말·연모·불을 사용하면서 문화를 만들어 내고 사유하는 능력을 지님, 인간, 인류'라고 나온다.

사람을 다른 동물들과 비교했더니 다른 생명체에 비해 더욱 진보되었다는, 즉 문화를 만들어 내고 생각하는 능력이 있다는 기능적 관점에서 내린 정의였다. 그 다음에 나오는 내용은 다시 허무해진다. 인간의 정의는 결국 사람이고 사람의 정의는 인간이다. 원숭이 두 마리가 서로 꼬리를 잡고 뱅글뱅글 제자리에서 도는 것처럼, 인간과 사람의 정의는 서로 물고 도는 가운데 질문과 대답을 주고받는다. 인간은 사람이고 사람은 인간이다.

물론 인류학, 사회학, 심리학, 철학, 정치학, 경제학 등 여러 분야에서도 인간에 대한 정의를 내리려 하고 실제로 많은 연구 결과를 내어놓는다. 그러나 그것은 항상 부분적이고 어떤 특정한 시각의 정의일 뿐, 인간 존재의 핵심과 본질을 말하기는 어렵다.

자신이 자기의 몸을 들 수 없는 것처럼 인간 스스로 인간을 객관화하기는 불가능하다. 결국 어떤 세계관을 가지는지가 다시 이슈로 떠오를 것이다. 사실 인간은 인간을 잘 모른다. 더욱이 인간은 인간이 인간을 잘 모른다는 것도 모른다. 그러면서도 자신에 대해 항상 질문하고 알고 싶어 하고 논쟁한다.

올바른 자아 정체성

인간에 대한 보편적인 정의는 일단 제쳐두고 나 자신에게 관심을 돌려보자. 사람은 자신에 대해 알고 싶어 하고 진정한 자아에 대해 끊임없이 호기심을 갖는다. 그리고 스스로에게 객관적일 수 없어 나에 대한 다른 사람들의 말을 듣고 싶어 하기도 한다.

어느 날 운전을 하다가 라디오에서 이런 이야기를 들은 적이 있다. 만약 세 가지 초능력, 즉 순간 이동하는 능력, 시간을 멈추게 하는 능력, 투명인간이 되는 능력 중 한 가지만 선택할 수 있다면 무엇이 가장 좋겠냐는 내용이었다. 바쁘게 심방을 가는 중이라 그랬는지 나는 순간 이동이나 시간을 멈추게 할 수 있다면 참 좋겠다고 생각했다. DJ의 멘트는 뜻밖에도 많은 사람들이 투명인간이 되는 것을 원한다고 했다. 그 이유가 흥미롭다. 투명인간이 되어서 다른 사람들이 자신에 대해 말하는 것을 듣고 싶다는 것이다. 이렇듯 다른 사람들의 이야기나 평가가 늘 정확하지는 않더라도 남들이 나를 어떻게 생각하는지, 또 내가 보지 못하는 나 자신에 대해 호기심을 갖는 것은 인지상정이 아닌가 싶다.

나에 대한 다른 사람들의 이야기가 나에 대한 객관적인 정의는 아니다. 나와 마찬가지로 다른 사람들의 관찰과 의견에도 온갖 편견과 주관적인 생각이 가득하다. 자신을 찾는 일은 만만치 않다. 내가 아는 나는 그저 나와 다른 사람들의 자의적인 생각과 개인적인 경험의 축적일 뿐이고 그 경험들도 자의적인 해석의 산물이다.

사실 자신을 아는 것은 세상을 아는 것과 같은 지혜와 통찰력을 요구한다. 아테네의 델피신전에 새겨 있던 "너 자신을 알라"(Γνωθι σαυτον)는 말은 아마도 자신을 아는 것이 신이나 세상을 아는 것처럼 어렵다는 헬라 철학자들의 깊은 고뇌의 표현인 것 같다. 그런 심오한 탐구와 지식을 포기한 인간들은 그저 눈에 보이는 대로, 때로는 주관적이거나 획일적인 잣대로 자신과 타인을 판단하고 평가한다.

내 기억이 맞다면 내가 중학교에 들어가던 해에 해외 브랜드 운동화가 국내에 들어오기 시작했다. 교복 자유화 소문이 돌던 시기와 맞물려 당시 또래 친구들 사이에서는 '누가 어떤 신발을 신었느냐'가 최대 관심사였다. 신발이 곧 나의 정체성이었다. 유명 브랜드 운동화를 신으면 그 아이도 명품 인간처럼 여기고 반면 평범한 운동화를 신은 아이들은 브랜드 운동화를 신은 아이들에 비해 하급 인간으로 취급받았다. 심지어 '나이스'나 '아디도스' 같은 유사 상품의 운동화를 신은 아이들은 거의 짝퉁 인간 취급을 받았다.

그러한 모습은 비단 사춘기 시절의 신발 이야기에 국한되지 않는다. 직업, 재산의 정도, 사는 아파트, 자동차, 학벌, 사는 동네, 직위, 생김새 등 우리 사회에는 내가 원하지 않아도 나를 평가하고 말해 주는 가치와 기준이 난무하다. 내가 그런 식의 평가에 동의하지 않아도 사회는 나의 가격을 이미 그렇게 매기고 있다.

세속적이고 인위적 틀 속에 인간을 꾸겨 넣는 작업은 소위 '비교'라는 형식으로 이루어진다. 주로 외면적인 조건으로 판가름하며 그 과정은 신속하고도 경박하다. 그 기준은 인간을 만드신 분을 배제한 세속적이고 타락한 대중문화에 편승된 가치다. 그러한 기준으로 평가받고 살면서 삶의 목적은 그저 남들과 비교해서 '기죽지 않고 사는 것'이 되기 일쑤다.

어떤 면이든 남보다 더 낫지 못하면 나의 존재감과 가치가 떨어지기 때문에 스스로 만족할 수가 없다. 남이 가진 것이 내게 없으면 불안과 두려움에 휩싸인다. 그러한 비교의식은 열등감과 우월감, 싸움, 시기, 질투, 미움, 분노, 속임수 등 온갖 파괴된 감정과 모습을 야기한다. 때로는 우월감에 으쓱거리다가도 금방 열등감에 움츠러드는 반복과 순환 속에 살아간다. 그렇게 얻은 허상의 액자 속에 진정한 자아는 사라지고 만다. 그런데 어떻게 세속의 가치관과 문화 속에 함몰된 인간이 인간에 대해 올바른 기준과 정의를 내릴 수 있겠는가?

누군가 최대한 합법적이고 합리적인 과정을 통해 인간에 대한 정의를 내린다고 해도 그것이 절대적이고 보편적인 정당성을 확보했다고 볼 수는 없다. 예를 들어 낙태와 안락사의 문제는 국가별로 판단 기준이 다르다. 해당 국가에서 과학적이고 윤리적인 합의가 이루어졌고 법적으로 문제가 없다고 해서 인간에 대한 객관적인 기준이 마련된 것인가? 과연 국가나 국가를 구성하는 인간들에게 그런 문제에 대해 판결을 내릴 수 있는 자격이 부여된 것인가? 물론 어떻게든 결정을 이루어야 하고 그것이 그 시대의 정신과 주어진 상황에서 최선이라고 말할 수 있을 것이다. 하지만 그렇다고 문제가 해결된 것은 아니다.

그런 문제는 우선 세계관의 이슈이고 존재론적인 사안이다. 즉 내가 기본적으로 그 문제를 어떤 신념으로 받아들이는지가 인간의 정체성에 대한 시각을 결정한다. 예를 들어 무신론자요 유물론자인 포이에르 바하(Ludwig Feuerbach)는 "인간은 그가 먹는 것이다"라는 정의를 내린다. 그러나 유신론과 창조를 믿는 자들은 그것과 전혀 다른 인간론을 내세운다. 물론 그렇다고 인간에 대한 정의가 자의적인 선택의 문제가 되는 것은 아니다. 그것을 객관적으로 판단할 기준은 없지만 분명 어떤 것은 진리에 가깝고 어떤 것은 그렇지 않다. 그리고 그 진리 자체를 부인하면 회의론에 빠지게 된다.

하나님 안에서의 정체성

크리스천으로서 우리는 성경이 하나님의 말씀이요 하나님이 인간을 만드셨다는 신념 속에서 그 문제에 접근해야 한다. 물론 거기에도 다양한 해석과 의견이 가능하지만 분명한 것은 인간에 대한 정의는 반드시 신학적인 검증이 필요하다는 것이다. 인간의 원인이 인간이 아니기에 신앙과 계시의 차원으로 넘어가지 않으면 그 문제에 대해 영원한 순환에 빠질 것이다. 계시와 신앙의 차원은 신앙인들이 가장 가까이 진리에 접근하는 방법이다. 물론 그것은 과학이나 인류학 또는 윤리 등 다른 담론의 논의들을 충분히 반영함으로 그 개연성을 확보해야 할 것이다.

창조주 하나님에 대한 고백 없이는 인간이 피조물임을 알 수 없듯이 인간에 대한 지식은 하나님이 누구신지를 아는 것을 기초로 삼아야 한다. 즉 인간론은 신론을 통해서만 가능하다. 본회퍼는 베를린 감옥에 갇혀 그의 젊은 생애를 마감할 즈음 "나는 누구인가?"라는 시를 통해 이렇게 말했다. "나는 대체 누구인가? 이 고독한 물음이 나를 비웃는다. 내가 누구든지 아아 하나님, 당신께서는 나를 아시나이다. 나는 당신의 것입니다."

우리가 아무리 아니라고 몸부림쳐도 우리는 창조의 일부분이다. 하나님이 인간을 만드셨기에 우리는 그분의 것이다. 즉 하나님이 우리의 아버지시며 동시에 인간 존재의 근원이 되신다는 의미다. 그렇다면 오직 그분만 우리에 대해 말씀하실 수 있다. 그분이 우리에 대해 뭐라고 하시는지 이사야 말씀이 증언한다.

"내가 너를 지명하고 불렀나니 너는 내 것이라…네가 내 눈에 보배롭고 존귀하며 내가 너를 사랑하였은즉"(사 43:1, 4).

그분은 자신의 본질인 사랑을 나누시고 사랑의 대상으로 인간을 만드셨다. 그러므로 인간은 하나님과의 사랑의 관계를 떠나서는 이해하거나 정의를 내릴 수 없다. 나를 만드셨고 나를 가장 잘 아시는 하나님이 인간 가치의 근원과 내가 진정 누구인지에 대한 해답을 갖고 계신다. 그리고 나에 대한 그분의 말씀에 "네"라고 응답할 수 있는 것이 믿음이다. 그분의 계시의 말씀을 떠나서는 누구도 인간과 나 자신에 대해 섣불리 판단할 수 없다. 그리고 그 말씀을 진지하게 듣는 자는 세상이 자신에 대해 말하는 것에 대해 쉽게 흔들리거나 속지 않는다.

만약 내가 누군가와 오랫동안 아름다운 대화를 하고 있다고 가정해 보자. 그 사람과 나는 오랫동안 사랑을 나눈 관계이며 서로 너무잘 알고 있다. 그런데 갑자기 낯선 사람이 대화에 끼어든다. 그리고나를 훑어보며 나에 대해 파악이 끝난 것처럼 말한다. "당신은 구식머리스타일에 유행이 지난 옷을 입는, 형편없는 남자야!"

하나님의 시선을 생각하지 않고 세상이 나에 대해 말하는 것은무례하고 오만하고 옳지 않다. 세상에서 나의 성공은 내가 아니며실패도 진정한 나를 말해 주는 것은 아니다. 나를 나의 과거, 상처,학벌, 집안배경과 동일시할 수 없다. 그런 것이 달라진다고 내가 다른 사람이 되는 것이 아니며, 직장상사나 동료의 평가에 따라서도내가 달라지는 것이 아니다. 나에 대해 가장 진정성 있게 알려 줄 수있는 존재는 하나님뿐이다. 나는 나 자신을 그 하나님과의 영원한관계 속에서 정의해야 하며 그로써 생긴 나의 정체성은 세상이나사람들의 판단에 쉽게 흔들리지 말아야 한다.

하지만 현실과의 문을 닫아버리거나 세상이 나의 삶에 끼치는 영향이 없다고 말해서도 안 된다. 세속과 신앙의 영역을 이원론적으로 가르자는 것이 아니다. 그러나 하나님을 믿는 사람은 나의 나 됨이 세속적 가치가 함부로 접근할 수 없는 신성불가침의 영역임을알아야 한다. 그렇지 않으면 인간은 잡다한 세속적 기준 속에 함몰되어 진정한 자아, 즉 현실을 초월하는 영적인 존재로서의 정체성을 잃어버리게 된다.

판넨베르크가 말하는 '세계에 대한 개방성'(Openness to the World)
은 그런 세속의 가치로 인간을 규정하는 세태에 저항한다. 그의 주
장에 따르면 인간은 세상에 구속되거나 제한되지 않을 뿐 아니라
세상의 어떤 성취나 만족을 초월하고 또 초월해야 하는 존재다.

진정한 정체성은 세상의 가치나 비교가 아니라 하나님 안에서 나
를 보면서 얻는다. 복음은 하나님 안에서 우리가 어떤 존재인지 분
명하게 가르쳐 준다. 하나님 앞에서 죄인인 나, 그리스도의 희생으
로 의인이 된 나, 하나님의 사랑 안에서 최고의 가치를 누리게 된 나
를 발견하게 해준다. 그 안에서는 인간적인 비교로 생긴 어떤 차별
도 존재하지 않는다.

세상은 차별을 추구하지만 복음은 같음을 말한다. 우리는 하나
님 안에서 모두 죄인이고 그리스도를 믿어서 함께 의인이다. 세상
은 상대적인 기준으로 우리를 보지만 하나님은 은혜라는 절대적 기
준으로 우리를 대하신다. 은혜 안에는 어떤 종류의 우월감과 열등
감도 설 자리가 없다. 자신의 성취나 선행, 심지어 믿음까지도 자랑
할 수 없다. 결국 세상의 잣대로 실패했다고 좌절하고 내 인생이 가
치 없다고 느끼며 스스로의 존귀함을 포기하는 것은 십자가의 가치
를 훼손하는 것이다. 그것은 십자가의 희생을 헛된 것으로 만드는
것이며, 하나님의 은혜를 무시하고 그분이 사랑하시는 소중한 존재
를 함부로 판단하는 교만이다.

1. 다른 사람들이 나에 대해 이야기하는 것 중 인정하는 부분과 인정하지
   않는 부분은 무엇인가?

2. 어떤 자격이나 조건 없이 하나님이 나를 사랑하신다는 사실에 대해 어
   떤 생각이 드는가? 혹 그것이 쉽게 받아들여지지 않는다면 그 이유는
   무엇인가?

3. 내가 구원받은 것과 하나님의 사랑받는 자녀라는 사실을 믿는가? 그렇
   다면 그것을 어떻게 확신할 수 있는가? 그 확고한 믿음을 방해하는 것
   은 무엇이며 어떻게 그것을 극복할 수 있는지 나누어 보자.

26
칭의는 놀라운 사랑의 선언이다

하나님께만 인간이 무엇인지, 당신이 누구인지를 선언할 권리가 있다. 그 사실은 하나님 외에 그 누구도, 심지어는 당신 자신도 스스로의 가치와 정체성을 결정할 수 없음을 말해 준다. 그래서 내가 누구인지는 그분의 말씀과 그분과의 관계 속에서 드러나며 그분만이 나에 대한 진실을 말해 주실 수 있다. 그리고 그 진실은 이미 우리가 알고 있다. 우리는 그분이 사랑하시고 기뻐하시는 그분의 자녀다.

모든 인간의 가치는 하나님을 아버지라 부르는 모든 자녀에게 동일하다. "영접하는 자 곧 그 이름을 믿는 자들에게는 하나님의 자녀가 되는 권세를 주셨으니"(요 1:12). 우리는 하나님의 자녀이고 그 자녀 됨은 그분의 무조건적인 사랑이 조건이다. 그것은 내가 아니라 그분이 나를 위해 하신 일이다. 하나님의 사랑은 한 개인의 가치가 온전히 인정받을 수 있는 배경을 제공한다.

불행하게도 우리는 자신의 진정한 가치와 정체성을 공격하는 많은 요인으로부터 자유하지 않다. 어릴 적의 상처, 부모님의 엄격한 훈육, 사랑이나 은혜보다는 율법적인 신앙 교육, 죄의식 등의 이유로 자신을 사랑받을 만한 가치가 없는 존재라 여기며 스스로 혐오하며 살아가는 사람들도 있다. 그런 요인이 우리를 하나님의 사랑에서 배제시키는 감정적 원인이라는 것을 인정할 필요가 있다.

우리의 정체성이 위기에 처할 때 진리에 근거한 믿음으로 대항하는 것이 중요하다. 어려운 상황에 있을 때도 나를 향한 하나님의 사랑이 멈추지 않는다는 것을 기억해야 한다. 하나님은 이미 우리의 상처와 잘못된 교육과 죄책감 등 많은 부정적인 영향력을 알고 계신다. 그분은 우리가 하나님의 사랑 가운데 우리의 정체성을 새롭게 발견하기를 원하신다. 어떤 것도 그분의 사랑을 방해하거나 줄어들게 할 수 없다. 그러므로 애써 우리의 편협하고 왜곡된 사랑을 그분에게 투사하여 자신을 폄하할 필요가 없다.

아이들이 어릴 때 첫째 딸 제희와 둘째 아들 경하가 동시에 같은 유치원에 다닌 적이 있다. 유치원 선생님은 늘 제희에 대해 칭찬을 해주었지만 동생인 경하에 대해서는 별 말이 없었다. 한번은 선생님이 제희에 대해 칭찬을 늘어놓다가 대화의 주제가 경하로 바뀌었다. 무언가 칭찬이 필요한 상황인데 뭐라고 해야 할지 몰라 고민하는 눈치였다. 그리고 생각났는지 "경하는 밥을 참 잘 먹어요"라고 말했다.

그 말을 교회에서 성도들에게 했더니 나를 위로한다며 이렇게 말했다. "목사님, 아이들은 그저 건강한 것이 최고지요." 사실 그 말이 별로 위로가 되지 않았다. 왜냐하면 위로가 필요하지 않았기 때문이다. 아빠인 나에게 아들은 밥 잘 먹고 건강한 것으로 이미 충분했다. 유치원생 아들을 둔 아빠에게는 아들에 대한 추가적인 내용이 별로 중요하지 않았다.

사랑은 바로 그 이유에 대한 설명이다. 우리가 하나님께 얼마나 큰 사랑을 받고 있는지 아는가? 십자가에서 자기 아들의 생명을 주신만큼 대단한 사랑이다. 그분께는 오직 그분의 사랑만이 나의 가치를 정하는 기준이다. 나를 위한 십자가보다 확실하고 불변하는 사랑의 증거는 없다. 그 사실이 분명하지 않으면 우리의 정체성은 늘 표류할 것이다.

하나님의 자녀

사탄은 기분이나 감정을 통해 자주 우리를 속이려고 한다. 하지만 그것은 실체가 아니라 수면 부족, 건강 상태, 기억, 음식 등의 결과일 수도 있다. 또한 우리의 불신이나 하나님에 대한 왜곡된 인식이 우리를 속이기도 한다. 하나님은 우리가 스스로에 대해 어떻게 느끼든지 나를 사랑하신다. 그 사랑의 기초는 나의 과거도, 나의 상황도, 나의 겉모습도, 나의 행실도, 나의 느낌도, 심지어 왜곡된 나의 과거나 자아상도 아니다. 그 사랑의 기초는 오직 그분 자신이요 그분과 우리의 관계다. 그분은 우리를 만드신 창조자이고 구속의 행위를 통해 우리를 자녀로 삼으셨다. 그 사실은 크리스천에게 우리의 정체성을 말해 주는 가장 핵심 진리다. 우리가 크리스천이라는 사실에 그분의 자녀 된 우리의 정체성이 들어 있다.

우리가 하나님의 자녀가 되었다는 그 위대한 사실은 나의 정체성의 가장 중요한 단서다. 하나님이 나를 지으시고 구원하신 분이라고 믿든지, 아니면 나의 기원과 끝을 알 수 없다는 허무주의 안에서 자신을 찾아 방황하든지 하나를 선택하라. 전능하신 하나님을 아버지로 믿고 내가 그분의 아들의 십자가로 구속된 자녀임을 믿는다면, 실패할 수 없는 그 사랑 속에서 나 자신을 발견하게 된다.

하나님의 사랑 안에서 자신을 발견한 사람은 비로소 자신을 사랑할 수 있다. 이기적인 자기애가 아닌 하나님 안에서 발견된 자아를 수용하고 사랑하게 된다. 죄책감이나 실패로 인해 스스로 폄하하거나 낙심하는 것은 크리스천이 믿는 복음과 모순이다. 십자가에서 이미 용서된 자신을 받아들이며 과거의 상처와 그동안 속았던 왜곡된 삶에서 자유를 선포하라.

나는 어려서부터 작고 볼품이 없었다. 별로 잘하는 것도 없는 나를 보며 아버지와 어머니의 열성인자만 물려받았다고 생각했다. 특히 나는 동생에 비해 늘 뒤처져 있었다. 공부는 물론 운동까지 늘 동생의 그늘에 가려져 있었다. 내가 가장 사랑하는 동생이지만 가장 나를 작게 느끼게 하는 존재이기도 했다.

어릴 적 동네에서 축구를 할 때면 제일 큰 형들이 가위바위보를 해서 편을 뽑았다. 나보다 두 살이나 어린 동생은 항상 나보다 먼저 이름이 불렸고 거의 매번 나는 제일 마지막에 뽑혔다. 때때로 숫자가 안 맞을 때면 깍두기로 아무 편에나 속해도 되는 존재가 되었다.

그때 나는 생각했다. '나는 별로 필요 없는 존재구나', '내가 끼면 팀에 손해가 되는구나!'

그런 내가 측은해 보였는지 어머니는 나를 적극적으로 칭찬하고 인정해 주셨다. 나에게 그나마 있는 장점을 유심히 보시고 그것에 대해 늘 격려해 주셨다. 예를 들어 '혁빈이는 일찍 일어나고 부지런하다', '책을 좋아하니 나중에 학자가 되겠다'라고 일부러 나를 세워 주셨다. 그런 칭찬과 격려 속에서 나는 나 자신에 대한 부정적 이미지를 조금씩 희석시켜 갈 수 있었다. 또한 언젠가부터 동생이 사람들에게 "내가 제일 존경하는 사람은 우리 형이에요"라고 말하고 다니기 시작했다. 가족의 넘치는 사랑과 인정으로 나는 완전히 속을 뺀 나에 대한 거짓말에서 조금씩 벗어날 수 있었다.

십자가 사건은 내가 하나님 앞에서 누구인지를 분명히 가르쳐 준다. 십자가는 내가 있으나 마나 한 존재거나 해가 되는 존재가 아니라는 것을 분명하게 증거한다. 하나님은 나를 필요로 하시며 그분께 나는 누구도 대신할 수 없는 특별한 존재다. 그래서 주님이 나를 구원하기 위해 대신 형벌을 받으신 것이다. 그 희생으로 나는 삼위일체 하나님의 공동체에 초대받았고 그 속에서 의인으로 인정받게 되었다. 바로 그것이 '칭의'(justification)이고 나의 나 됨의 가장 확실한 근거다.

나를 향한 사랑의 선언

'칭의'는 골치 아프게 따져야 하는 딱딱한 교리가 아니라 당신을 향한 하나님의 사랑을 증거하는 가슴 벅찬 선언이다. 하나님은 당신을 사랑하신다. 하나님은 그 사랑을 예수 그리스도의 십자가와 부활을 통해 증거하셨다. 그렇게 당신은 사망에서 생명으로 옮겨졌고 죄인에서 의인이 되었다. 이제 그 의로움의 선언을 받은 자는 어둠 속에 있지 않고 생명의 빛 가운데서 살게 된다. 그것이 복음이고 우리가 믿음의 여정 가운데 계속 확인해야 하는 진리다.

얼바인에서 사역하기 위해 미국으로 오기 전 서울 근교에 있는 기도원에 갔다. 저녁에 기도실에서 무릎을 꿇고 하나님께 간구했다. "주님, 오늘 제가 앞으로 평생 붙들고 살 수 있는 음성을 들려주십시오. 주님이 말씀하실 때까지 저는 결코 이 자리에서 일어서지 않겠습니다.'

인생의 후반전을 앞둔 상황에서 내 기도는 간절했다. 무릎을 꿇은 채로 계속 기도했다. 한 시간, 두 시간, 세 시간이 지났는데 아무 음성도 들리지 않았다. 어느덧 밤이 깊어져 피곤하고 무릎도 아팠다. 그러나 음성을 듣기 전에는 일어나지 않겠다고 기도했기에 그냥 일어설 수 없었다. 다시 눈을 감고 한동안 버텼지만 아무런 소리도 들리지 않았다. 나는 할 수 없이 주님께 이렇게 말했다. "그럼 오늘은 그만 일어나겠습니다. 그러나 내일 다시 오겠습니다." 그렇게 허탈한 마음으로 기도실을 나와 숙소로 들어가 잠을 청했다.

다음 날 아침 눈부신 햇살에 잠에서 깼다. 귀에 잔잔한 물소리가 들렸다. '아, 산속에 있는 기도원이라 근처에 개울물이 흐르는구나.' 그런데 가만히 들어보니 그것은 물이 흐르는 소리가 아니었다. 귀를 기울여보니 그 소리에 언어가 들어 있었다. 귀를 더 기울였다. 사방에서 들리는 잔잔한 물소리 가운데 귀에 익숙한 표현이 들렸다. 예수님이 세례를 받고 물 위로 올라오실 때 하늘에서 들린 음성과 비슷했다. "이는 내 사랑하는 자요 기뻐하는 자라."

그 음성은 30-40분 동안 귀에서 떠나지 않았다. 나는 그 음성을 그냥 누운 채로 들을 수가 없어 무릎을 꿇고 엎드렸다. 그리고 한참 더 들었다. 잠에서 막 깨어난 후라 나는 아직도 그 음성을 비몽사몽 중에 들은 것인지, 깨어난 상태에서 들은 것인지 분간할 수 없다. 그러나 분명한 것은 그것이 나에게 들려주신 주님의 말씀이었다는 것이다.

나는 이전에 누가 하나님의 음성을 들었다고 하면 겉으로는 고개를 끄떡이지만 속으로는 그것을 하나님의 음성으로 착각할 만한 다른 가능성을 생각했다. 하지만 그 사건은 내게 의심할 여지가 없는 확실한 경험이 되었다. 그 음성은 내가 평생 붙들 수 있는 하나님의 말씀이었던 것이다.

내가 하나님의 사랑을 받는 자라는 사실은 내 존재의 핵심적인 진리다. 이는 어떤 사건이나 행동이나 신비한 체험을 말하는 것이 아니라 나의 정체성이다. 하나님은 이 글을 읽고 있는 당신을 사랑하신다. 하나님의 사랑의 대상에서 제외되는 사람은 아무도 없다.

우리의 모든 걱정과 두려움은 내가 누구인지에 대한 확신이 약할 때 찾아온다. 우리에게는 결코 실패하지 않는, 견고한 하나님의 사랑이 있다. 그 사랑 가운데 참된 자아를 발견하는 것이 우리를 거짓으로 속이고 위협하는 세상을 이기는 방법이다.

하나님의 사랑과 은혜는 너무나 커서 우리의 제한된 감각과 생각으로 다 포착할 수 없다. 그래서 우리의 느낌과 상황으로 하나님의 사랑을 함부로 판단해서는 안 된다. 그것이 예레미야가 고난과 비통함 가운데서 하나님의 사랑이 날마다 새롭다고 고백할 수 있었던 이유다(렘 3:22-23). 하나님은 우리가 자신을 빈약한 감각과 죄로 오염된 세속의 기준으로 보지 않고, 그분의 특별하고 놀라운 사랑의 수혜자임을 알고 누리기를 원하신다. 그리고 우리가 그 사랑 가운데 뿌리가 박히고 터가 굳어져서 지식에 넘치는 그리스도의 사랑을 알기를, 그리고 그 사랑의 넓이와 길이와 높이와 깊이를 깨닫기를 간절히 바라신다(엡 3:17-19).

'사람'은 사랑이라는 단어와 크게 다르지 않다. 사람이라는 단어의 받침인 'ㅁ'을 'ㅇ'으로 바꾸면 '사랑'이 된다. 이는 하나님의 사랑 안에서 나를 발견하고 나도 사랑하는 사람이 될 때 사람의 참된 가치를 발견한다는 의미가 아닐까 싶다. 내가 사랑받는 자임을 아는 것은 또한 사랑을 배우고 사랑하는 자가 되는 것이다. 사랑은 사람 됨의 핵심이다.

1. 눈을 감고 하나님이 나를 보고 계신다고 상상해 보자. 그리고 그분의 눈빛과 표정, 나를 향한 손길을 묘사해 보자.

2. 하나님의 사랑을 내 상황과 느낌을 기준으로 판단해서 오해하거나 제한한 적은 없는가? 혹 그렇다면 이 장의 내용이 나에게 주는 도전은 무엇인가?

3. 내가 자부심을 갖거나 반대로 나를 의기소침하게 만드는 삶의 기준은 무엇인가? '하나님의 사랑받는 자요 기뻐하심을 입은 자녀'라는 정체성이 내 삶의 기초가 되지 못하는 이유는 무엇인가?

27
나의 정체성은 현실을 넘어서는 힘이다

신대원(신학대학원) 2학년 여름에 나는 동기 전도사님과 한 선교단체의 수련회에 참여했다. 수련회 장소에 도착하니 등록데스크에서 명찰을 주며 이름과 학교, 학년을 적어 주었다. 내 이름 옆에는 '장신대 2'라고 적었다. 학부생으로 여길 수 있지만 어차피 대학생 수련회이니 대수롭지 않게 생각했다. 그렇게 하루, 이틀을 보내는데 한번은 옆을 지나가던 선교단체 간사님이 우리를 불렀다.

"너희 장신대 2학년이니?" "네." "난 신대원 1학년이다." 그 간사님은 우리가 후배인 줄 알고 편하게 말을 놓았고 그 후 마주칠 때마다 후배를 보며 어깨에 힘을 주었다. 우리가 학부생이 아니라 신대원 학생임을 밝힐까도 생각했지만 그분이 당황할까 봐 말하지 않았다. 그렇게 수련회가 끝나고 가을 학기 개강이 다가왔다. 선택 과목 첫 수업에 들어갔는데 수련회에 함께 갔던 전도사님과 그때 만났던 간사님이 그 수업에 있었다. "어, 너희가 여기 왜 있어?" 신대원 학생들이 듣는 수업에 학부생이 어떻게 왔는지 묻는 것이었다. 이제는 밝힐 수밖에 없는 상황이라서 "사실은 저희가 학부 2학년이 아니라 신대원 2학년이에요"라고 말했더니 그 간사님은 몹시 당황했다. 그 후로 그 간사님은 우리를 학교에서 만날 때마다 허리를 90도로 숙이며 인사했다. 잠시 동안 우리를 후배로 여겼지만 그렇다고 우리가 학부생이 된 것은 아니었다. 그리고 그렇게 오해받는 시간이 힘들지 않았다. 오히려 흥미진진했다.

하나님의 자녀 된 우리의 신분이 바로 이런 것이 아닐까 생각한다. 남이 알아주거나 알아주지 않는 것은 별로 중요하지 않다. 알아주지 않는다고 해서 내가 달라지는 것은 아니다. 중요한 것은 많은 사람이 다른 사람들의 판단이나 시선 때문에 자신의 정체성을 혼돈하거나 망각하고 산다는 것이다.

우리는 하나님의 자녀로서 정체성을 가지고 살아야 한다. 그것은 이미 우리에게 주어진 것이지 현재나 미래의 가능성이 아니다. 구원될 자로 사는 것이 아니라 구원된 자로 사는 것이고, 단지 영광에 참여할 자가 아니라 이미 그 영광에 참여한 자로 사는 것이다. 하나님의 자녀 된 신분은 '되어감'도 '될 것'도 아닌 이미 '된 것'이다.

혹자는 예수님이 그리스도가 되신 것이 십자가 사건이나 부활로 이루어졌다고 한다. 그러나 그것은 옳지 않다. 예수님은 수난 전에도 그리스도였고 수난 중에도 그리스도였으며 수난 후에도 그리스도였다. 그분은 부활하시기 전에도 그리스도가 아니었던 적이 없다. 그분은 태초부터 그리스도였다. 그분의 정체성은 한 번도 변한 적이 없다.

십자가의 낮아짐과 고난은 하나님의 아들 예수 그리스도의 정체성에 어떤 영향도 미치지 않았다. 그 사실은 매우 중요하다. 그것은 자칫하면 십자가의 의미를 바꾸어 놓기 때문이다. 예수님은 죽을 자가 아니라 부활하실 분으로 십자가를 지셨다. 패배자가 아니라 승리자로 십자가를 지셨다. 그는 절망이 아니라 부활의 소망 가운데 십자가를 지셨다. 그분이 지신 십자가는 결코 예수님을 움츠러들게 하거나 좌절하게 하지 않았다.

믿음의 삶은 언젠가 승리할 것을 알 뿐만 아니라 지금 승리자로 사는 것이다. 그것이 우리가 가진 정체성의 능력이다. 내가 승리할 것을 알기에 오늘의 낮아짐을 두려워하지 않는다. 어렵고 자존심 상하는 상황에서도 여유롭고 담대할 수 있는 것은 그 상황이 '나의 나 됨'에 어떤 영향도 미치지 않는다는 사실을 너무나 잘 알고 있기 때문이다.

예수님은 제자들에게 자신의 수난을 예고하시며 "인자가 영광을 얻을 때"(요 12:23)라고 말씀하셨다. 영광이 그분에게 다가오는 수난의 의미였다. 그분은 십자가 앞에서도 여전히 하나님의 사랑받는 자요 기뻐하시는 자였고, 왕이요 하나님이셨다. 혹시 지금 십자가의 때를 지나고 있다면 "영광을 얻을 때"라고 말하라! 그것이 크리스천의 언어이자 삶의 방식이다.

예수님의 십자가야말로 그분이 하나님의 아들이요, 왕이요, 구원자임을 기억하게 한다. 어떤 사람이 온 세상을 위한 구원자로 십자가를 질 수 있겠는가? 정체성이 분명하면 고난의 의미가 바뀐다. 그러나 정체성이 불분명하면 고난은 그 참된 의미를 잃고 왜곡된다.

예수님은 제자들을 파송하시며 주머니나 전대에 금도 은도 넣지 말고 가방이나 여벌, 신발, 지팡이도 가져가지 말라고 하셨다. 그들의 제자 됨은 무엇을 가졌는지가 아니라 오히려 무엇을 갖지 않은 것에 있었다. 세상은 내가 가진 것이 내가 누구인지를 결정한다고 말한다. 그러나 하나님은 내게 없는 것, 내가 내려놓는 것이 나의 정체성을 결정한다고 하신다. 그것을 내려놓아야 '진짜 나'가 남기 때문이다.

크리스천의 자존감은 바로 거기서 힘을 발휘한다. 우리의 자존감의 근거는 나의 소유나 눈에 보이는 현실이 아니라 하나님과 그분의 사랑 안에서 내가 누구인지에 달려 있다. 좋은 형편이나 모든 것이 갖춰진 상황에서는 그런 것에 둘러싸여 내려놓고 싶지 않을 뿐아니라 그것이 나를 형성한다고 믿는다. 그러나 그러한 껍데기가 벗겨질 때 오히려 우리는 진정 내가 하나님 앞에서 누구인지를 알게 된다. 그것이 우리에게 진정으로 필요한 믿음이고 자존심이며 영적인 능력이다.

두려움을 이기는 사랑

야외로 소풍을 나간 아빠와 엄마, 아이를 상상해 보라. 어떤 아이는 행복하고 부모의 사랑에 대한 믿음이 있기에 자신감이 넘친다. 부모의 사랑을 확신하기에 아이는 잡고 있던 아빠와 엄마의 손을 놓고 꽃을 보고 나비를 따라 뛰어가기도 한다. 그러나 사랑을 확신하지 못하는 아이는 아빠와 엄마의 손을 잡고 있어도 안심하지 못한다. 아름다운 꽃을 보거나 나비에게 눈길을 주지만 자유롭게 뛰어다니지 못한다. 엄마 치맛단을 꼭 잡고 절대 놓지 않겠다는 집념만 있을 뿐이다.

"사랑 안에 두려움이 없고 온전한 사랑이 두려움을 내쫓나니"(요일 4:18). 하나님은 우리가 사랑 가운데 그분을 경외하기를 원하시지, 그분을 단지 두려워하기를 바라지 않으신다. 사랑이 그 차이의 기준이다. 그분은 거룩하신 초월자이지만 동시에 우리와 친밀한 사랑과 우정을 나누기를 원하신다. 사랑은 그 영원한 간격을 메우고 두려움을 이기게 한다.

대부분 두려움은 욕심에서 나온다. 많은 사람들이 성공에 대한 열망, 소유에 대한 욕심, 경쟁심 등으로 인해 두려워한다. 그런데 두려움은 회피할수록 그 두려움의 실체를 발견하지 못한다. 하지만 하나님의 사랑은 우리 안에 있는 욕심을 제어하고 우리가 자존감과 안정을 그런 것에서 찾지 않도록 지켜 주면서 우리를 안심시킨다.

또한 두려움은 나 자신으로 살지 않을 때 생긴다. 자신의 약점과 부끄러움을 감추고 강점과 자랑스러운 부분으로만 인식하려 할 때 실제 자신이 드러나게 될지 모른다는 두려움을 갖게 된다. 그러나 참된 사랑은 나를 있는 모습 그대로 받아 준다. 그 사랑 안에서 우리는 나 자신으로 살 수 있으며 그때 두려움은 사라진다. 그렇게 사랑은 두려움을 내쫓는 것이다.

하나님의 사랑을 확신하는 사람은 어떤 상황에서든 두려워하지 않고 안정감을 누린다. 물론 어렵거나 자존심이 상하는 때도 있지만 오뚝이처럼 하나님 앞에서 자기 자신으로 돌아온다. 변하지 않는 하나님의 사랑을 확신하기에 자신을 있는 모습 그대로 허용한다. 그분에게 자신이 얼마나 소중한 존재인지 알기에 떳떳하고 의연하게 자신으로 살아간다. 정체성은 상황을 이기는 능력이다.

강동 온누리 교회에서 사역할 때의 일이다. 교회는 천호동에서도 가장 번잡하고 술집과 나이트클럽이 많은 로데오거리에 있었다. 어느 날 밤에 그 길을 지나가는데 호객꾼이 내 팔을 잡았다. "아저씨 잠깐 놀다 가세요. 물 좋은 데 있어요." 그냥 지나치려 했으나 그는 계속해서 내 팔을 잡아끌었다. 안 간다고 아무리 말해도 막무가내였다. 내가 계속 버티자 급기야 내 팔을 잡은 채 골목 안으로 데려가려 했다. 위기감을 느낀 나는 마지막 방책으로 이렇게 말했다. "아저씨, 저 목사입니다." 그러자 그는 당황한 듯 내 팔을 놓으며 이렇게 말했다. "안녕히 가세요, 목사님."

우리가 처한 어려운 상황은 각각 다르지만 나의 정체성은 분명 내가 처한 상황보다 더 크고 중요하며 강하다. 하나님의 사랑에 대한 확신이 있고 그 사랑 안에서 자신을 발견한 사람은 상황을 이길 수 있는 담대함과 능력이 있다. 그러므로 상황이 주는 거짓말에 매몰되기 전에 내가 누구인지를 기억해야 한다.

진정한 자아는 오직 하나님 안에서 발견한다. 복음의 관점으로 하나님 안에서 나를 발견하는 것은 예수님의 십자가 안에서 나를 보는 것이다. 십자가의 희생으로 구원받은 나, 그리스도의 속죄로 의인이 된 나, 하나님의 사랑으로 최고의 가치를 갖게 된 나, 거기에는 어떤 우월감이나 열등감이 존재할 공간이 없다.

변하지 않는 정체성

세상의 눈으로 나를 보고 실패했다고 좌절하고 열등감에 휩싸여 나를 하찮게 여기는 것은 예수님의 십자가를 부인하는 태도다. 십자가를 헛된 것으로 만들려는 사탄의 계략에 속는 것이다. 하나님은 우리를 이미 세상에서 사랑받는 자요 가장 존귀한 자, 무엇과도 비교할 수 없는 걸작으로 만드셨다. 그분이 창조하시고 예수 그리스도로 구속된 우리는 천하보다 더 귀하고 세계로 개방된 세상보다 큰 존재다.

성경이 나에 대해 보여 주는 가장 중요한 단서는 십자가다. 다름 아닌 그분이 나를 사랑하신다는, 변할 수 없는 진리의 표증인 것이다. 그냥 사랑하시는 것이 아니라 강권적으로 사랑하신다(고후 5:14). '강권하다'는 헬라어로 '쉬네코'(συνέχω)인데 떨어지지 않도록 꽉 붙잡는다는 의미다. 결국 하나님의 사랑에서 나를 끊을 수 있는 것은 아무것도 없다.

"누가 우리를 그리스도의 사랑에서 끊으리요 환난이나 곤고나 박해나 기근이나 적신이나 위험이나 칼이랴 기록된 바 우리가 종일 주를 위하여 죽임을 당하게 되며 도살당할 양 같이 여김을 받았나이다 함과 같으니라 그러나 이 모든 일에 우리를 사랑하시는 이로 말미암아 우리가 넉넉히 이기느니라 내가 확신하노니 사망이나 생명이나 천사들이나 권세자들이나 현재 일이나 장래 일이나 능력이나 높음이나 깊음이나 다른 어떤 피조물이라도 우리를 우리 주 그리스도 예수 안에 있는 하나님의 사랑에서 끊을 수 없으리라"(롬 8:35-39).

하나님은 당신을 사랑하신다. 당신의 존재가 그것을 증명한다. 당신을 창조하신 것은 그분의 사랑에서 비롯된 사랑의 행위였다. 사랑할 마음이 없으셨다면 그분은 당신을 창조하지 않으셨을 것이다. 부모는 계획하지 않았을지 모르나 하나님은 계획하셨다. 그리고 그분의 사랑이 느껴지지 않을 때에도 분명히 하나님은 당신을 사랑하신다. 당신의 인격, 실력, 기분, 행동, 상황과 상관없이 사랑하신다.

예수님은 잠시 건축자의 버린 돌처럼 여겨졌으나 그것은 단지 사람들의 눈에 그렇게 보였을 뿐이었다. 마찬가지로 우리의 정체성은 세상의 편견에 사로잡힌 사람들의 시선에 있지 않다. 실패했다고 우리를 향한 하나님의 사랑이 바뀌는 것이 아니다. 하나님의 소유인 우리의 인생은 그분의 가치와 계획과 주도권 가운데 있다. 우리는 '버려진 돌' 같은 상황 속에서도 여전히 하나님의 기뻐하시는 자요, 사랑하시는 자다. 그러므로 보이는 것에 속아 거기에 참된 권세가 있다고 여겨서는 안 된다. 진정한 권세는 우연적인 세상의 권세가 아니라 이미 우리가 받은 필연적인 권세다.

손바닥으로 하늘의 별을 가릴 수는 있지만 그렇다고 별이 없어지는 것은 아니다. 하나님의 사랑은 캄캄한 어둠 속에서도 우리를 별처럼 빛나게 한다. 그러므로 이제는 세상의 먼지를 뒤집어쓰고 있는 걸작이 아니라 먼지를 털고 일어나 그 영광스러운 본모습을 드러내야 한다.

소 / 그 / 룹 / 을 / 위 / 한 / 질 / 문 /

1. 사람들이 나에 대해 이야기하는 것 중 나를 가장 행복하게 하는 표현은 무엇이며, 그 이유는 무엇인가?

2. 나의 소유, 학력, 집안 배경, 직업 등 세상의 가치를 배제한 진짜 나는 누구인지 나누어 보자. 참된 나의 가치와 정체성을 어디서 찾아야 하며, 또한 그렇게 찾아야 하는 이유는 무엇인가?

3. 지금 내가 어려운 상황에 처해 있다면 하나님은 먼저 내가 누구인지를 확인하라고 말씀하신다. 그 영적 정체성 안에 있는 능력과 권세는 무엇인가? 나는 그것을 어떻게 어려운 상황을 이기는 힘으로 사용할 수 있는가?

10장

사 랑 이 극 명 하 게 드 러 나 는 곳

죄

28 빗나간 삶의 목표에 죄의 실체가 있다

29 죄는 사랑의 결핍이다

30 인간은 선과 악을 판단하는 존재가 아니다

28
빗나간 삶의 목표에 죄의 실체가 있다

10여 년 전 교회 마당에서 유모차를 끌고 가는 젊은 부부를 만난 적이 있다. 유모차 안을 들여다보니 떡두꺼비같이 우람한 아기가 누워 있었다. 한 100일 정도 되어 보이는 잘생긴 사내아이였다. 나는 너무 당연하게 물었다. "아들이네요?" 그러자 아이 아빠가 어색한 표정으로 대답했다. "딸인데요." '아차, 실수했구나.' 미안하기도 하고 당황스러웠다. 순간 나는 본능적으로 이 아기를 사내아이로 볼 수밖에 없었던 변명거리를 찾았다. 그러고 보니 아기는 까까머리를 하고 있었다. 아무리 여자아이라도 그런 머리를 하고 있으면 남자아이처럼 보이지 않는가. 그래서 다시 말했다. "아, 머리를 짧게 깎아 줘서 아들인 줄 알았네요." 이번에는 아이 엄마가 눈을 찡그리며 대답했다. "그런 게 아니고, 아기가 백일이 넘었는데 머리가 하도 안 자라서요." 결국 나는 도망치듯 그 자리를 피할 수밖에 없었다.

동기야 어떻든지 나는 사내아이 같고 머리가 잘 자라지 않는 딸아이를 가진 부모의 마음에 상처를 주었다. 상처까지는 아니더라도 그 부모에게 기분 좋은 일은 아닐 것이다. 그리고 나의 말과 행동에 무엇이 잘못이었는지를 생각해 보았다. 죄가 아니더라도 부정적인 영향이 있었고 죄라고 하기에는 악한 동기가 없었다.

반대의 상황을 생각해 보자. 새벽예배에 다니다 보면 신호위반에 대한 유혹을 받을 때가 있다. 특별히 늦잠을 자거나 예배 시간에 늦었을 때는 더욱 그렇다. 한 번은 평소보다 집에서 늦게 출발해 부리나케 운전해서 가고 있는데 계속 신호에 걸렸다. 주위를 둘러보니 오는 차도 사람도 없었다. 더 이상 지체되면 늦겠다 싶어 빨간불임에도 엑셀을 지그시 밟았다. 그런데 내가 출발하는 순간 신호등이 파란불로 바뀌었다. 그러면 그때 신호를 어기려 했으나 결과적으로 어기지 않았으니 괜찮은 것인가? 아니면 동기가 잘못되었으니 죄인가?

죄의 문제는 생각보다 어렵다. 내면의 동기로 선악을 구별하기도 애매하고 동기와 상관없이 다른 사람에게 미친 결과에 따라 잘못을 따지기도 어렵다. 때로는 지극히 선한 동기로 한 말과 행동이 상처를 주기도 하고, 악한 동기가 있지만 오히려 그것을 좋게 받아들이는 상황도 있다. 시대와 나라와 문화에 따라 죄에 대한 기준과 판단이 다르고 어떤 가치로 접근하느냐에 따라 다양한 의견이 가능하다. 그렇게 죄의 문제는 우리를 끊임없이 혼란스럽게 한다. 그 혼란 속에서 인간은 빠져나올 수 없고, 그렇다고 그 풀리지 않는 문제들을 무시할 수도 없다. 그 이유는 단순하다. 인간이 죄인이기 때문이다. 죄인인 인간은 스스로 죄의 문제를 풀 수 없다.

빗나간 삶의 목표

성경은 '인간이란 무엇인가?'라는 문제에 대해 매정하고 노골적이면서 분명하게 정의한다. "인간은 죄인이다." 그 말을 좋아하든 좋아하지 않든, 인정하든 인정하지 않든, 우리는 이미 죄인이라는 선고를 받았다. 죄의 양이나 질에 대한 판단도 우리의 협의나 기준에 따른 것이 아니다. 인간을 만드시고 우리를 너무나 잘 아시는 하나님의 선포이기에 더 이상 질문하거나 변명할 여지도 없다. 더욱 억울한 것은 대부분의 죄는 우리의 의지마저 비웃는 듯 벗어난다는 점이다. 내 의지로 조절이 되지 않을 뿐 아니라 내 의도와 상관없이 남에게 상처나 피해를 줄 수도 있다. 인간은 죄 앞에서 움츠러들고 절망한다.

그렇다면 과연 죄란 무엇인가? 대체 그것이 무엇이기에 인간은 죄인일 수밖에 없는가? 천진무구한 어린아이마저 죄의 형틀 속에서 태어나는 것이 가능한 일인가? 애초부터 죄라는 실체가 있기는 한 것인가? 그저 선이 있기에 악이 있다는 헬라적·이원론적인 사고의 산물은 아닌가? 시대와 지역에 따라 변하는 세상의 법이 죄의 절대적 기준은 아니지 않은가? 그렇다면 결국 죄의 기준은 인간이 만들어 낸 임시적이고 상대적인 협의에 불과한 것이 아닌가?

현대인은 더 이상 죄의식이나 죄책감에 대해 말하는 것을 환영하지 않는다. 선과 악을 가르는 것도 시대정신에 맞지 않는다. 더구나 신앙이 없는 사람들에게 죄는 법질서를 벗어나지 않는 한 아무 의미 없이 들리기 쉽다. 그들에게 죄는 제대로 된 정의조차 없는 모호한 것일 수 있다. 더욱이 '죄의 결과는 죽음'이라는 성경의 선언은 황당한 도그마(dogma)로 여겨질 것이다.

그러나 인간이 죄인이며 죄인인 인간은 모두 이미 사형선고를 받았다는 당황스러운 사실은 기독교 신앙의 출발점이다. 죄에 대한 명확한 이해와 회개 없이는 복음을 제대로 받아들일 수 없다. 또한 죄에 대한 오해와 잘못된 가르침은 오히려 왜곡된 인간 이해와 함께 변질된 복음으로 사람들을 인도한다.

우선 성경의 언어를 통해 죄의 의미를 살펴보자. 구약에서 죄를 가리키는 데 가장 널리 쓰이는 히브리 단어는 '하타'(hatah)로 '올바른 목표를 빗나가다' 또는 '규범으로부터 일탈하다'라는 뜻이다. 신약에서 '죄'의 용어로 가장 많이 쓰이는 단어는 '하마르티아'(hamartia) 또는 그 동사 '하마르타노'(hamartano)인데 그 의미는 우리가 잘 알듯이 '과녁을 빗나가다'이다. 즉 구약과 신약은 공통적으로 죄라는 개념을 '목표를 잘못 설정한 것'으로 이해하는 것이다. 이는 '옳지 않은 선'(goodness)에 대한 의미로 무언가 잘못된 것을 추구하는 상태를 가리킨다. 결국 죄는 올바르지 않은 것을 목표로 삼는 것, 성공이나 승리가 아닌 것을 성공과 승리라고 여기는 것이라 할 수 있다.

목표란 달성하려는 어떤 것이다. 그것을 달성했을 때는 성공이라 하고 달성하지 못했을 때는 실패라고 한다. 그러나 달성한 그 목표가 무엇인지보다 달성 그 자체를 중요시할 때 문제가 발생한다. 무엇에 성공하고 어떤 경기에 승리하는지보다 목표 달성, 승리 자체에 매달리는 것은 인생의 목적과 방향을 중요하게 여기지 않는 커다란 과오다. 방법이나 목적의 선함을 고려하지 않고 경쟁이나 싸움에서 무조건 이기는 것, 무조건 시험에 합격하거나 성공하려는 것, 어떻게 해서든 다른 사람들보다 더 많이 가지려는 것, 수단과 방법을 가리지 않고 남을 굴복시키는 것, 목표 달성이나 승리 그 자체가 목표가 되는 것, 거기에 죄에 대한 심각한 문제가 있다.

지는 것을 좋아하는 사람은 없다. 이기는 것은 확실히 매력이 있고 쾌감이 있다. 그러나 이기는 것, 특히 내가 이기는 것 그 자체가 목적이 되어 올바른 목표를 포기한다면 우리의 삶은 더 가치 있는 것을 놓치게 된다. 세상에는 이기고 쟁취하고 성공해야 하는 것도 있지만 오히려 지고 내려놓고 실패함으로 얻게 되는 중요한 가치도 많다. 또한 진정으로 이기는 것이 항상 겉으로 이루어지는 것도 아니다. 더 높은 가치를 따져 보면 외연적으로 지는 것이 이기는 것일 수도 있다. 이기는 것 자체가 목적이 될 때 우리의 삶은 잘못된 표적을 향해 시위를 당기게 된다. 틀린 표적이면 정확히 맞출수록 잘못 맞춘 것이다. 통쾌하게 이겼다고 생각할수록 더욱 비참하게 질 수 있다.

부부 싸움을 생각해 보자. 과연 그 싸움에서 이기는 것이 승리인가? 논리적인 화술이나 힘으로 상대를 누르는 것이 이기는 것인가? 그 승리는 결국 관계를 더 악화시키고 자신을 비참하게 만들 수 있다. 논리에서 이기는 것보다 공감해 주는 것이, 내 고집대로 하는 것보다 상대를 존중하는 것이 훨씬 더 지혜롭고 가치 있는 승리다.

아들이 어렸을 때 종종 달리기 시합을 했다. 나는 결코 잘 뛰지 않지만 아들이 아직 어렸기에 승부조작이 가능했다. 가끔은 아들에게 승부욕을 주기 위해 내가 이길 때도 있었지만 보통은 간발의 차이로 져 주었다. 그 시합에서 이기는 것이 나의 목표가 아니었기 때문이다. 이겨서 어디에 자랑할 것도 아니고, 아들에게 자랑스러운 아빠가 되는 것도 아니다. 함께 달리는 목적은 아들과 친밀해지고 아이에게 자신감을 주기 위함이었다. 이 원리는 목회에도 적용된다. 신학교에 다닐 때 한 원로 목사님이 해주셨던 말씀이 기억난다. "교인들과 싸워서 이기지 마십시오. 여러분이 이기는 것은 곧 지는 것입니다." 목회의 햇수가 더해질수록 그 가르침의 무게가 더해져 고개를 끄떡이게 된다.

제대로 된 목표를 아는 것은 사실 어렵지 않다. 문제의 본질을 생각하는 것이다. 많은 사람들이 성취하는 것, 이기는 것 자체에 몰두한 나머지 그 문제와 상황의 본질을 간과한다. 부부 싸움이나 아들과의 달리기에서 이기는 것만 생각하면 싸움의 진짜 목적을 잃어버리게 된다. 목회자에게는 교인과의 갈등이 그렇다. 이기는 것이 목적이 아니라 부부, 부자간의 사랑의 관계, 그 성도의 영혼과 공동체 자체가 중요하다.

사랑의 공동체를 위하여

공동체는 그저 개인들의 집합체라는 의미를 넘어 여러 개인과 그들이 처한 모든 상황의 목적이다. 이는 다수가 항상 옳거나 중요하다는 공리주의를 말하는 것이 아니다. 삼위일체에 대한 내용에서 다루었듯이 공동체, 즉 사랑의 공동체는 하나님의 창조의 목적이요, 역사와 종말의 궁극적인 목표다. 그것은 하나님 나라의 개념과 일맥상통하기도 하다.

공동체는 사랑을 그 존재의 근간으로 할 때 제대로 된 의미를 갖게 된다. '사랑'과 '공동체'는 의미상 상호의존적이다. 참된 공동체가 되기 위해서는 사랑 위에 서야 하며 사랑은 관계, 즉 공동체를 전제로 한다. 사랑은 공동체를 이루는 기초자 능력이요 내용이다. 크리스천의 관점에서 나의 성공이나 승리는 궁극적으로 하나님의 공동체, 나아가 하나님 나라를 위한 것일 때 선한 것이 된다.

사실 크리스천의 가치관도 개인적 형통이나 성취를 배제하지 않는다. 크리스천도 자녀가 좋은 학교에 가고, 사업이 잘되고, 생명을 위협하던 병이 낫는 것 등을 바란다. 사실 많은 크리스천이 처음 신앙을 가지게 된 동기는 대부분 그렇게 개인적이면서 우리가 세속적이라고 부르는 현실적인 것이다. 처음부터 영성이나 타인을 위한 삶 또한 하나님의 영광을 위해 신앙생활을 시작한 사람이 몇이나 되겠는가?

그러나 참된 기독교 영성은 개인적 성공이나 성취 자체를 목표로 삼지 않는다. 그런 것은 더 선하고 궁극적인 목표나 더 큰 목적을 위한 과정과 방편으로 존재하는 것이다. 하나님의 역사는 산발적으로 진행되지 않는다. 하나님은 본성에 따라 사랑의 공동체를 만드시려는 거대한 이야기(meta-discourse) 속에서 역사의 모든 사건을 정렬시키신다. 그 거대한 이야기는 개인적 개체인 '나'를 포함하지만 나아가 최종적으로 '하나님의 공동체'에 대한 이야기다. 그것이 바로 개인적인 일을 추구하는 데 앞서 "너희는 먼저 그의 나라와 의를 구하라"고 예수님이 말씀하신 이유이다.

공동체의 목표는 개인의 성취나 추구를 부정하지 않고 더 풍성하게 한다. "그리하면 이 모든 것을 너희에게 더하시리라"(마 6:33)는 예수님이 하나님의 뜻만 추구하는 것에 대해 미안해서 덧붙이신 말씀이 아니다. 하나님은 우리를 사랑하시며 복을 주신다. 그러나 개인의 성공 자체가 목적이 되었을 때 우리의 생각과 행동은 죄로 치닫게 되고 그 결과 공동체가 파괴된다. 나의 성공을 위해 가족을 이용하거나 희생시키고 주변 사람들과의 관계를 깨뜨리는 것은 '사랑의 공동체'와 전혀 상관이 없다.

하나님과의 관계에서도 그러한 현상이 나타난다. 내 욕구의 성취 자체에 매달리는 것은 그 성공의 주체가 자신임을 드러낸다. 그러나 안타깝게도 그것에 집중하여 기도하고 그것을 얻어내는 데 열성을 부리는 것을 신앙이라고 생각하는 사람이 생각보다 많다. 믿음은 본질적으로 하나님과의 관계이지, 그 관계를 빌미로 내가 원하는 것을 얻어내는 방편이 아니다.

진정한 승리는 복음을 통해 사랑의 공동체를 이루며 하나님 나라를 추구하는 것이다. 그것이 크리스천의 푯대이자 하나님의 계획이며 뜻이다. 그 목표를 벗어나는 것이야말로 잘못된 과녁을 향해 시위를 당기는 것이다. 피조물인 우리는 하나님의 목표를 위해 존재한다. 그것이 곧 하나님 나라 운동이고 크리스천의 역사의식이며 종말론적인 삶의 형태다.

결국 죄는 하나님과의 관계를 멀어지게 한다. 첫 번째 인간 아담처럼 깨진 하나님과의 관계는 다시 다른 인간들과의, 나아가 다른 피조물들과의 관계를 깨뜨린다. 죄로 인해 인간은 하나님으로부터 숨고, 인간들은 서로 비방하고 싸우며 지배하는 관계가 되었으며, 땅은 인간으로 말미암아 저주를 받고 가시덤불과 엉겅퀴를 내어 인간을 대적하게 되었다(창 3:16-18).

죄를 정의하는 것은 여전히 쉽지 않다. 그러나 죄는 '어떤 목표를 가졌는가?'라는 질문의 시험대 위에서 판별할 수 있다. 당신이 추구하는 것은 무엇인가? 당신의 삶의 목표는 '그의 나라와 의'와 어떤 관계가 있는가? 당신의 인생은 속도보다 방향을 중시하고 있는가?

1. 때로는 내 잘못이 아니라고 생각하는데 남들은 잘못이라 할 때가 있고, 반대로 내 잘못이라 생각하는데 남들은 잘못이 아니라고 할 때도 있다. 그때 생기는 억울함이나 혼란의 경험이 있다면 나누어 보자.

2. 내가 추구하는 과녁은 무엇인가? 그것은 얼마나 중요하며, 어떻게 내 인생의 중요한 목표가 되었는가?

3. 하나님과의 관계나 타인과 공동체를 위기에 처하게 한 죄에서 돌이킨 경험이 있다면 나누어 보자. 그 위기의 원인은 무엇이었는가?

29
죄는 사랑의 결핍이다

식탐이 많은 사람은 식탁에 둘러앉은 사람들이 적으로 보인다고 한다. 그런 웃지 못할 상황이 어찌 밥 먹을 때뿐이겠는가? 목표가 잘못 설정되면 욕망과 성취에 몰입되어 사랑해야 할 사람들을 경쟁자나 적으로 보는 것이다.

경쟁에서 이기는 것이 목표가 된 진화론적 세계관과 성공주의에 빠져 있는 세속적인 가치관은 이 시대의 정신이 되었다. 다위니즘이 기독교적인 세계관과 만나기 어려운 이유는 단지 아메바나 원숭이를 인간의 조상이라고 하기 때문이 아니다. 적자생존의 경쟁구도는 이기적인 목표를 설정하고 경쟁에서 이기지 못하는 자들을 무시하며 참된 공동체의 아름다움과 가치를 폄하하기 때문이다.

사랑이라는 말은 위대하지만 '자기'라는 단어와 만날 때는 매우 조심해야 한다. 자기만 사랑할 때 사랑은 위험에 처한다. 대부분의 관계와 공동체를 잃어버리기도 한다. 사랑은 가장 선한 것이지만 이기적으로 사용하면 죄가 될 수 있다. 이기심의 추구, 자기만을 향한 사랑이 바로 죄의 경향이다. 죄는 이기심을 추구하지만 사랑은 자기의 유익을 구하지 않는다.

니체(Nietzsche)는 《인간적인 너무 인간적인》(책세상, 2002)에서 모든 진리나 가치관은 인간이 자신의 유익과 발전을 위해 만든 유리한 현실 해석일 뿐이라고 말한다. 그의 말에 따르면 그렇게 정립된 가치관이 전통과 철학과 이념이 되어 인간의 역사과 사고를 지배한다. 결국 인간의 모든 가치 판단이 너무 인간적인 산물이라는 그의 결론은 부분적으로나마 진리를 담고 있다. 자기중심적이고 이기적인 주장과 해석은 진리가 될 수 없다. 하지만 타락한 인간은 자신의 이익에 사로잡혀 살며 그것을 정당화하는 노력이 너무나 인간적이라는 말은 쉽게 부인할 수 없기에 슬프다.

죄악에 물든 세상은 이기심을 찬양한다. 경제학의 고전 《국부론》을 쓴 애덤 스미스(Adam Smith)는 사람이 이기심으로 행복을 추구할 때 보이지 않는 손에 의해 사회는 균형을 이루고 발전하게 된다고 주장했다. 그러한 이기심이 오늘날의 자본주의를 이끈 원동력이 되었다는 것이다. 하지만 이기심이 만든 사회가 이룬 균형은 언젠가 깨지기 마련이다. 나아가 인간 소외와 관계 파괴와 타락을 조장한다. 이기심만으로 사회는 결코 선한 곳이 될 수 없다.

그런 면에서 데카르트로부터 시작된 '절대 자아'(Absolute Self) 개념은 인식론으로나 신학적으로 재앙이었다. 데카르트의 의도와는 상관없이 자아의 관점을 객관화시키는 철학은 획일화된 지식을 강요하는 폭력의 시대를 초래했다. 이를 '유아론'25)(solipsism)이라 하는데 모든 사물을 자아의 관념으로 규정하는 심각한 인식의 오류다.

그러한 사고방식은 다른 이들의 관점과 필요를 무시하는 개인주의를 싹트게 한다. 나아가 인간 자신을 우주의 중심으로 본 나머지 하나님 중심의 세계관을 멀리하고 인본주의적 사고를 조장한다.

원죄에 대한 논의

당신은 단체 사진에서 누구를 제일 먼저 찾는가? 평소에 다른 사람의 유익을 많이 생각하는가, 아니면 나의 이익을 더 생각하는가? 인간은 자신을 추구하는 원초적인 능력을 가지고 있다. 누가 가르쳐 주지도 않았는데 남녀노소를 불문하고 애초부터 가진 능력이다.

《만들어진 신》(김영사, 2007)의 저자로 잘 알려진 리처드 도킨스(Richard Dawkins)는 이 시대의 가장 공격적이고 영향력 있는 무신론 논객 중 한 명이다. 그는 또 다른 책《이기적유전자》(을유문화사, 2010)에서 다윈주의적 체계 속에서 자연선택의 최소단위인 유전자는 이기적인 경향을 가진다고 주장했다. 즉 살아남은 생명체들은 자신이 살거나 이기기 위해 경쟁자들을 희생시키면서 생존에 성공한다는 것이다.

도킨스의 주장을 그저 과학주의 망상에 사로잡힌 무신론적 진화론자의 발언으로 여길 수도 있지만, 유전자에 대한 그의 관찰은 기독교적으로도 의미가 있다. 즉 인간의 본성은 이기적이라는 것이다. 죄로 오염된 인간은 이기적이다. 이기심은 우리의 잘못된 행동의 원인도 되지만 더 근본적으로는 죄에 빠진 인간의 본성이다. 도킨스는 그것을 죄의 경향으로 보지 못했지만 역설적으로 타락한 인간의 본성을 보여 주는 데 기여했다. 하지만 그는 이기적인 유전자 이전에 모든 피조물을 선하게 창조하신 창조주의 의도는 미처 알지 못했다.

기독교 신앙은 인간의 죄를 규정하는 데 개인적인 차원과 함께 보편적이고 근원적인 차원을 중요시한다. 바울이 로마서에서 언급한 대로 모든 사람이 죄를 범하였다는 사실은 개인적 윤리를 말하기에 앞서 인간이 죄인이라는 더 근본적인 속성을 말하고 있다. 죄는 어디서 오는 것이며 어떻게 인간은 그런 죄의 경향을 갖게 되었는가? 그 문제는 '원죄'라는 신학적 주제로 오랫동안 논의되어 왔다.

물론 펠라기우스(Pelagius)처럼 원죄를 부인하며 인류는 아담의 죄책(guilt)에 참여하지 않는다고 주장하는 이들도 있었다. 하지만 그들은 이단으로 정죄받았고 기독교 전통은 인간이 죄인으로 태어난다는 원죄 교리를 의심하지 않는 핵심 명제로 받아들였다.

원죄의 문제를 둘러싼 다양한 주장 중에 간단하게 몇 가지만 살펴보자. 가장 일반적인 주장은 아담을 인류의 대표(representation)로 여기는 이론이다. 즉 아담과 인류는 연합해 있기에 그의 행위는 그 자신뿐 아니라 온 인류를 대표하고 대신한다. 이를 '연합적 수장설'(federal headship)이라고 하는데 아담은 인류의 대표로 지음받았기 때문에 그의 행위가 아담 개인을 넘어 모든 인류에게 영향이 미친다는 것이다. 따라서 아담의 죄는 온 인류의 죄를 반영하는 것으로 인류가 그의 행위에 대한 책임을 함께 지게 된다.

반면 어거스틴과 그의 신학적 유산을 물려받은 자들은 아담이 죄를 범할 때 인류가 아담 안에 있었다고 주장했다. '자연적 수장설'(natural headship)이라고 불리는 이 학설은 아담이 죄를 범했을 때 인류가 아담 안에, 다른 표현으로 그의 허리 안에 있었기에 그의 죄에 연루되어 있다는 것이다. 그리고 아담의 범죄는 인간의 성행위를 통해 자손에게 유전되어 아담의 후손인 인류도 아담과 함께 죄를 범했다고 여긴다.

그러한 전통적인 주장에 비해 현대 자유주의 신학은 아담을 실제적 인물이 아닌 상징적 인물로 본다. 그들은 창세기에 나오는 아담의 타락을 실제 사건이 아닌 모든 인간의 타락을 상징하는 것으로 해석한다. 다시 말해 원죄는 그릇된 것을 선택하는 인간의 보편적 성향을 말하는 것으로 별도의 역사적인 의미를 갖지 않는다. 즉 아담의 죄는 현재 우리가 경험하는 악의 현실을 상징적으로 말해 줄 뿐이다.

그 주장에 대해 다수의 현대 복음주의자들은 더 절충적인 입장을 취한다. 대표적으로 도널드 블뢰쉬(Donald Bloesch)는 아담을 실제적이면서 상징적인 인물로 본다. 아담의 범죄가 역사적이면서 실존적이기에 실제적 사건으로는 인정하되, 아담으로 인한 원죄의 문제는 개개인이 체험하는 것이라는 의견이다.

사랑의 결핍

아쉽게도 원죄에 대한 수많은 논의는 대부분 아담의 죄가 왜 우리의 죄가 되었는지에만 집중한다. 다시 말해 '왜 내가 죄인인가'를 억울해하는 사람을 위한 변론에만 급급한 나머지, 죄와 죄 자체에 대한 속성에 대해 심도 있게 다루지 않는 것이다.

물론 죄는 '하나님의 명령에 대한 불순종'으로 정의할 수 있으나 자칫하면 인간의 외면적 행위나 결과적 차원으로 축소시켜 죄의 내면적이고 본질적인 면을 간과할 수 있다. 죄는 행위의 문제이기 전에 하나님의 의도를 벗어난 상태다. 사랑의 하나님은 사랑의 교제를 나누기 위해 인간을 창조하셨다. 죄가 하나님의 의도를 벗어난 상태라면 그것은 하나님의 사랑에 대해 사랑으로 반응하지 않는 것이다.

하나님이 그분의 본성을 나누어 주시고 사랑할 수 있는 능력을 주셨는데 왜 인간은 사랑으로 반응하지 못하는가? 그것은 사탄의 유혹에 대한 결과이기 때문이다. 사탄은 인간을 유혹해서 인간에게 주어진 사랑의 본성을 왜곡시키고 빼앗아간다. 선악과 사건을 통해 인간은 스스로 옳고 그름을 판단하려 했고 그 가운데 더 중요한 사랑을 잃어버렸다. 오늘도 우리는 옳고 그름을 따지는 가운데 얼마나 많은 사랑을 잃어버리는가?

하나님은 우리가 그분의 사랑으로 충만해져서 하나님과 이웃을 사랑하기 원하신다. 그것이 하나님의 의도이고 그것을 벗어난 것이 죄다. 결국 죄는 사랑의 결핍이다. 사랑을 빼앗긴 것 자체가 죄이고 사랑이 결핍된 상태, 사랑 없이 나오는 생각과 행동은 모두 죄인 것이다. 즉 죄는 인간이 하나님의 의도를 벗어난 상태요, 인간의 절망적인 실존이다.

그렇다고 어쩔 수 없는 상황 때문에 사랑하는 데 어려움이 있는 사람까지 죄인의 범주에 포함시키자는 것은 아니다. 그러나 어떤 연유든 사랑의 결핍은 죄의 영향력으로 생긴 결과다. 사랑받지 못해 사랑이 결핍된 사람도 십자가 앞으로 나아갈 때 그 메마른 마음이 얼마든지 사랑으로 풍성해질 수 있다. 결국 사랑의 결핍은 하나님의 사랑을 거부하고 그분의 사랑 가운데 거하지 않는 죄다.

자기중심적 속성

누군가 말했듯이 인간은 지구상의 이름을 다 합친 것보다 자신의 이름에 더 많은 관심을 가지고 있다. 남들과 함께 찍은 사진을 보며 어떤 사진을 잘 나왔다고 여기는가? 남들이 못 나와도 내가 잘 나온 사진인가, 아니면 내가 못 나오더라도 남들이 잘 나온 사진인가? 시인 로버트 브라우닝(Robert Browning)은 "인간은 전체를 희생시키더라도 자신의 유익을 추구한다"라고 말했다. 다시 말해 인간은 어떻게든 자신의 이익을 추구하는 원천 기술을 가졌다는 것이다. 이러한 죄의 경향은 인간의 노력으로 극복하기 어려운 문제다. 우리는 다른 사람들을 위해 기도할 때조차 나의 유익을 생각하지 않는가?

영어 'idiot'(바보)라는 단어는 그리스어 '이디오스', 즉 '자기(만)의', '개인의', '사사로운'이라는 뜻의 형용사에서 나왔다. 자기중심적 사고는 인간의 어리석음을 반영한다. 그런 사람은 타인을 사랑하는 것이 진정 자신을 위한 것임을 모른다. 그것은 마치 "I love you!"라고 말해야 하는데 "I"라는 단어밖에 모르는 것과 같다.

그렇다면 우리는 자신을 사랑하면 안 되는가? 물론 자아가 증오의 대상이 되어야 하는 것은 물론 아니다. 크리스천 영성은 극심한 죄책감이나 자기비하를 선동하지 않는다. 자기 자신에 대한 사랑이 타인과의 관계를 오히려 건강하게 한다는 사실은 이미 심리학을 통해 널리 알려진 것이다. 그러나 자아는 신앙이 추구하는 목표가 될 수 없다. 그것은 자기중심적이고 개인주의적인 신앙으로, 오히려 신앙의 회의를 초래한다. 그런 신앙은 이기적이고 기복적이며 심지어 폭력적이다. 나아가 개인을 고립시키고 하나 되지 못하는 공동체를 초래한다.

모든 인간 안에 있는 원죄는 어떤 동일한 행위라기보다 끊임없이 이기적인 욕심을 추구하는 인간의 속성이다. "욕심이 잉태한즉 죄를 낳고 죄가 장성한즉 사망을 낳느니라"(약 1:15). 그 속성은 아담의 죄로 인해 우리의 내면에 깊이 자리 잡은 원죄다.

하나님 외에 그 누가 본능적인 자기 추구에서 벗어날 수 있는가? 아무리 순진무구한 어린아이라도 자기 자신을 추구하는 경향에서 자유로울 수 없다. 남에게 친절을 베풀며 자신의 이익을 포기하며 돕는 사람이라도 그 행위의 동기에서 완전하게 자신을 배제하기는 어렵다. 아무리 이타적인 사람이라도 내면 깊은 곳에 있는 자기의 (self-righteousness)와 교만의 문제에서 해방될 수는 없는 것이다. 그래서 성자도 이기적인 내면의 자아와 처절하고 지속적으로 싸운다.

〈반지의 제왕〉에 나오는 프로도의 사명은 반지를 심판의 불 속에 던져 없애고 중간 왕국을 지키는 일이었다. 여기서 프로도가 감당하기 가장 힘들었던 문제는 외부의 적이 아니었다. 그것은 반지를 차지해서 권력과 영광을 쫓고 싶은 자기 자신과 싸우는 것이었다.

정도는 다르지만 죄인 된 인간은 뼈 속 깊이 자기 자신을 추구한다. 그것은 죽음에 이르게 하는 병이요 절망적인 바이러스다. 사도 바울의 "오호라 나는 곤고한 사람이로다 이 사망의 몸에서 누가 나를 건져내랴"(롬 7:24)는 탄식처럼 죄의 경향은 우리의 통제를 벗어난다. 그러므로 우리는 우리 안에 있는 죄의 뿌리에 대해 하나님 앞에서 회개해야 한다. 자신을 추구하는 죄의 경향을 내려놓을 수 있도록 성령의 도움을 요청해야 한다. 사도 바울처럼 "나는 날마다 죽노라"고 선포하며 사망의 몸, 즉 나의 이기적 생각과 절대 자아의 교만에서 빠져나오기 위해 몸부림쳐야 한다.

그렇다고 인간의 의지와 노력으로 죄의 성향에서 벗어날 수 있는 것은 아니다. 죄의 문제에 대한 답은 오직 하나님께 있다. 내가 그리스도의 십자가를 믿고 그분과 연합할 때에 성령이 나를 다스리기 시작하신다. 그리고 죄로 인해 멈추었던 나의 심장에 그분의 사랑이 공급되기 시작할 때 잃었던 생명을 찾게 된다. 그때야 비로소 우리는 부단히도 추구하던 자신을 내려놓고 하나님과 이웃에 대한 사랑을 회복하고 참된 생명과 자유를 누릴 수 있는 것이다.

소 / 그 / 룹 / 을 / 위 / 한 / 질 / 문 /

1. 때때로 발견하는 나의 이기적인 모습은 무엇인가? 그런 내 모습 때문에 위기의식을 느껴본 적은 없는가?

2. '죄는 사랑의 결핍이다'라는 명제가 나에게 주는 도전은 무엇인가? 사랑이 점점 사라지는 시대에 나도 동화되어 가고 있지는 않은지 나누어 보자.

3. '자신을 추구하는 경향'을 죄라고 정의할 때 나는 어떻게 그것으로부터 자유해질 수 있는가? 하나님과의 관계 속에서 나의 사랑의 대상은 어떻게 확대되어 가고 있는가?

30
인간은 선과 악을 판단하는 존재가 아니다

사람은 사랑이 풍요로울수록 자신의 가치를 느끼고 자존감이 높아
진다. 반면 사랑이 궁핍할수록 자존감이 떨어지고 스스로도 사랑하
지 못한다. 학대를 받거나 거절이나 배신을 당한 사람일수록 스스
로 사랑하기가 힘들다. 그리고 그러한 상처는 다른 관계에 악영향
을 미친다. "스스로와 사이가 나쁘면 다른 사람들과의 사이도 나빠
진다"라고 발자크(Honore de Balzac)가 말한 것처럼 사랑의 결핍은 계
속되는 악순환 속에 자신과의 관계를 무너뜨린다.

　기독교 신앙은 우리가 하나님의 무조건적이고 무한한 사랑을 받
는 자임을 아는 것에서부터 출발한다. 내가 하나님을 사랑하는 것
도 중요하지만 그 전에 하나님의 사랑을 받고 누리는 것이 더 중요
하다. 하나님께 사랑받는 만큼 나 또한 하나님을 사랑할 수 있다. 그
가운데 자기 자신도 하나님의 시선으로 품을 수 있다. 그것은 하나
님의 사랑을 받는 것뿐 아니라 그분의 시선으로 나 자신을 용납하
고 사랑하는 것을 의미한다.

　그러나 믿음의 눈으로 자신을 사랑하는 것과 자신만을 사랑하는

이기주의는 완전히 다르다. 사랑은 아름답고 위대한 말이지만 자기에게만 집중되면 더 이상 아름답지도, 위대하지도 않다. 사랑은 공동체를 세우는 것이지만 이기적인 사랑은 관계와 공동체를 잃게 한다. 이기적으로 사랑을 사용하면 관계는 물론 자아도 파괴된다.

제임스 파울러(James Fowler)는 그의 신앙발달 이론에서 신앙이 발달하는 각 단계를 그림으로 표현한다. 그림은 신앙이 성숙할수록 자아의 크기가 작아짐을 보여 준다. 하나님의 사랑을 받고 자존감이 높아질수록 자신의 권리와 욕심을 내려놓고 겸손해진다. 성숙할수록 자아를 내려놓고 자신의 성취나 이익을 목표로 하지 않으며 희생하는 사랑의 속성을 보여 주는 것이다. 결국 그리스도 안에서 자랄수록 사랑하기에 최적화된 삶의 모양을 갖게 된다.

반대로 자아가 클수록 사랑하기 어렵다. 그것은 곧 사랑의 결핍이다. 사랑이 결핍된 자는 다른 사람에게 주의를 기울일 마음의 여유가 없다. 모든 관심이 자신에게 집중되어 있기에 다른 사람의 이야기를 들을 때조차 자신만 생각한다. 늘 자기중심적으로 생각하다 보니 자신은 늘 피해자이고 스스로 가해자가 될 수 있다는 생각은 좀처럼 하지 못한다. 자신이 기준이기에 자신의 말이나 행동이 별 문제가 없다고 생각하고 그래서 다른 사람들에게 또 다른 상처를 주기도 한다. 우리 삶에 일반적으로 나타나는 갈등의 구조에는 그런 자기중심성이 있다.

그런 자기중심적이고 이기적인 성향은 지극히 개인주의적인 이 시대의 문화 안에서 별 문제가 되지 않고 너무 쉽게 합리화하게 된다. 모든 가치가 자기중심적이 되어 버린 시대에서는 그것이 죄의 습성이라는 사실을 파악하기 더욱 어렵다.

선악의 기준

플라톤의 《국가론》이라는 책에는 '동굴의 비유' 이야기가 나온다. 동굴에는 많은 죄수가 벽면을 향해 묶인 채 앉아 있고, 그들은 고개를 돌릴 수 없는 상태에서 자신들의 뒤에 있는 인형의 그림자만 보고 있다. 그런데 그림자를 만드는 것은 태양이 아니라 동굴 안에 피운 모닥불이다. 인형과 모닥불은 각각 실제 사물과 태양을 모방한 것으로 죄수들은 벽에 비친 그림자를 보며 자신이 보는 것을 실재라고 여기는 것이다.

그 죄수들 중 한 명이 족쇄에서 풀려 동굴을 벗어났다고 가정해 보자. 그는 자신이 봐 왔던 그림자를 만드는 진짜 사물과 그 그림자를 가능하게 해주는 밝은 태양빛을 보게 된다. 비로소 그는 여태까지 실재라고 여겼던 벽에 비친 그림자가 자신이 지금 보고 있는 사물에 비해 얼마나 불완전한 것이었는지를 깨닫게 된다. 그러나 아무리 말해도 동굴에 있는 죄수들은 그를 미치광이로 여기고 그의 말을 믿으려 하지 않는다.

사람이 자기 세계에 빠지면 매우 어리석고 고집스러워진다. 자신의 생각과 논리와 경험이 기준이 되고 자기의 이익과 입장이 절대화된다. 죄인 된 인간이 가진 선악의 기준은 항상 자기 자신이다. 아무리 좋은 사람이라도 나에게 손해가 되면 싫어하고 아무리 악당이라도 나에게 잘해 주면 좋아한다. 내 생각과 편견으로 진실을 왜곡하고 잘못 판단하면서도 자신은 늘 옳다고 생각한다. 벽에 비친 그림자에 대해 의심하지 않기에 왜곡된 자아를 그대로 방치한다. 그 핵심은 하나님의 자리를 차지하려는 죄의 본질에 있다. 그것이 바로 선악과의 의미다.

선악과를 따 먹는 것은 인간이 스스로 선과 악을 판단하려는 것으로 선악의 기준이신 하나님의 자리에 서는 죄다. 스스로 하나님이라 부르지는 않지만 자신이 선과 악의 재판장이 되려 한다. 그래서 하나님과 그분의 말씀으로 나를 보기보다는 내가 하나님을 판단하려 한다. 사랑과 생명이 넘치는 하나님의 시선을 구하기보다는 늘 비판하고 정죄하려는 생각이 가득하다. 선과 악을 자의적으로 판단하기에 진정한 선과 악의 구분은 더 흐릿해진다.

선악을 판단하는 사람은 교만해지고 하나님의 뜻에 귀 기울이지도 않기에 순종하지도 않는다. 자신이 가지고 있는 신념과 지식이 오류에 빠질 수 있고 거짓과 폭력일 수 있다는 사실을 스스로 인식하지 못한다. 모든 가치와 옳고 그름을 판단하는 중심에서 하나님을 끌어내리고 오염된 자아가 그 자리를 차지한다. 죽어야 할 나 자신이 죽지 않고 도리어 하나님을 제거하려는 것이다.

그런 사람은 종교적인 외형은 가질 수 있지만 그 중심에 하나님을 경외하는 마음이 없다. 하나님 앞에서 참된 자아로 나아가기보다는 세속적인 위치와 직함 뒤에 숨어 자신을 숨긴다. 내면적이고 존재론적인 진정성이 없기에 외형적인 것으로 자신을 포장한다. 그 삶에서 하나님의 실재를 추구하지 않기에 하나님이 아닌 사람들을 기쁘게 하는 데 몰입한다.

예상치 못한 반응

스스로 선과 악을 판단하려는 사람은 자신이 하나님께 용서받았다고 확신하지 못한다. 용서의 기준이 자신에게 있기에 하나님의 용서와 그 기준을 받아들이지 못한다. 내가 진실하게 기도하지 않거나 무언가 보상하지 않았거나 충분히 감정적이지 않은 것 등을 기준으로 삼아 하나님의 용서를 인정하지 않는다. 우리가 용서받은 것은 나의 판단이 아니라 오직 예수님이 십자가에서 죽으셨다는 진리에 근거한다. 그러므로 하나님의 용서는 십자가의 능력에 대한 절대적 확신을 요구한다.

하나님의 용서에 대해 확신하지 못하면 자신뿐만 아니라 다른 사람들도 용서하기 힘들다. 하나님의 용서를 받지 않으면 그에게는 진정한 용서의 능력이 있을 수 없다. 내가 하나님이 된 이상 다른 사람을 하나님의 사랑의 관점으로 대할 수 없다. 율법주의자들이 생명을 담보로 그들의 기준과 진리를 주장했던 것처럼 스스로 선악의 기준이 된 사람에게는 사랑과 생명의 역사가 없다.

그럼에도 하나님은 죄 지은 아담과 하와를 찾으신다. 그리고 그분의 명령을 어기고 선악과를 먹은 아담과 하와에게 가죽옷을 입히시고 생명의 표를 주어 보호하신다. 하나님은 죄 지은 우리가 기대하지 못하는 방식으로 우리를 대하신다. 죄가 사랑을 기대하지 못하게 하기에 죄를 지은 인간은 두려워하며 수치스러워한다. 죄는 아담과 하와가 용서하시는 사랑의 하나님을 보지 못하게 했다. 그들은 두려워서 숨었고 벗은 것을 수치스러워했으며 죄를 변명하려고 거짓말로 또 다른 죄를 지었다.

한 번은 아이들과 밥을 먹는데 둘째 아이가 기도하는 것을 잊고 밥을 먹기 시작했다. "너 기도했니?" 다그치듯 묻는 아빠가 혼낼 줄 알았는지 아이는 했다고 둘러댔다. 그리고 좀 마음에 걸렸는지 다시 거짓말을 했다. "속으로 했어요." 기도를 안 했다고 해서 혼내려던 것이 아니고 다음부터는 잊지 말라고 타이르면 그만이었다. 그런데 내 마음을 아프게 한 것은 아이가 당연히 자신을 혼낼 거라고 예상한 것이었다.

하나님은 그런 분이 아니다. 그분은 죄 지은 우리가 반응을 예상할 수 있는 성난 분이 아니다. 인간은 하나님이 어떤 분인지, 그분의 사랑이 얼마나 큰지 다 알지 못하기에 하나님의 반응을 지레 짐작하고 두려워한다. 그러나 하나님의 사랑은 두려움 대신 평안과 구원과 기쁨을 준다. 사랑이 두려움을 쫓아낸다. 왜냐하면 사랑 안에는 두려움이 거할 곳이 없기 때문이다(요일 4:18).

죄 지은 아담과 하와에게 가죽옷을 입히시는 하나님의 사랑의 손

길은 그들이 에덴동산에서 쫓겨나는 기사보다 먼저 나온다. 그들에게 주어진 형벌마저 사랑의 맥락으로 주는 것임을 보여 주기 위함이리라. 복음의 관점으로 그들이 입은 가죽은 희생으로 이루어진 것이며 예수 그리스도의 십자가를 암시한다. 죄는 어둠이 아니라 사랑의 빛 속에서 가장 선명하게 드러난다. 그리스도를 통해 보여 주신 하나님의 사랑은 바로 죄인인 우리를 위한 것이다. 그것은 자기 자신만 추구하는 인간을 위해 자신을 내려놓고 희생하신 하나님의 사랑 이야기다. 결국 사랑은 통쾌하게 죄를 이긴다. 십자가 사건은 사랑만 죄를 이긴다는 진리를 가르쳐 준다. 처벌이나 복수는 또 다른 죄를 낳지만 사랑은 허다한 죄를 덮는다(벧전 4:8).

하나님의 의

도스토옙스키의 《죄와 벌》에 그 놀라운 진리가 숨어 있다. 가난한 학생 라스콜리니코프는 악착같이 돈을 받아내는 전당포 주인 노파를 증오한다. 그는 책을 읽으며 나폴레옹처럼 선택된 강자는 인류를 위해 도덕을 넘어설 권리가 있다는 사상을 수용한다. 그리고 전당포 주인을 살해해야겠다는 결심을 하고 그 생각을 실천에 옮긴다. 살인을 저지른 라스콜리니코프는 엄청난 죄의식에 사로잡힌다. 그러다가 동생들을 위해 창녀가 된 희생적인 여인 소냐를 만나며 자신의 추악함을 깨닫고 그녀에게 자신의 죄를 고백한다. 소냐는 그에게 성경을 읽어 주고 그를 감싸 주며 나중에는 그에게 자수하라고 권한다. 그리고 그가 가는 곳이면 어디든지 따르겠다고 약속한다.

그러나 라스콜리니코프는 자신의 범죄를 정당화하려 한다. 그에게는 그것이 옳은 판단이요 정의였다. 그는 하나님을 거부하고 자아를 하나님으로부터 독립시킨 니체의 초인처럼 자신이 세계의 중심이 되어 선과 악을 주관하려 한다. 실제로 선과 악이 무엇인지 알지 못하면서 왜곡된 자아로 선악을 판단하는 인간의 모습이 바로 하나님의 위치에 서려는 죄의 실체다.

《죄와 벌》이 최고의 명작으로 꼽히는 중요한 이유는 인간의 죄와 하나님의 사랑을 대비시키면서 서구의 합리주의와 인본주의적 세계관을 비판했기 때문이다. 자아가 중심이 되어 하나님을 거부하고 자신의 왜곡된 판단을 정당화하는 인간에 대한 하나님의 답은 십자가였다. 인간이 감히 기대할 수 없었던 놀라운 사랑이다.

하나님의 사랑 안에 진리가 있다. 그 사랑의 절정인 예수 그리스도의 십자가에 하나님의 의가 들어 있다. 성경은 선과 악에 대한 판단이 인간에게 있지 않고, 오직 십자가로 나타난 하나님의 의를 통해서만 내릴 수 있음을 보여 준다. 그것은 십자가 앞에서 우리가 모두 죄인임을 깨닫고 십자가의 희생으로 모든 믿는 자가 받은 하나님의 의다.

1. 누군가가 나의 잘못에 대해 말할 때 내가 예상치 못한 태도와 방식으로 반응했던 경험이 있다면 나누어 보자.

2. 하나님은 나의 연약함이나 죄와 상관없이 여전히 나를 사랑하신다. 나는 이 사실에 대해 얼마만큼 안전함을 느끼는가?

3. 사랑으로 해결해야 할 문제를 옳고 그름으로 해결하려 했다가 실패한 경험이 있는가? 그 판단의 기준에 하나님이 계셨는지, 아니면 내가 있었는지를 생각해 보고 깨달은 점이 있다면 나누어 보자.

5 부

사랑의 영성

사랑은 우리로 소망하게 하고, 헌신하게 하며, 사랑이 없는 세상을 향해 나아가게 한다. 하나님의 사랑에 대해 확신을 가진 사람은 어떤 고난의 상황에서도 예배하며 소망 가운데 기다린다. 사랑의 영성은 우리의 믿음을 지식의 차원에 머무는 것이 아니라 가슴과 삶으로 헌신하게 한다. 그래서 우리에게 주어진 하나님 나라에 대한 비전을 세상 속에서 이루어 가는 교회가 되도록 한다.

11장

세 상 에 드 러 난 사 랑 의 증 거

교회

31 교회는 교회 밖을 위해 존재한다

32 십자가 사랑을 품은 교회가 세상을 변화시킨다

33 내가 닦아야 할 창문은 무엇인가

31
교회는 교회 밖을 위해 존재한다

나는 왜, 무엇을 위해 이 세상에 존재하는가? 내가 몸을 담고 있는 이 시대와 사회에 굳이 내가 있어야 하는 이유는 무엇인가? 하나님은 왜 나를 이 특정한 시간과 공간 속으로 보내셨을까? 그러한 질문은 나아가 교회의 문제이기도 하다. 하나님이 이 교회를 특정한 시기나 상황, 그곳에 두신 이유는 무엇이며 교회는 그것에 제대로 응답하고 있는지 돌아봐야 한다.

지난 세월을 돌아볼 때 나는 거의 세상사에 관여하지 않고 살아왔다. 대학 시절 내내 교회에서 살다시피 했고, 신학대학원에 입학한 후로는 신학생이자 전도사로, 공부를 마친 후에는 목회자와 신학교 교수로 살았다. 이제껏 살아온 삶에 대해 큰 후회는 없지만 '세상 속에서의 나', 즉 내 삶의 '공공성'(publicity)에 대해서는 좀 더 진지한 질문을 던지게 된다.

남들처럼 기본적인 경제, 문화, 사회 활동을 한다고 하지만, 과연 세상 속에서 나는 누구인가? 나아가 교회는 세상 속에서 무엇인가? 성과 속, 교회와 세상을 이원론적으로 구분하고자 하는 것은 아니다. 오히려 반대를 말하기 위함이다. 교회는 단지 건물이 아니라 하나님께 속한 사람이다. 그렇다면 교회는 세상 속에서 어떤 목적을 갖고, 세상과 어떻게 유기적인 관계를 맺으며, 어떤 존재 양식으로 있어야 할까?

이미 언급했듯이 교회는 헬라어로 '에클레시아'(ἐκκλησία), 즉 '불러낸 자들'이다. 그러나 부르심(calling)은 그 자체로 목적이거나 완성이 아니다. 불러낸 것이 끝이 아니라, 무엇을 위해 부르심을 입었는지를 헤아려 그 존재론적 책임을 다하는 것까지가 교회다. 그런데 '불러냄' 자체를 목적으로 보는 데서 오늘날 교회와 신앙에 많은 문제가 생긴다. '천국 가는 것'을 구원의 의미로 축소시키고 하나님 나라를 위한 사명을 잊게 한다. 그러면 신앙은 개인적·사변적인 것이 되고 교회는 그 본질을 잃어버린다.

마크 놀(Mark Noll)이라는 기독교 역사학자는 현대 교회의 문제들 중 하나를 '비국교화'에서 찾으려 했다. 국교화되어 있을 때는 지역에 교회의 수가 제한되어 있었고 성도들의 교회 선택의 폭도 거의 없었다. 그러나 비국교화가 된 후로 교회는 우후죽순으로 생겨났고 사람들이 각자 자기의 필요를 채워 주는 교회를 선택할 수 있게 되자 교회들이 상업화되기 시작했다는 것이다.[26]

사실 기독교가 국교의 위치에 있을 때도 교회의 세속화가 진행되었지만, 국교의 위치를 잃고 나서는 교회가 무한 경쟁의 상황으로 들어서게 되었다. 그러다 보니 교회들이 생존을 위해 경쟁하고 성도들을 많이 유치하는 것을 중요한 목표로 삼게 된 것이다. 결국 사람들의 취향과 비위에 맞추어 복음의 변질과 타협이 이루어지고 교회는 소비주의 문화에 함몰되어 '하나님 나라'를 위한 본질적 소명을 상실했다.

물론 현대 교회의 문제에 대한 원인이 단순히 비국교화라는 말은 아니다. 또한 다시 국교화가 되어야 한다는 말도 아니다. 하지만 교회의 상업화로 인해 신앙이 내면화, 개인화되어 버린 폐해에서 다시 복음의 순수성을 회복하고 교회의 진정한 존재 목적으로 돌아가는 일은 매우 시급하다. '하나님 나라'에 대한 소명이 약해진 곳에서 '개인 구원'은 영적 여정의 시작이 아닌 끝이자 전부로 포장되기 일쑤다. 참된 교회는 천국뿐 아니라 이 땅의 현실 가운데서 그 부르심의 의미와 목적을 생각해야 한다.

하나님 나라

현대 복음주의 신학자들에게 가장 중요한 신학 주제 중 하나는 '하나님 나라'(The Kingdom of God)다. 연극에서 작품 전체를 모르면 배역을 이해할 수 없듯이 개인과 교회는 하나님 나라의 맥락을 떠나서는 제대로 이해할 수 없다. 많은 신앙인이 아직도 하나님 나라를 죽은 후 가게 되는 미지의 세계로만 생각한다. 하지만 성경이 말하는 하나님 나라는 현재를 통해 미래로 이어지는, 미래를 현실을 통해 경험하는 현실적이면서 영적인 실체다.

예수님은 하나님 나라가 미래적인 것이면서 동시에 현재적인 것이라고 말씀하셨다(눅 17:20, 21:31). 그분은 하나님 나라를 단지 미래에 비역사적이고 독립적으로 도래할 어떤 것으로 생각하지 않으셨다. 예수님은 그분의 사역을 통해 미래적이며 종말론적인 사건이 이루어지고 있다고 여기셨다. 또한 종말론적으로 도래할 하나님 나라는 현실의 역사 속에 개입하고 움직이며 확장된다.

기독교 종말론은 과거나 현재가 아니라 미래가 우리의 삶을 구성하고 우리 개인의 정체성을 결정한다고 주장한다. 마찬가지로 교회가 무엇인지는 교회가 장차 무엇이 되어 가는지에 따라 결정된다. 그런 의미에서 교회는 완성된 하나님 나라의 도래를 위해 오늘의 현실 가운데 하나의 표징으로 존재한다. 교회는 하나님이 계획하신 종말론적 현실의 맛보기인 셈이다.

비행기에 오르면 그 목적지의 문화를 기내에서 부분적으로나마 미리 경험할 수 있다. 기내 방송이 그 나라의 언어로 나오고 그 나라의 음식이나 승무원도 있다. 즉 목적지에 아직 도달하지 않았지만 목적지에 속한 것을 그 여정에서 경험하는 것이다. 하나님 나라도 그렇다. 하나님 나라는 아직 완성되지 않았지만 부분적으로나마 현실에서 경험할 수 있어야 한다. 그런 면에서 교회는 현실 가운데 하나님 나라를 이루어 가는, 또한 그 영적인 세계를 체험하는 매개체여야 한다.

주기도문에 "나라가 임하옵시며 뜻이 하늘에서 이룬 것같이 땅에서도 이루어지이다"라는 표현은 이 땅에 존재하는 교회의 목적을 잘 가르쳐 준다. 교회는 하나님 나라의 완성을 위해, 현재적으로 그 나라를 알리고 건설하고 확장시키기 위해 존재한다. 따라서 교회는 영적인 의미를 배제한 단순한 사회 운동이 되어서는 안 되며, 반대로 현실과 동떨어진 초월적·도피적 공동체여서도 안 된다.

세상 속의 교회

20세기 근본주의와 세대주의의 유행은 교회가 하나님 나라의 비전보다는 개인적인 구원에 집중하고 사회적 역할을 간과한 개교회주의적인 신앙에 머물게 했다. 그러다 보니 사회적 접촉점이나 공감대, 세상과의 소통의 중요성은 '자유주의'라는 혐의 아래 정죄당하기도 했다. 그러한 이원론적이고 영지주의적 패러다임은 교회를 세상과 적대적인 구도 속에 놓고 사회로부터 격리된 일종의 도피처로 생각하게 했다.

역사적으로 볼 때 교회는 여러 방면에서 사회와 필연적이고 유기적인 관계를 가졌다. 교회와 사회, 분리될 수 없는 두 차원의 균형을 찾고자 한 노력은 교회사뿐 아니라 일반 역사에서도 중요한 위치를 차지한다. 특히 복음주의 맥락 안에서 그러한 예들은 오늘 우리가 더 적극적으로 이어가야 할 소중한 유업이다.

영국에서 일어난 존 웨슬리의 부흥운동은 복음을 전파하고 회심한 사람들을 통해 기독교의 이름으로 사회를 정화하는 운동이 되었다. 그러한 부흥의 역사는 그랜빌 샤프(Granvil Sharp), 재커리 맥콜리(Zachary Macaulay), 토마스 바빙톤(Thomas Babington), 윌리암 윌버포스(William Wilberforce) 등 커다란 사회적 영향력을 가진 지도자들을 낳았다.

앞서 언급한 적이 있는 네덜란드의 카이퍼는 교회를 '제도적 교회'(institutional church)와 '유기체적 교회'(organic church)로 구분했다. '제도적 교회'는 우리가 기존에 알고 있는 교회로, 그는 제도적 교회가 현실 정치에 직접 참여하는 것은 올바르지 않다고 주장했다. 세속적인 힘을 통해 영향력을 추구하던 당시의 가톨릭 교회를 염두에 둔 말이었다.

'유기체적 교회'는 세상에서 살아가며 활동하는 크리스천을 말한다. 카이퍼는 유기체적 교회를 통해 세상에 하나님의 영역을 회복하는 일이 교회의 주된 임무라고 주장했다. 하나님이 주신 능력과 재능을 발휘해 기독교 세계관에 입각한 성경의 원칙들을 세상에 적용시키는 것이야말로 교회, 즉 세상에서 활동하는 성도들의 존재 목적임을 강조한 것이다.

이렇듯 카이퍼의 영향은 네덜란드뿐 아니라 스코틀랜드에서 개혁주의가 자리 잡는데 지대한 역할을 했고, 후에 가뭄으로 많은 네덜란드 사람들이 미국으로 이주하면서 그 영향력이 북미까지 확대되었다. 국가라는 현실 속에서 하나님의 주권을 회복하려했던 카이퍼 주의는 세상 속에 교회의 정체성과 역할에 관련해 중요한 도전을 했고 더불어 선명한 흔적을 남겼다.

이후 유럽에서는 1, 2차 세계대전을 겪으면서 교회의 현실 참여에 대한 관심이 고조되었다. 지역 공동체로서 교회는 당시 사회적 분위기와 문제의 더 실제적인 영향권 안에 있었고 그에 대한 신학적 고민과 반성이 요구되었다. 그런 면에서 당시 유럽의 교회는 그동안 형이상학적 담론에 머물렀던 신학과 기존의 교회론을 넘어 더욱 현실적이고 저항적인 도전을 받아들여야 했다.

디트리히 본회퍼는 세상과 교회를 대립되거나 모순된 관계로 보지 않고 오히려 그리스도 안에서 통일되어야 한다고 역설했다. 그는 교회가 내면세계와 초월의 영역에만 머물지 말고 '마을 한가운데' 서 있는 세속성을 가져야 한다고 주장했다. 그에게 교회의 세속성이란 교회가 세상의 문제에 대해 적극적으로 참여하고 구체적인 모습으로 '타인을 위해 고난을 당하는 교회'가 되어야 한다는 의미의 '거룩한 세속성'이다.

또한 본회퍼는 교회와 크리스천들이 현실 가운데 예수 그리스도의 명령에 순종해야 한다고 강조했다. 그는 "순종이 없는 기독교는 예수 그리스도가 없는 기독교와 같다"라는 말을 자주 했다. 그에게 순종은 세상의 잘못된 권세와 현실에 대한 저항이자 자신의 삶을 던져 하나님의 고통에 동참하는 것이었다. 그리고 교회는 그 순종을 통해 하나님과 이웃을 향한 사랑을 실천하게 된다.

미국에서의 부흥운동이 일으킨 사회적인 파장도 주목할 만하다. 조나단 에드워즈(Jonathan Edwards), 조지 휫필드(George Whitfield)로 대표되는 미국의 대각성운동은 우선 죄의 회개와 구원의 경험을 강조했다. 그러나 이후 그 운동은 개인의 회심의 차원에서 머물지 않고 사회적 차원의 회개를 일으키는 운동이 되었다. 그 결과 노예해방운동을 위한 미국식민협회(1826), 금주운동을 위한 미국절제협회(1826), 여성운동을 하는 여성기독교절제협회, 미국해외 선교부(1812) 등 여러 비영리단체가 생겨났다.

찰스 피니(Charles Finney)의 설교도 사회 참여를 간과하는 신앙과 부흥운동을 개탄하며 사회개혁에 대한 강한 충동을 일으켰다. 미국의 노예제도에 반대한 사람들이 대부분 피니의 부흥운동을 통해 개종한 사람들이라는 사실은 그 운동의 사회적 영향력이 대단했음을 보여 준다.

1907년 한국에서 일어났던 평양 대부흥운동도 그런 맥락에 있다. 평양 장대현교회에서 일어난 부흥운동은 평양 전역으로 확산되었다. 나아가 그 운동은 전국으로 확산되어 남쪽으로는 서울, 강화, 제물포, 제주도, 북쪽으로는 해주, 영변, 신의주를 넘어 만주까지 확산되었다. 교회들이 변하면서 각종 사회악과 구조에 대한 도전이 시작되었다. 영적 부흥은 단지 인간의 내면적인 변화로 그치지 않고 교육, 금연금주, 여성의 지위 향상, 결혼 및 사회관의 변화 등 총체적인 사회 개혁으로 이어졌다. 기생집들이 문을 닫고, 일부다처제 등의 관습이 폐지되기 시작했으며, 성도들은 일제의 탄압에 대해 하나님의 정의를 외치며 삼일운동의 주역이 되었다.

여기에 몇 가지밖에 언급하지 못해 아쉽다. 하지만 수많은 믿음의 사람이 세상의 한복판에서 죄악과 부조리로 만연한 현실과 싸우며 하나님 나라를 위해 헌신하며 살았다. 그들이야말로 '세상 속의 교회'였다. 그런 교회사의 맥락 속에서 이 시대의 교회도 세상과 적극적으로 소통하고, 성도들은 세상에서 하나님 나라를 영향력 있게 펼쳐가야 한다. 그것은 단지 행동주의의 일면이 아니라 견고한 교회관의 틀 안에서 이루어져야 바람직하다.

건강한 복음주의적 교회론은 교회 안의 성도들만을 위한 것이 아니라 교회 밖의 세상을 위한 것이다. 즉 교회는 모이는 공동체이면서 흩어지기 위해 존재하고 그 흩어짐의 목적은 세상에서 하나님의 주권, 즉 그분의 정의와 사랑을 이루어가는 하나님 나라의 비전을 성취하는 것이다. 그것을 위해 신학의 폐쇄성을 극복하는 것은 매우 시급하다. 교회에 대한 세상의 냉소와 비판을 극복해야 함은 물론, 교회의 공공성과 현실 속 문제에 대한 교회의 역할은 더 이상 미룰 과제가 아니다.

1. 친구, 직장 동료, 이웃에게 나는 누구인가? 나는 그들에게 어떤 존재이고 싶은가?

2. '모범적인 크리스천'은 어떤 모습이며, 그것이 믿지 않는 사람들에게는 어떤 영향을 주는가?

3. 나의 믿음과 삶의 목적은 세상 속에서 어떤 의미를 갖는가? 또한 내가 속한 교회가 이웃과 지역, 나아가 더 큰 사회적 차원에서 감당해야 할 책임은 무엇인가?

32
십자가 사랑을 품은 교회가 세상을 변화시킨다

우리는 이전의 어떤 때보다 다양성을 추구하고 그 가치를 인정하는 시대에 살고 있다. 그러다 보니 모든 것이 상대적인 가치를 지닌다고 생각해 진리를 말하는 것이 오히려 지탄받게 된 느낌이다. 사람들은 진리의 부재를 외치며 허무주의와 혼란의 시기에 취해 있다. 그러다 보니 선과 악, 옳고 그름을 말하지 않는 것만 옳은 것인 양 주장하며 스스로 모순에 빠진다.

진리 자체를 거부한 이들의 무지와 혼돈에 대한 해결책은 무엇일까? 그러한 문제에 대해 이 시대는 어떤 대책을 세우고 있는가? 진리에 대해 에포케(εποχη, 판단 중지)를 선언하며 감각적 쾌락만 추구하는 에피쿠로스 정신으로 돌아가야 하는가? 아니면 힘의 논리라는 음모 속에서 믿음을 떠난 진리를 추구하던 '근대로의 회기'(return to modernity)인가? 과연 복음이라는 거대담론을 거부하고 상대주의의 늪에 빠진 '포스트모더니즘'이라는 병리현상에 대한 하나님의 진단과 처방은 무엇인가?

자기 이익과 탐욕을 합리화하는 주관적 상대주의의 난립은 단지 요즘 현상이 아니라 이 시대에 더욱 극대화된 죄의 모습이다. 그러므로 고대 쾌락주의나 근대주의적 객관성의 부활로는 그 문제를 극복할 수 없다. 진리는 절대적이고 객관적인 것이지만 인간에게는 그것을 증명하거나 인식할 수 있는 방법과 능력이 없다. 타락한 인간은 결코 스스로 죄의 문제를 해결하거나 진리에 접근하는 길을 찾지 못한다. 그 해답은 오직 하나님께 있고 그분이 우리에게 보여 주시고 계시하신 길밖에 없는 것이다.

예수님은 "내가 곧 길이요 진리요 생명이니"(요 14:6)라고 말씀하신다. 오직 예수 안에 진리가 있고 그 진리 안에 생명이 있다. 예수님이 진리라는 말씀은 그분을 통해서만 하나님을 알 수 있고 그분의 십자가 희생을 통해 참된 생명을 얻을 수 있다는 복음의 내용을 함축한 표현이다. 그러므로 진리의 부재로 인한 혼란은 절대 진리이신 그분을 발견함으로써 해결된다.

오직 예수 그리스도를 통해 하나님의 사랑이 우리에게 계시되었고 그분의 십자가를 통해 그 사랑이 확증되었다(롬 5:8). 그것이 복음이다. 복음은 인간의 이성이나 경험을 초월하기에 오직 성령이 인도하실 때 그 진리 가운데 나아갈 수 있다. "진리의 성령이 오시면 그가 너희를 모든 진리 가운데로 인도하시리니"(요 16:13). 죄에 빠진 우리를 향한 주님의 사랑, 즉 그 구원의 복음은 사랑의 영이신 성령을 통해 우리에게 진리가 된다.

특히 우리가 주목해야 할 것은 예수님이 "증언하는 이는 성령이시니 성령은 진리니라"(요일 5:6)고 말씀하신 대목이다. 하나님의 사랑을 우리에게 계시하시는 예수 그리스도야말로 진리 그 자체다. 그런데 그 진리를 증거하시는 성령도 진리란 말은 무엇인가?

하나님의 사랑을 계시하시는 성자 예수님과 그 사랑을 우리로 알고 깨닫게 하시는 성령은 본질상 하나다. 그리스도가 계시하신 것이 하나님의 사랑이듯 그 계시를 알고 깨닫게 하시는 성령은 사랑의 영이다. 즉 하나님의 사랑을 계시하는 목적과 방법이 본질적으로 일치하는 것이다. 성령이 증거하시는 하나님의 사랑은 그 자체가 진리요 우리를 진리로 인도한다. 다시 말해 우리는 하나님의 사랑을 통해 다시 그분의 사랑을 알게 되는 것이다.

TV에서 어떤 아이가 말한 것을 듣고 웃은 적이 있다. "나는 열심히 씨름 연습을 해서 강호동 아저씨 같은 유명 MC가 될 거예요." 목표와 방법이 어긋나면 의미 없는 말이 된다. 복음을 믿고 따르는 크리스천에게 삶의 목표와 살아가는 방법은 내용상 같아야 한다. 하나님의 사랑이라는 절대 진리를 아는 것과 살아가는 것은 모두 사랑을 통해 가능하다.

여기에 진리의 문제에 대한 분명한 해답이 있다. 상대주의와 주관성의 혼돈과 난무함을 극복하는 길은 객관성을 확보하기 위한 힘겨루기가 아니라 '사랑'이다. 하나님의 사랑은 각자 다른 주장을 하는 이들을 화해로 이끌며 그들을 진리의 길로 인도한다. 진리 자체가 사랑이요 진리도 인도하는 것도 사랑인 것이다. 다시 말해 하나님의 사랑은 진리이며 그 사랑으로 인해 우리는 진리로 나아간다. 진리는 하나님의 사랑 가운데서만 존재하고 발견할 수 있다. 우리는 그 신적 사랑의 계시요 진리인 예수님을 통해 사랑의 근원이요 진리이신 하나님을 알게 되는 것이다. 즉 사랑은 진리를 찾는 방법이면서 우리가 추구하는 진리 자체다.

그리스도의 십자가는 하나님의 사랑을 보여 주는 계시의 절정이다. 기독교 신앙은 예수 그리스도의 십자가 안에서 절대 진리인 하나님의 사랑을 만난다. 십자가는 진리를 찾는 유일한 단서로, 우리가 진리를 찾고 다가가는 데 얼마나 철저하게 무능한지를 보여 준다.

십자가의 공동체

다시 교회에 대한 이야기로 돌아가자. 교회는 진리에 대한 거부와 혼란에 빠져 있는 세상 한가운데 존재한다. 성부 하나님은 세상을 사랑하사 우리를 구원하시기 위해 아들 예수 그리스도를 보내셨다. 예수님은 십자가에 달려 죽으셨다가 부활하시어 승천하셨다. 그분이 오심으로 이 땅에 교회가 시작되었고 그리스도는 교회의 머리가 되셨다. 그리스도의 몸으로서 교회는 오직 그리스도의 뜻을 행하기 위해 존재한다. 결국 교회는 세상을 구원하시는 하나님의 계획, 세상의 소망으로 존재하는 것이다.

그 소망은 하나님의 본성을 반영하는 그분의 나라다. 즉 하나님 나라는 하나님이 그분의 본성인 사랑으로 통치하시는 공동체다. 그 '사랑의 공동체'야말로 세상을 창조하신 목적이며, 죄로 인해 타락하고 사랑을 잃어버린 세상을 구원하신 이유요, 나아가 그분의 피 값으로 세우신 교회의 존재 목적이다. 하나님 나라는 하나님의 본성인 사랑이 구체화되고 완성되는 공동체다. 그래서 교회는 하나님의 종말론적 사랑의 공동체를 이루기 위해 존재하며 현실 가운데 신적 사랑을 나타낸다. 교회는 궁극적으로 이루어질 하나님 나라를 위해 이 땅에 사랑의 공동체를 세우고 경험하는 영적인 실체다.

극단적인 개인주의와 소비주의로 인해 현대 사회는 역사상 사랑이 가장 결핍된 시대를 맞이하고 있다. 그런 현실 가운데 창조 세계의 본질로 사랑을 회복하는 것은 교회의 역사적 사명이다. 살아남기 위해 서로 속이고 짓누르는 죽음의 문화 속에서 교회는 '사랑의 공동체'라는 하나님 나라의 비전을 세상에 건네야 한다. 고립된 개인과 이기적인 집단이 아니라 타자와 세상을 향한 신적 사랑의 매개체로서 진정성을 회복하고 지켜가는 교회는 이 시대에 유일한 소망이요 그루터기다.

십자가에 나타난 사랑은 세상을 변화시키는 능력이다. 하나님의 사랑을 나타낼 때 교회는 사회와 시대를 변화시키는 능력을 소유하게 된다. 크리스천은 하나님이 세상을 사랑하신 것처럼 세상을 사랑하기 위해 존재한다. 그리고 교회의 존재는 사랑이라는 하나님의 본성을 드러낼 때만 의미를 갖는다. 더 가지려는 것에 도취되어 온통 치열하게 경쟁하는 세상에서 크리스천은 나누고 섬기며 사랑해야 한다.

교회는 십자가 사랑을 실천하는 공동체다. 이를 위해 크리스천은 모두 세상 속에 하나님의 임재를 보여 주는 교회다. 하나님의 사랑은 마치 빛과 같아서 우리의 삶을 프리즘 삼아 다채롭고 아름다운 색깔로 이 세상에 퍼진다. 그 아름다움이 크리스천의 삶에 나타나는 하나님의 임재 방식이다. 교회는 세상 속에 나타난 그리스도의 사랑의 임재다.

언젠가 이 메시지로 설교를 하고 단에서 내려오는데 한 성도가 눈물이 범벅이 된 얼굴로 나에게 다가와 기도를 부탁했다. 그분의 기도 제목은 너무나 진지하고 간단했다. "목사님, 제가 교회가 되게 해주세요." 그것이 전부였다. 단순하지만 강력한 기도제목이었다.

그런 부담스런 기도 제목을 갖는 것은 크리스천의 존재론을 형성한다. 우리는 분명 그것을 위해 부름받은 자다. 크리스천은 세상에서 교회 그 자체다. 우리의 신앙은 단지 험한 세상에서 나를 안전하고 기죽지 않게 살게 하는 것이 아니다. 우리는 부르심의 목적대로 하나님의 사랑을 나타내는 자로 살아야 한다. 성령은 교회된 우리가 그 부르심에 합당하게 살도록 오늘도 우리에게 말씀하시며 우리를 인도하신다. 그러므로 거창하게 세상을 바꾸겠다고 말하기보다는 나로 인해 하나님의 사랑이 가려지지 않기를 기도하라.

사랑을 살아내는 공동체

참된 교회론은 그리스도를 통해 발견한 진리를 어떻게 세상에 보여 주는지에 초점을 맞추고 있다. 예수님은 하나님의 사랑을 우리에게 보여 주신 분으로 진리 그 자체다. 교회는 그 진리를 따르는 사람들이 하나님의 사랑을 살아내며 이루어진다.

먼저 크리스천인 우리는 하나님과 사랑의 관계를 확고하게 가져야 한다. 하나님이 나를 얼마나 사랑하시는지, 그리스도가 그 사랑을 보여 주기 위해 무슨 일을 하셨는지를 믿음으로 받아들일 때 성령은 우리에게 하나님의 사랑을 부어 주신다(롬 5:5).

하나님 나라는 먼저 개인과 교회 속에서 이루어져야 한다. 그런 면에서 하나님 나라는 안에서 바깥으로의 운동이어야 한다. 이를 존재와 행위(Being and Doing)의 차원에서 본다면, "하나님을 향한 온전한 사랑(Being)이 구체적인 섬김(Doing)의 형태로 이웃과 공동체로 흘러가게 될 때"[27] 하나님 나라가 세상 속에서 역동적으로 이루어지게 된다.

사랑의 창조자이며 사랑 그 자체인 하나님과의 사랑의 관계 없이는 그분의 사랑을 드러낼 수 없다. 그러므로 하나님 나라 운동은 예배의 회복과 부흥을 통해 시작되어야 한다. 진정한 예배는 그 자체가 목적이고 우리는 그것을 통해 주님의 사랑을 체험하여 하나님 나라를 위해 살아갈 영적인 에너지를 얻는다.

크리스천의 내면에 이루어진 하나님 나라는 겉으로 드러나게 되어 있다. 사랑의 마음은 사랑의 몸짓으로 타자에게 다가가게 만든다. 예수님이 가르치시는 사랑은 어떤 성취를 말하기 전에 더 본질적인 태도와 방법을 요구한다. 사랑은 오래 참고 온유하며 화내지 않고 교만하거나 무례하지 않은 태도의 문제다. 역사에서 보듯이 교회가 추구한 탐욕적이고 세속적인 힘은 언제나 교회 존립을 위협하는 타락의 수단이 되었다. 타자와 세상을 바꾸는 진정한 능력은 십자가의 사랑을 떠나서는 존재할 수 없는 것이다.

미로슬라브 볼프(Miroslav Volf)는 책《배제와 포용》(IVP, 2012)에서 타자를 대하는 크리스천의 태도와 방법론에 대해 다룬다. 그는 이 세상의 다툼과 싸움의 긴장 관계에 대한 근대적 관점을 비판하며 성경으로 돌아가야 함을 역설한다. 볼프의 해답은 성경에서 발견한 그리스도의 십자가 사랑인데, 즉 '타자를 위해 자신을 내어 주고 자신 안에 타자를 받아들이는 것'이다.

복음에 나타난 십자가의 사랑은 타자, 즉 나와 다르거나 소외된 자 또는 사회적 약자를 적극적으로 포용한다. 아울러 그들이 내 안에 들어올 수 있는 공간을 마련하겠다는 의지를 내포한다. 타락과 불순종에도 여전히 세상은 하나님의 사랑의 대상이며 그분께 속해 있다. 십자가는 세상을 배제하지 않기 위해 하나님이 그분을 내어 주신 사건이요, 우리를 삼위일체 하나님 안에서 살게 하시려는 초대다.

하나님 나라를 확장시키는 사랑

십자가의 복음은 단지 개인 구원의 교리가 아니다. 크리스천의 삶을 규정짓고 지배하는 복음의 원리이자 하나님 나라를 위한 크리스천의 행동 양식이다. 하나님 나라 운동은 아직 하나님을 모르는 사람들도 공감하는 차원에서 이루어져야 한다. 그런 면에서 사랑은 창조 세계에서 모두 공감할 수 있는 가장 넓은 접촉점이다.

그런 점에서 이 시대에 하워드 스나이더(Howard Snyder)의 교회론이 주는 의미는 특히 중요하다. 스나이더는 교회론이 사회적 약자에 대한 섬김으로 이어져야 한다고 주장한다.[28] 정통교회가 가지고 있는 교회의 네 가지 특징(통일성, 거룩성, 보편성, 사도성)은 반쪽짜리며, 나머지 반쪽인 다양성, 은사, 지역성, 선지자성을 회복해야 한다고 역설한다. 그의 주장에 따르면 교회는 하나이면서도 다양하고, 거룩하면서도 은사적이며, 보편적이면서 지역적이고, 사도적이면서 선지자적이어야 한다. 그때 교회는 사회에 신실하게 복음 전파하는 모습으로 드러나게 된다.

특히 스나이더는 예수님이 가난하고 소외된 자를 향한 복음 전파 사역에 집중하셨기 때문에 교회가 바로 그러한 예수님의 DNA를 가져야 한다고 강조했다. 그에게는 '교회가 무엇인지'보다 '교회가 소외된 자들에게 복음을 증거하는지'가 더 중요한 질문이다. 그것은 그들을 향한 크리스천의 내면화된 복음과 본질적인 사랑의 실천 없이는 불가능하다. 교회가 사회적 약자에게 복음을 효과적으로 증거하고 있는지, 그들이 회심하고 성화되었는지, 그 목적을 위해 교리가 잘 구성되어 있는지를 끊임없이 물어야 한다. 그것이 교회의 핵심적인 표지가 되어 있는지를 확인하면 그 교회의 진정성이 드러날 것이다.

예수님은 그분이 진정 오실 메시아인지 묻는 세례 요한의 제자들에게 가난한 자들에게 복음을 전한다(마 11:5; 막 4:18; 눅 7:22)고 말씀하셨다. 그 말씀은 이 시대에 스나이더의 교회론의 중요성을 다시 한 번 일깨운다. 하나님의 사랑은 진리이며 그것은 예수 그리스도를 통해 우리에게 드러났다. 교회는 진리 그 자체인 예수님 위에 세워진 공동체다. 따라서 교회는 그 진리의 터 위에서 하나님의 사랑을 드러내며 가난한 자들을 돕고 복음을 전하는 공동체로 세상 속에 존재해야 한다.

소 / 그 / 룹 / 을 / 위 / 한 / 질 / 문 /

1. 미숙하거나 잘못된 방법 때문에 사랑하는 마음이 오해를 산 적이 있다면 나누어 보자.

2. 내가 기대하는 교회는 어떤 모습이어야 하는가? 그러한 공동체를 이루기 위해 내가 할 수 있는 일은 무엇인가?

3. 주변의 가난한 사람들에게 어떤 마음과 태도를 가지고 있는가? 그들에게 하나님의 사랑을 실천하기 위해 내가 할 수 있는 일은 무엇인가?

33
내가 닦아야 할 창문은 무엇인가

예전 섬기던 교회에서 있었던 일이다. 교회가 강동지역으로 이사할 때 성인과 청년부 20개 그룹에 48만 원(당시 강동구 인구가 약 48만 명인 것에서 착안)을 나누어 주고, 그것을 씨드머니로 해서 그룹별로 그 지역을 섬길 일을 기획했다. 처음에는 성도들이 의아해했지만 강동구청과 소속 복지관과 구제 단체들을 찾아다니며 적극적으로 이웃을 섬기는 수고를 감당했다. 기발한 아이디어도 많이 나왔다. 더러운 골목에 벽화 그리기, 로데오 거리 아르바이트생들을 위한 위로회, 학교 앞 전도를 통해 작은 교회 중고등부 만들어 주기, 극빈 외국인 가정 돕기 등 그야말로 이웃을 놀라게 할 만한 사역들이 전개되었다.

당시 교회는 쇼핑센터 건물의 두 층을 사용하고 있었는데, 하루는 교회에 도착해 보니 두 층 바닥에 새롭게 니스 칠이 되어 있었다. 반짝반짝 윤이 나는 깨끗한 바닥을 보니 기분이 좋았다. 나는 당연히 교회에서 돈을 내고 인부를 불러 작업한 것이라고 생각했다. 하지만 알고 보니 그 건물을 청소하시는 아주머니들 몇 분이 돈과 마음을 모아 직접 수고하셔서 교회에 감사를 표현하신 것이었다.

이전부터 성도들이 그 건물에서 일하거나 장사하시는 분들을 섬기는 데 많은 수고와 노력을 해왔는데, 청소부 아주머니들이 제일 하고 싶으신 것이 서울 근교에 버스 여행을 가시는 거라는 이야기를 듣고 보내 드린 그 다음 주에 일어난 일이었다. 평소 하시는 일만으로도 힘드실 텐데 좁지 않은 교회의 두 층이나 되는 면적에 니스 칠을 해주신 수고를 생각하니 너무 감사하고 가슴이 벅찼다.

작은 사랑을 베풀고 큰 감동을 받은 그 경험은 교회가 주변 사람들과 어떤 관계를 맺어야 하는지에 대해 많은 것을 가르쳐 주었다. 교회가 입주한 건물은 1층부터 6층까지 옷을 파는 패션몰이었고 교회는 11층과 12층을 사용했다. 교회가 그 건물로 들어온다고 했을 때 상인들은 별로 환영하지 않았다. 주일에만 사람들이 붐비는 교회가 장사에 도움이 될 리 없었기 때문이다. 하지만 교회가 간단한 음식과 이동 도서관 등으로 그들에게 다가가기 시작하면서 상인들의 마음은 누그러지기 시작했다.

어느 날 쇼핑몰이 장사가 잘 안되어 상인들이 힘들어한다는 이야기를 듣게 되었다. 그래서 주일예배 광고 때 모두 아래층에 내려가서 옷을 사자고 권면했다. 그러면서 원칙을 하나 정했는데 절대 가격을 깎지 말자는 것이었다. 대부분 젊은 사람들의 옷을 취급하는 곳이라 성도들의 취향에는 맞지 않았지만 성도들은 이웃을 섬기는 마음으로 기쁘게 쇼핑을 했다.

그래도 여전히 쇼핑몰이 활성화가 안 되자 한번은 아이디어를 내서 아래층 상점들을 위해 패션쇼를 기획했다. 키가 크고 외모가 준

수한 청년들을 뽑아 몇 달간 전문가에게 모델 교육을 받게 하고 행사를 위해 연예인들을 섭외했다. 패션쇼에 필요한 옷들은 모두 아래 상점에서 구입하고 각 상점을 찾아다니며 행사에 대해 설명하고 쿠폰북을 만들어 주었다. 그 후 건물 앞 야외무대에서 진행한 패션쇼는 매우 성공적이었다.

더 큰 기쁨과 감사를 느낀 것은 사실 교회 성도들이었다. 고마워하고 감격해하는 상인들로 인해 우리 모두 행복했다. 상인들 중에는 수고해 준 성도들에게 고맙다고 음료수를 사서 올려 보낸 이들도 있었다. 그 외에도 토요일 새벽예배가 끝나면 교인 모두 거리로 나가 금요일 밤 음주와 향락으로 더럽혀진 동네 구석구석을 청소했다.

시간이 지날수록 교회는 상인들과 지역 주민들에게 큰 사랑과 환대를 받게 되었다. 청소부 아주머니와 상인들 중 교회에 등록하고 주중과 주일예배에 참석하는 이들도 있었다. 직접 복음을 전하지 않았는데도 제 발로 찾아온 사람들로 인해 교회는 큰 격려와 기쁨을 누릴 수 있었다. 그리고 더욱 이웃을 사랑하며 섬기게 되었다. 하나님 나라를 위한 것이 작은 사랑의 수고를 감당하고 큰 기쁨을 누리는 것임을 알게 된 것이다.

현재 섬기는 교회를 통해서도 그런 사역을 계속하고 있다. 성도들이 스스로 아이디어를 짜서 주변의 이웃들을 섬긴다. 푸드트럭으로 인근 직장인을 위한 점심 제공, 양로원과 노인 병원 위로 방문, 인근 대학교 신입생들을 위한 선물 나눔, 이웃을 위한 장학금, 문화학교, 홈리스 사역, 경찰서와 소방서 방문 등 각 필요에 맞는 섬김을 실천한다. 그렇게 하나님의 사랑을 드러내는 일을 감당하다 보면 교회는 더욱 행복해지고 건강해진다. 그리고 이웃은 교회의 존재를 인식할 뿐 아니라 교회를 좋아하게 되고 신앙에 대해서도 마음을 열게 된다.

궁금증을 자아내는 삶

교회는 교회 자체를 위해 존재하지 않는다. 성도들이 교회 내부에 모든 에너지를 집중할 때 교회는 문제가 생기기 시작한다. 물론 예배하고 친교하는 것도 교회의 중요한 목적과 사명이지만 교회는 시선을 밖으로 돌릴 때 진정성을 갖게 된다. 교회는 세상이 거칠고 힘드니까 우리끼리 서로 위로하고 천국을 경험하자는 소극적인 공동체가 아니다. 그리스도의 사랑으로 세상을 향해 성도들을 파송하는 선교 공동체다.

하나님은 세상을 다스리신다. 그러나 우리가 나아가야 하는 세상 사람들은 하나님의 통치를 느끼지 못한다. 그들은 마치 밝은 태양이 분명히 떠 있지만 방에 갇혀서 햇빛이 무엇인지도 모르는 사람과 같다. 그러면 교회인 우리가 해야 할 일은 무엇인가? 그것은 창문을 닦는 일이다. 잔뜩 먼지가 끼어 있어 햇빛이 통과하지 못하는 창문을 닦아 주면 방 안에 있는 사람들이 햇빛을 느낄 수 있기 때문이다.[29]

중요한 것은 내가 닦아야 할 창이 무엇인지 아는 것이다. 크리스천인 우리는 복음을 알지 못하는 누군가에게 보냄을 받은 사람이다. 그 '누군가'는 바로 나를 통해 하나님의 빛을 체험하고 보게 될 영혼이다. 우리는 삶을 통해 하나님의 통치가 무엇인지, 그것이 어떻게 이루어지는지를 보여 주어야 한다. 그 일은 은사나 소유뿐 아니라 내가 가지지 못한 것, 아픔, 상처를 통해서도 이루어질 수 있다.

다양한 도구와 방법이 있지만 모두에게 공통되는 것이 있다. 그 일을 오직 사랑으로 해야 한다는 것이다. 복음에 나타난 하나님의 사랑이야말로 그분의 통치의 유일한 기초다. 사랑은 그 모든 행위를 가능하게 하며 진정성을 준다. 또한 마치 세제처럼 우리가 닦는 창문을 투명하고 윤이 나게 한다.

창문을 닦을 때는 굳이 내가 크리스천이라는 말을 하지 않아도 된다. 아직도 많은 불신자들은 복음을 전한다는 가장 선하고 진실한 의도를 이해할 만큼 복음에 대해 열려 있지 않기 때문이다. 그런 오해 때문이기도 하지만 사실은 말하지 않아도 먼저 궁금해하고 물어보기도 한다. 궁금증을 자아내는 삶(questionable life)이야말로 창문을 닦는 데 가장 필요한 도구다.

영국에서 한인교회 청년부를 담당할 때 교회에 믿지 않는 청년들이 꽤 있었다. 한인들이 많지 않은 곳이라 외롭고 도움이 필요해서 온 학생들이었다. 그들은 나의 설교에 감동을 받는 것 같지 않았다. 하지만 집에 데려가서 먹이고 김치를 싸 주면 큰 감동을 받았다. 사실 나도 유학생이라서 재정적으로 늘 빠듯했다. 미국과 달리 영국은 김치를 구하기 어렵고 직접 담근다 해도 비용이 만만치 않았다. 그런 상황을 알고 있기에 청년들은 아내가 싸 준 김치를 손에 들고 의아한 표정을 지으며 고마워했다. 김치를 싸 주는 것은 당시 우리가 할 수 있는 최고의 창문 닦는 일이었던 것이다.

로마 시대에 전염병이 돌면 로마인들은 너도나도 할 것 없이 그 마을을 떠났다. 그러나 크리스천은 죽음을 각오하고 남아서 이미 전염병에 감염된 자나 떠날 형편이 못 되는 이들을 돌보았다. 로마 시대의 문화는 병이 들거나 가난하면 그냥 그렇게 죽는 것이지 누구도 돌봐 주어야 할 책임감을 가지지 않았다. 하지만 크리스천은 달랐다. 그들은 병든 자들을 돌봐 주고 가난한 사람들을 집으로 데려가 먹이고 재우며 옷을 입혀 주었다. 로마 사람들에게 크리스천은 자신과 다른 삶을 사는 자들이었다. 궁금증을 자아내는 삶, 그것은 믿지 않는 세상을 향해 보여 준 크리스천의 사랑의 행위가 만들어 낸 삶의 양식이었다. 즉 사람들은 그들을 그렇게 만든 복음에 대해 의문을 가지고 질문할 수밖에 없었다.

성 프란시스(St. Francis)는 "복음을 항상 설교하라. 그리고 필요하면 말을 사용하라"고 말했다. 복음을 전하는 데 필요한 것은 말이 아니라 삶이다. 우리가 복음대로 살면 사람들은 복음에 대해 질문할 것이다. 하나님의 사랑대로 살면 그 사랑에 대해 질문할 것이다. 예수님을 닮은 모습으로 살면 예수님에 대해 질문할 것이다. 사람들이 우리에게 질문하지 않는다면 그것은 우리의 삶이 그들과 다를 바가 없기 때문이다. 같은 것을 추구하고 같은 것을 좋아하고 비슷한 계산이나 방식을 가진 자들에게는 질문할 것이 없다.

예수를 믿는 우리는 모두 그렇게 살아가라는 부르심을 받았다. 나의 삶을 통해 사람들이 하나님의 사랑을 보고 그것을 가능하게 하는 근원에 대해 질문할 수밖에 없을 것이다. 그런 의미에서 우리의 정체성은 선교사다. 일부러 드러내지는 않지만 하나님 나라를 위해 정체성을 가린 채 창문을 닦는 선교사다. 그 정체성은 우리의 삶의 자리를 선교지로 여기게 한다. 그것이 바로 교회 된 삶이고 그렇게 살아갈 때 우리의 가정과 직장, 관계와 처한 상황 모두 새롭게 규정하게 된다.

사랑의 선물

하나님은 그분의 본성인 사랑으로 사람을 만드셨고 우리가 사랑의 공동체를 이루어 풍성하고 아름다운 삶을 살기 원하셨다. 그러나 죄가 들어온 후 인간은 자기 이익과 탐욕에 빠져서 나누고 누려야 할 사랑을 점차 잃어버렸다. 그 결과 창조의 원리인 사랑보다 소비주의 원리인 거래가 삶의 본질이 되어 버린 듯하다. 오늘 우리의 현실을 볼 때 세상을 지배하는 원리는 사랑이 아니라 '돈'이 아닌가 싶다.

특히 소비주의 원리가 지배하는 세상은 약육강식의 구도 속에서 생존 경쟁과 싸움으로 치열하다. 사람들은 점점 인색하고 탐욕스러워지며 사랑과 희생보다는 자기 권리와 이익에 집착한다. 그 결과 사랑, 은혜, 용서, 긍휼과 같은 기독교 가치는 어리석고 비효율적인 것이 되었고 진정한 관계와 공동체는 문화적으로 극한 위기 가운데 있다.

소비주의 사회에서 크리스천이 궁금증을 자아내는 삶을 살기 위해서는 거래나 경제가 아닌 이를 초월하는 삶을 살아야 한다. 나는 그것을 '선물'이라는 개념으로 말하고 싶다. 선물은 복잡한 경제 원리로 혼잡해진 세상을 역주행하는 원리다. 그것은 자신의 소중한 것을 나누는 창조의 원리이며 자격 없는 자에게 무조건적인 은혜를 베푸는 구원의 원리다.

합리성과 권리만 주장하면 이 세상은 항상 부족할 수밖에 없다. 거래로만 이루어지는 삶은 늘 갈등과 부족만 야기한다. 이 시대는 과거 어느 때보다 풍요롭지만 사람들은 이전보다 정서적·영적으로 훨씬 가난하게 산다. 부유하게 사는 방법은 선물로 사는 것이다. 선물은 세상을 더욱 풍요롭고 아름답게 한다. 선물은 이 시대가 잃어버린 사랑에서 나온다. 오직 사랑만 진정한 선물을 가능하게 하는 것이다. 사랑으로 주는 선물은 거래와 속임수 가운데 사는 우리의 이웃과 세상을 놀라게 하는 가장 좋은 방법이다.

선물은 선물을 받는 사람을 변화시킨다. 〈레미제라블〉에서 탈옥을 한 장발장은 자신에게 은신처를 제공한 신부로부터 은촛대를 훔쳐 도망쳤다. 그가 경찰에 잡혔을 때 신부는 경찰에게 "그 은촛대는 내가 저 사람에게 선물로 준 것이오"라고 말했다. 바로 장발장의 인생에서 전환점이 되는 장면이다. 선물이라는 그 한마디가 장발장의 인생을 바꾸어 놓았다. 사랑의 선물은 겉모습뿐 아니라 사람의 마음과 의지를 바꾼다. 그리고 그 선물은 또 다른 선물을 낳는다.

교회는 그러한 선물이 오가는 곳이다. 구원의 선물을 받은 성도들이 사랑에 기초한 선물을 나누며 자신의 삶을 변화시킨다. 그렇게 크리스천은 교회 밖에 있는 사람들에게 사랑의 선물이 된다. 결국 교회 자체가 이웃과 세상에 하나님의 선물이 되는 것이다. 선물을 받은 자들이 선물로 살 때 비로소 교회는 세상의 소망이 된다.

소 / 그 / 룹 / 을 / 위 / 한 / 질 / 문 /

1. 최근 내가 다른 사람들을 감동시키거나 다른 사람이 나를 감동시킨 일이 있는지 나누어 보자.

2. 주변 크리스천들의 삶에서 신앙의 진정성을 느낄 때는 언제인가?

3. 나는 누구를 위해 어떤 창문을 닦아야 하는가? 나는 누구를 위해 부름을 받았으며, 그들에게 어떤 선물이 되어야 하는가?

12장

현재적 영성

소망

34

미래는 현재를 위한 이정표다

어렸을 적 나는 전자오락 도사였다. 언젠가 부모님께 실컷 혼난 후 오락실을 완전히 떠나기 전까지 전자오락은 내 인생 최고의 기쁨이자 살아가는 이유였다. 한 번 동전을 넣으면 한두 시간을 붙들고 있다 보니 오락실 아저씨가 내가 오는 것을 싫어할 정도였다. 그런데 요즘은 게임 문화가 예전과 사뭇 다르다. 우리 집 아이들이 게임하는 것을 보니 예전처럼 오락실이 아니라 주로 집에서 개인용 컴퓨터나 휴대폰으로 게임을 한다. 동전을 넣으면 필사적으로 매달리던 예전과 달리 모바일 게임은 돈을 내지 않아도 되니 위기 상황이 왔을 때 쉽게 포기하고 다시 새로운 게임을 시작한다. 그런 아이들을 보면서 내가 한마디를 해주었다. "너희는 게임을 대하는 자세가 안되어 있다." 그런 태도로는 진정한 게이머가 될 수 없다는 게 내 지론이다. 마치 다음 게임이 없는 것처럼 현재의 상황에 최선을 다해야 한다. 작은 일이라도 제대로 하려면 현재성이 요구된다.

잘못된 성경 해석에서 공통으로 나타나는 현상 중 하나는 '현재성'이 없거나 약하다는 것이다. 성경을 문자적으로만 해석해서 그 의미를 왜곡하는 것은 그 본문이 처한 과거의 정황을 여과 없이 적용한 나머지 현재를 무시한 것이다. 성경은 분명 과거의 텍스트에서 나온 것이지만 그것을 제대로 해석하기 위해서는 그 본문을 현재의 정황 속에서 신학화하는 작업이 필요하다.

또한 많은 이단이 종말론과 관련해 미래에만 집착함으로써 현재성을 놓치는 오류를 범한다. 기독교 종말론은 물론 미래에 이루어질 일들에 관한 것이다. 하지만 그 미래에만 집중하면 오히려 현실의 의미와 중요성을 놓치는 건강하지 않은 신학이 된다. 미래의 특정한 시간에 초점을 맞추다 보니 현재성과 일상의 중요성을 놓치는 것은 분명 하나님의 뜻이 아니다. 그래서 예수님이 제자들에게 "그날과 그때는 아무도 모르나니 오직 아버지만 아시느니라(마 24:36)"고 말씀하신 것이 아닌가 싶다.

사실 종말론의 주된 관심은 미래가 아니라 현재다. 오늘 소망을 가지고 미래에 이루어질 일을 준비하게 하기 위함이다. 세상의 끝과 천국은 고달프고 힘겨운 현실에서의 삶을 도피할 수 있는 환각제가 되어서는 안 된다. 결국 죽으면 천국에 가기 때문에 오늘의 삶을 포기해도 된다고 생각한다면 그들의 믿음은 결코 건강한 것이 아니다. 오히려 미래를 기다리는 종말론적인 믿음은 더욱 강력한 현재적 영성 위에 서 있어야 한다.

중학생 때 참여했던 수련회에 대한 기억이 아직도 선명하다. 우리는 너무나 큰 은혜를 받아 열심히 기도했다. 많은 친구들이 방언을 받고 회개를 하고 삶을 하나님께 드리겠다는 헌신의 결단도 했다. 어떤 친구는 철야집회 때 바닥에 데굴데굴 구르며 눈물의 기도를 하고 은혜를 체험했다. 수련회가 끝나고 우리는 일상으로 돌아왔다. 그 주에 주일예배를 마치고 나오는데 교회 마당에서 큰 싸움이 일어났다. 나는 누구인지 보고 너무나 놀랐다. 수련회 때 데굴데굴 구르며 기도하던 친구가 이제는 다른 아이와 싸우고 있는 것이 아닌가!

어떤 성도는 과거의 신앙 경력을 들먹이지만 정작 지금은 헌신하지 않는다. "제가 이전 교회에서는 여전도회 회장이었는데…", "제가 예전에 40일 금식도 하고 성경도 몇 번을 읽었는데…", "제가 결혼하기 전까지 청년부 임원이었고 이런저런 사역도 많이 했었는데…." 물론 그들이 과거에 한 헌신은 귀한 것이고 그들의 신앙생활과 공동체에 도움이 되었을 것이다. 하지만 한 가지 기억해야 할 것이 있다. 믿음은 관계적인 것이기에 늘 현재적이다. 헌신이 믿음에 근거한 것이라면 이전의 헌신은 오늘의 믿음을 보장하지 않는다. 지금 주님께 감사하고 그분을 사랑하기에 섬기는 것이다. 그래서 어떤 헌신도 하나님 앞에서 업적이 될 수 없다. 오늘의 감사와 은혜는 오늘 표현해야 하는 것이다.

어떤 사람은 현재에 이루어져야 할 믿음의 삶을 미래로 미룬다. "제가 믿음이 더 자라면 술과 담배를 끊고 봉사도 열심히 하겠습니다", "제가 사업이 안정되면 그때 가서 신앙생활을 적극적으로 하겠습니다", "기도 생활은 아이가 좀 더 큰 다음에 하겠습니다." 물론 그 말은 진심이고, 지금 그 약속을 지키기에는 쉽지 않은 상황이 있을 것이다. 하지만 오늘 하나님과의 친밀한 관계와 헌신 없이는 미래가 보장되지 않는다. 현재에 이루어야 할 신앙생활을 뒤로 미루는 만큼 미래에 하나님과의 관계는 더 멀어질 가능성이 높다.

구원의 문제도 마찬가지다. 어떤 성도는 구원을 예수님을 영접했던 사건으로 축소시킨다. 구원을 과거의 일시적인 사건으로 생각해 현재적 삶의 중요성을 간과한다. 그것은 건강한 복음주의 기독교의 구원론이 아니다. 사도 바울은 "항상 두렵고 떨림으로 너희 구원을 이루라"(빌 2:12)고 권면했다. 예수님을 영접하는 것은 과거의 한 시점에 생긴 일이지만 그분이 내 삶의 주인이 되셨다면 그 구원은 분명 오늘의 삶을 포함해야 한다.

또한 구원은 죽어서 천국에 가는 미래의 문제만이 아니다. 영생과 천국은 구원받은 자가 받은 선물이다. 하지만 그 자체는 구원 전체를 뜻하는 것이 아니다. 주님과의 관계를 시작하면서 우리는 그리스도의 신부가 되었다. 그리고 주님과의 진정한 연합은 미래에 이루어질 일이다. 하지만 오늘 그 미래를 위해 준비하는 신부가 되지 않고 어찌 그분 앞에 설 수 있겠는가? 날마다 두려움과 떨림으로 구원을 이루는 것은 신부로서 다시 오실 예수님을 맞이할 준비다. 그리고 그것은 오늘의 삶을 통해 진정 예수 그리스도를 사랑하는 것이다.

내가 지금 예수님을 사랑하지 않는데 그리스도의 신부가 되었다고 말할 수 있는가? 내가 그분을 사랑하지 않는데 한두 해도 아니고 영원히 그분의 신부로 사는 것을 천국이라고 할 수 있는가? 언제 죽을지 모르는 삶을 살면서 내가 오늘 죽어도 그분의 사랑하는 신부로 설 수 있는가? 우리는 매일 그렇게 질문해야 한다. 믿음도 현재적이고, 헌신도 현재적이고, 구원도 현재적이다. 그리고 그 모든 것은 하나의 핵심적인 신앙의 원리, 곧 사랑에 근거한다.

사랑의 현재성

결혼한 지 얼마 되지 않았을 때 아내에게 나와 결혼하고 나서 후회하는 것이 있는지 물었다. 잠깐 생각하더니 아내는 한 가지가 있다고 했다. "당신을 좀 더 일찍 만나지 못한 것이 후회돼요." 글을 읽는 당신은 아마도 닭살이 돋았을 것이다. 그런데 한참이 지난 후에 아내에게 같은 질문을 했는데 이렇게 대답해서 한바탕 웃었다. "지금은 내가 그때 그렇게 말한 것이 후회돼요."

많은 아내들이 결혼하고 나서 남편이 변했다고 말한다. 그러나 사실은 남편이 변한 것이 아니라 원상태로 돌아온 것이다. 과거 연애할 때의 사랑은 불타는 감정으로 한순간 달아오른 것이고 진짜 사랑은 그 후부터다. 한순간 불타는 사랑도 사랑이지만, 정말 우리가 누려야 할 사랑은 그것보다 크고 지속적이다. 우리는 항상 '지금도 사랑하고 있는가?'라고 스스로 물어야 한다.

만약 누군가 당신에게 "내가 과거에 당신을 사랑했었다"라고 말한다면 그 말은 지금은 사랑하지 않는다는 의미일 수 있다. 누구나 사랑해서 결혼하지만, 그렇게 사랑하던 사람이 가장 미워하는 사람이 될 수 있다. 또한 우리는 "나는 나중에 당신을 사랑할 거야"라고 말하지 않는다. 물론 나중에 사랑할 수도 있지만 지금 사랑하지 않고 어떻게 미래의 사랑을 보장할 수 있겠는가?

사랑은 그 자체로 매우 강력한 현재성을 가지고 있다. 사랑은 우리의 생각과 감정과 행동에 침투하여 현재형으로 진행된다. 시간적으로도 현존(present)하지만 우리 삶의 모든 영역에 들어와 우리의 존재 속에 머문다. 사랑은 '지금 그리고 여기'(here and now)의 실존적 경험이다.

하나님의 사랑은 늘 현재적이다. 하나님은 전에도 사랑하셨고 지금도 사랑하시며 미래에도 사랑하실 것이다. 사실 그분의 사랑은 시제에 구애받지 않는다. 과거와 현재와 미래가 그분 안에서 하나다. 그래서 한결같은 하나님의 사랑이 오늘 우리의 삶을 지탱하고 있음을 잊는 것은 믿음의 위기다. 그분의 사랑을 의심하는 것은 하나님을 의심하는 것이다.

신앙은 하나님과의 사랑의 관계다. 그 관계는 그분의 완전한 사랑으로 인해 견고하다. 상황이나 나의 연약함 때문에 퇴색하거나 흔들리지 않는다. 하나님은 늘 그분의 현재적인 사랑에 우리가 믿음으로 반응해 주기를 기다리신다. 그것은 그분이 지금도 나를 사랑하심을 믿는 것이고 나도 그분을 사랑하는 것이다. 하나님의 사랑은 우리가 그분의 사랑에 현재적으로 반응할 때 실재가 된다.

오늘을 위한 이정표

기독교 종말론은 소망에 관한 것이다. 소망은 단지 미래뿐만 아니라 현재에 관한 것이다. 현재에 대한 인식은 미래를 좌우하는 결정적인 요소가 된다. 미래는 현재를 떠나 존재할 수 없다. 미래를 만들어가는 현재야말로 미래를 준비하고 대면해야 할 크리스천에게 더욱 중요하다.

약속된 미래는 현재의 시간을 위한 힘과 위로요 이정표다. 그것이 기독교 종말론의 핵심이다. 요한은 계시록에서 미래에 대한 환상을 글로 써서 소아시아 일곱 교회의 성도에게 현재를 더 굳건한 믿음으로 담대하게 살라고 격려했다. 계시록의 사람들은 고난 중에도 더욱 힘을 내어 찬송하고 예배하며 핍박과 환란을 이겨냈다. 계시록의 종말론은 그것이 어떻게 미래에 이루어질지가 아니라 그것을 통해 현재를 어떻게 살아야 할지를 보여 주는 데 목적이 있다.

결국 미래에 대한 크리스천의 관심은 종말의 시기나 그 후에 어디에 살 것인지에 대한 문제가 아니다. 그것이 중요하다면 성경이 그것에 대해 그토록 말을 아끼지 않을 것이다. 오히려 성경은 오늘 우리가 처한 상황에 어떻게 반응하며 살지에 관심을 기울인다. 그리고 우리에게는 주님이 이미 예비해 놓으신 선한 결말이 있다는 확신을 주며 오늘 주어진 이 시간에 매진하라고 명령한다.

참된 기독교 신앙은 소망을 내세적으로 제한하는 것을 경계한다. 많은 이단은 하나님의 상급과 심판을 내세의 것으로만 여기고 그것을 가르치려 한다. 그러나 그런 신앙은 기독교 진리의 중요한 부분을 오해한 것이다. 다가올 하나님 나라는 현실에 임하는 하나님 나라와 단절된 것이 아니라 연결되어 있다. 그러므로 크리스천은 현실에서 부분적이고 파편적으로나마 하나님 나라를 경험해야 한다. 그로써 우리는 다시 미래로 나아가는 힘을 얻을 것이다.

소/그/룹/을/위/한/질/문/

1. 현재 내가 가장 관심을 가지고 있는 일은 무엇인가? 그것은 내 삶에 얼마나 중요한가?

2. 혹시 내가 믿음이나 구원, 사랑에 대해 오해하는 부분은 없는가? 이 장의 내용이 나에게 도전을 주는 부분이 있다면 나누어 보자.

3. 미래에 집착한 나머지 현재의 삶에서 놓치고 있는 중요한 것은 무엇인가? 오늘 나에게 어떤 변화가 필요한가?

35
기다림은 현실과 약속을 연결하는 행위다

20세기 이후부터 신학계에 가장 떠오르는 주제 중 하나는 '하나님 나라'다. 하지만 아직 그 개념에 익숙하지 않은 사람이 많다. 특히 근본주의적 성향을 가진 사람 중에는 여전히 하나님 나라를 오직 내세와 관련된 곳, 즉 죽어서 가는 곳으로만 생각하기도 한다. 물론 우리가 죽은 후 영원히 살게 될 천국은 하나님이 통치하시는 그분의 나라다. 그러나 성경에 나타난 하나님 나라의 개념은 그보다 더 확장된 의미다. 그것은 하나님 나라를 영토나 시간보다는 주권과 통치의 개념으로 이해하고 현세와 내세의 차원을 초월해 하나님이 다스리시는 영역을 말하는 것이다.

하나님 나라는 그분이 세상을 창조하신 목적이라 할 수 있다. 하나님은 그분과 그분의 피조물이 이루는 샬롬이 넘치는 사랑의 공동체를 꿈꾸셨다. 비록 현재의 세상이 죄로 인해 그 계획에서 멀어졌어도 그분은 지금도 이 땅에서 하나님 나라를 이루며 확장해 가신다. 하나님 나라는 과거와 현재와 미래, 영원을 아우르는 전역사(全歷史)적이고 초역사(超歷史)적인 그분의 계획이다.

그래서 하나님 나라가 이미 임했으니 종말이 없다고 하거나 과거 또는 현실과 단절되어 있다고 생각하는 것은 극단적 현세주의나 편협한 구원론 또는 시한부 종말론을 부추기는 잘못된 역사관이다. 하나님 나라는 과거부터 도래했고 현재 이루어지는 실체이며 미래에 완성될 것이다.

그렇기에 하나님 나라는 이미(already) 임했으며 아직(yet) 임하지 않았다. 그것은 우리의 현실이 '이미'와 '아직' 사이에 위치하고 있음을 의미한다. 하나님 나라는 아직 완성되지 않았기에 우리에게 '기다림'이라는 숙제를 요구한다. 하나님 나라의 궁극적인 완성은 '기다림'을 통하지 않고는 이루어지지 않는다. 그러므로 기다림은 피하거나 거부할 수 없는 인간의 현실이다.

거북이 삼형제가 소풍을 갔다. 한참을 올라가서 점심때가 되어 김밥을 먹으려고 보니 마실 물이 없었다. 거북이 형제들은 가위바위보를 해서 진 거북이가 물을 뜨러 가기로 했다. 그 결과 막내 거북이가 물을 뜨러 가게 되었다. 막내 거북이는 자기가 물을 뜨러 간 사이 형들이 김밥을 다 먹어 치울까 봐 걱정이 되어 이렇게 말했다.

"형들, 먼저 김밥 먹지 마!" 그 후 막내 거북이가 물을 뜨러 간 사이 형들은 등껍질 속에 머리를 집어넣고 동생을 기다렸다. 하루, 이틀… 한 달, 두 달…. 그러나 아무리 기다려도 물을 뜨러 간 막내가 돌아오지 않았다. 기다림에 지친 형들은 더 이상 배고픔을 참지 못하고 김밥을 딱 한 개씩만 먹기로 했다. 그들이 막 김밥을 먹으려는 순간 물을 뜨러 간 줄 알았던 막내 거북이가 바위 뒤에서 불쑥 얼굴을 내

밀면서 소리쳤다. "형들, 그런 식으로 나오면 나 물 뜨러 안 간다!"

느린 거북이에게는 기다림이 좀 더 쉬울지 모르지만 인간에게는 그렇지 않다. 그러나 기다림은 피할 수 없는 인간의 실존이다. 배우자가 나타나기를 기다리고, 반항적인 자녀가 철들기를 기다리고, 일자리가 나타나기를 기다리고, 건강이 회복되기를 기다리고, 갈등이 끝나기를 기다리고, 경제적인 압박에서 벗어나기를 기다린다. 삶은 계속해서 메뉴를 바꿔가며 우리에게 기다림을 요구한다.

기다림에 대한 묵상은 기다림의 끝에 있는 결과뿐 아니라, 기다리는 과정 자체가 하나님의 계획임을 깨닫게 한다. 긴 여행을 할 때 이동하며 보는 풍경, 여행 중에 만나는 사람들, 함께 대화하며 가는 여정 자체가 목적지보다 더 중요할 수 있다. 차에서 내내 잠만 자다가 목적지에 도착하면 남는 거라고는 멍한 상태에서 잠시 사진을 찍고 화장실 간 것밖에는 없다.

하나님이 아브라함에게 아들을 주겠다고 하셨을 때 그의 나이는 75세였다. 분명한 약속을 주셨지만 25년을 기다리게 하셨다. 요셉에게 놀라운 꿈을 주신 하나님은 10여 년 동안 종살이와 감옥살이를 하며 기다리게 하셨다. 이스라엘은 가나안 땅에 들어가기 위해 40년 동안 광야에서 기다려야 했다. 즉 성경에 나오는 하나님의 사람은 한결같이 기다림의 사람들이었다.

기다림은 시간 속에 갇힌 피조물에게만 있는 것이 아니다. 시간을 초월한 하나님도 오래 참고 기다리시는 분이다(벧전 3:20). 성부 하나님은 끊임없이 죄를 짓는 우리를 기다리신다. 성자 예수님도 하나님 우편에서 자신과 함께 다스릴 하나님의 자녀들을 기다리신다. 성령님도 우리를 위해 탄식하며 간구하시고 우리가 그리스도의 장성한 분량에 이르기까지 기다리신다. 그 이유는 우리를 사랑하시기 때문이다.

기다림의 시간은 그 자체로 헛되거나 빨리 지나가야만 하는 것이 아니다. 진정한 승리와 영광은 즉각적인 처방이나 치료가 아니라 기다림을 통해서만 얻을 수 있다. 승리가 결과라면 기다림은 그 승리를 가져오는 과정이요 도구다. 참된 크리스천의 소망은 신속한 성공과 승리를 말하거나 보장하지 않는다. 하나님이 예비하신 영광은 '기다림'이라는 용광로 안에서 제련되기 때문이다.

우리가 기다려야 하고 기다릴 수 있는 이유는 기다림 뒤에 승리와 영광이라는 하나님의 신실한 약속이 있기 때문이다. 그 약속은 미래에 대한 낙관적인 사고가 아니요, 이를 악물고 참고 살다 보면 언젠가 좋은 날이 오리라는 근거 없는 위로도 아니며, 아무런 보장도 없이 무조건 괜찮아질 것이니 억지로 웃으라는 강요도 아니다. 거기에는 복음을 통해 드러나는 분명한 약속의 패러다임이 있다.

현실과 약속을 잇는 삶의 원리

진정한 소망은 그리스도가 십자가에 달리셨음을 기억한다. 예수님은 죽다가 살아나시거나 죽을 뻔하다 살아나신 것이 아니다. 그분은 실제로 십자가에서 죽으셨고, 그 후 죽음을 이기고 부활하셨다. 그분의 부활은 십자가라는 고통과 절망을 적극적으로 끌어안음으로 이루어진 승리다.

크리스천은 지금 처한 상황을 애써 무시하거나 피하면서 소망을 보지 않는다. 오히려 그것을 대면하고 그 상황을 통해 미래를 본다. 자신이 처한 악조건과 어려운 상황을 그저 원망하고 피하는 것이 아니라, 그것이 궁극적인 목적을 위해 사용되고 있다는 사실을 인식한다. 크리스천은 미래에 도취된 나머지 주어진 삶의 자리와 현실에서 도피하지 않는다. 복음을 통해 고된 현실을 대면하는 것이야말로 소망을 이루는 방법이요 과정이며 능력임을 알기 때문이다.

크리스천은 고난을 당하지 않는 사람이 아니다. 그것을 끌어안고 대면하여 이기는 사람이다. 십자가에 달려 죽으시고 부활하신 그리스도를 믿는 자는 자신의 삶에 어려움과 슬픔이 없어야 한다고 생각하지 않는다. 그것은 거짓된 환상일 뿐, 우리가 실제로 발 딛고 살아야 할 현실과의 대면을 저해한다. 그뿐 아니라 진정한 나 자신과 하나님의 대면도 방해한다.

수많은 시편은 고통을 호소하는 기도다. 그러나 시편 기자들은 그들이 당한 고통의 현실을 외면하지 않고 오히려 그것을 기도와 찬송으로 승화시킨다. 그들은 고통을 숨기거나 미워하거나 거부하지 않는다. 오히려 그 차디찬 현실을 끌어안으며 그것을 하나님이 일하실 통로로 인정하고 거기에 거룩함과 존엄성을 부여한다. 그로써 그들을 둘러싼 고통의 현실은 하나님이 임재하고 일하시는 거룩한 곳이 된다.

십자가의 시간과 같은 고통의 현실이 그리스도인의 실존이듯이, 십자가를 통한 부활과 승리도 그리스도인의 실존이다. 그리스도와 연합한 하나님의 자녀는 삶의 자리에서 그리스도와 함께 십자가와 부활에 참여한다. 십자가의 고난을 통과한 믿음의 성도는 이 땅에서든 죽은 후에든, 분명 부활의 승리와 영광을 누리게 될 것이다. 우리의 고통과 아픔과 슬픔은 그것 자체로는 모든 의미를 담지 못한다. 즉 십자가는 부활을 통해서만 해석할 수 있다. 그러므로 복음을 믿는 크리스천에게 부활이 없는 십자가는 없다. 승리와 부활을 기대하지 않는 고난과 죽음은 이미 십자가의 의미를 상실한 것이다. 누구에게나 고통의 시간은 있다. 당신은 그저 고통의 길을 걷고 있는가, 아니면 십자가의 길을 걷고 있는가?

그리스도와 하나 된 이들의 삶은 이미 '십자가와 부활'이라는 패턴 가운데 있다. 이는 그리스도인의 현실과 약속을 연결하는 해석학적 틀이요 기독교적인 삶의 원리다. 부활의 관점에서 십자가를 해석해야 하듯이 우리는 약속과 미래에 대한 기대 속에서 현재를 경험하고 해석해야 한다.

십자가와 부활의 실재

그리스도의 또 다른 칭호 '잠자는 자들의 첫 열매', '죽은 자들의 부활의 첫 열매' 등은 그야말로 희망의 언어다. 그것은 단순히 희망사항이 아니라 신실하신 하나님이 우리에게 주신 가장 구체적이고 현실적인 약속이다. 하나님은 약속하시는 분이고 그리스도는 그 약속의 성취다. 또한 예수 그리스도를 믿는 것은 그 놀라운 약속에 참여하는 것이고, 우리는 그분을 믿기에 성령의 능력 안에서 약속이 이끄는 삶을 살 수 있다.

칼 바르트는 십자가와 부활이 '제3의 시간'에 속한다고 말했다. 그것은 역사를 초월하시는 하나님의 사건으로, 우리의 시간에 제약받지 않고 하나님과 연합한 크리스천의 삶에 언제든 현재로 경험할 수 있다는 것이다. 예수님이 십자가를 지신 것은 이미 과거의 일이니 오늘 죄를 지어도 괜찮은 것이 아니다. 즉 오늘 내가 지은 죄는 이미 예수님이 2,000년 전에 십자가에서 고난받으셨기에 괜찮은 것이 아니라, 오늘 예수님을 다시 십자가에 못 박는 것이 된다.

부활도 마찬가지다. 예수님의 부활은 단지 그분의 개인적인 일이나 2,000년 전에 일어난 과거의 사건이 아니다. 그것은 현실과 내세, 시간과 공간을 초월한 사건이다. 그러므로 그리스도의 부활은 그분과 하나 된 우리가 현실에서 날마다 경험할 수 있다. 오늘 크리스천의 십자가는 그것이 현실이든 내세든, 분명히 부활로 이어질 것이기에 우리는 언제나 승리와 영광을 기대할 수 있다.

그렇듯 예수님의 부활은 오늘 우리의 삶에서 소망을 갖게 하고 미래를 열어 주며 약속의 성취를 알려 주는 사건이다. 부활은 하나님의 공의와 정의의 실현, 그분의 임재와 영광을 강렬하게 소망하게 한다. 그리고 그것은 단지 소망하게 하는 힘만이 아니라 하나님 나라를 도래하게 하는 능력이다. 따라서 부활을 믿는 크리스천은 현실을 지금 존재하는 모습 그대로 받아들이지 않는다. 또한 지금 상황이 약속과 불일치되어 보여도 당황하거나 실망하지 않는다. 현실은 희망이 움직이고 있으며, 그 방향 가운데 변화될 수 있다고 믿는다. 그들은 오늘의 고난을 이길 수 있는 힘과 이유를 결코 빼앗기지 않는다.

하나님 나라는 분명히 이루어지고 그분의 주권은 완성될 것이다. 하나님의 뜻이 하늘에서 이루어진 것같이 땅에서도 이루어질 것이다. 우리 개인의 삶과 공동체 안에서, 나아가 이 역사와 영원 속에서 그분의 뜻과 목적은 분명히 성취될 것이다. 그리고 우리는 십자가의 현실 속에서 부활의 약속을 가진 자요, 고난을 대면하는 소망의 능력을 소유한 자로 하나님 나라의 조각을 경험할 것이다.

우리가 크리스천이 된 것은 그리스도의 십자가와 부활을 믿기 때문이다. 그때 십자가와 부활은 우리의 삶에서 현실이 된다. 크리스천은 십자가와 부활 사이에서 기다린다. 그 기다림의 자리에서 우리의 믿음은 한 팔로는 십자가를, 다른 한 팔로는 부활을 끌어안는다. 그렇게 십자가와 부활은 우리의 삶에서 하나가 되고 실재가 된다.

1. 나의 삶에서 가장 기다리기 어려운 일이나 문제는 무엇인가?

2. 소망이 없다면 기다림의 의미도 사라진다. 나의 가장 궁극적인 소망은 무엇이며, 어떻게 그 기다림의 시간을 보내고 있는가?

3. 십자가와 부활이 삶의 의미며 패턴이라는 사실이 나에게 주는 도전은 무엇인가? 그것은 나의 생각과 행동에 어떤 변화를 요구하는가?

36
진실한 소망은 사랑의 확신에서 온다

둘째 아이가 초등학생 때의 일이다. 학교에서 시험지를 받아왔는데 그것을 본 아내와 나는 거의 기절할 뻔했다. 시험 문제가 "'꿀벌은' 을 소리 나는 대로 적으시오"인데 아이가 답을 "웡"으로 쓴 것이다. 아이는 선생님의 출제 의도를 완전히 오해한 것이었다.

응답도 응답이지만 기다림의 시간에는 분명 하나님의 출제 의도가 있다. 크리스천은 기다림을 하나님의 뜻으로 받아들이는데 그때 중요한 것은 기다림의 과정이다. 하나님의 출제 의도를 알아채지 못하는 한, 그 문제는 풀리지 않는다. 혹 그 문제를 해결했어도 그 해답은 내 것이 되지 못한다.

지금은 어떠한지 모르지만 예전에 수학 주관식 문제의 답은 0이나 1이 많았다. 수학을 못하는 학생도 얼추 그렇게 맞추었다. 그러나 그렇게 몇 번 정답을 맞힌다고 그것이 실력이 되는 것은 아니다. 수학은 한두 문제의 정답보다 그 문제를 푸는 과정이 중요하다. 그렇지 않고는 다른 문제를 풀 실력을 가질 수 없다.

물론 기다림 이후의 결과도 중요하다. 그러나 우리에게 주신 기다림의 시간은 그 자체로 목적일 때가 많다. 하나님은 그 시간을 통해 인내와 믿음을 배우고 신뢰를 다지라고, 미래의 영광을 준비하라고, 그 시간을 통해 결과보다 더 소중한 것을 누리라고 말씀하신다. 그렇기에 기다림의 시간을 어떻게 보내는지가 중요하다.

하늘에서 장대 같은 비가 쏟아진다. 누군가 그 비를 받기 위해 장독대를 열어 놓는다고 가정해 보자. 장독대가 어떤 모양으로 있는지에 따라 빗물이 가득 담길 수도 있고 하나도 담기지 않을 수도 있다. 하늘을 향해 제대로 서 있는 장독대에는 물이 가득 담길 것이다. 하지만 입구가 땅을 향하고 있는 장독대에는 물이 하나도 담기지 않을 것이다. 또 반쯤 비스듬히 서 있으면 물이 절반만 채워질 것이다.

기다리는 모습 속에 미래가 있다. 어떻게 기다리는지에 따라 기다림의 결과가 달라지는 것이다. 즉 기다리는 태도와 모습은 우리가 가고 있는 방향을 반영한다. 승리할 사람은 승리의 모습을 취하고, 패배할 사람은 패배의 모습으로 기다린다. 그런 면에서 볼 때 믿음은 기다림의 능력이다. 나의 믿음은 기다리는 모습을 결정짓는다. 그 모습 속에서 우리는 '의인은 믿음으로 말미암아 산다'라는 말이 어떻게 현실 속에서 구현되는지 알게 된다.

소망이 있는 기다림은 새벽을 기다리는 파수꾼의 이미지와 같다. 아직 캄캄하지만 파수꾼은 해가 뜬다는 것을 의심하지 않는다. 그는 어둠이 짙어갈수록 새벽이 가까이 왔다는 것을 알고 있기에 기다리면서도 무료하거나 공허하지 않다. 그는 어깨를 펴고 두 눈을 크게 뜨고 빛나는 눈동자로 캄캄한 어둠을 본다. 기다림의 시간을 확신이 찬 소망으로 보낼 수 있는 것이다.

하나님을 향한 사랑의 표현

크리스천의 기다림은 그저 모든 상황을 견디며 머물러 있는 것이
아니다. 체념 상태로 무료하게 버티는 것도 아니다. 그들의 기다림
은 오히려 적극적이고 당당하며 열정적이다.

　요한계시록을 보면 핍박 중에 하나님의 백성이 기다리는 바벨론
의 멸망이 계속해서 지연된다. 일곱 번째 인이 떨어질 때까지 기다
렸더니 다시 일곱 나팔이 시작되고 일곱 번째 나팔을 불면 끝나는
줄 알았더니 다시 일곱 대접이 쏟아진다. 그 중간에는 기다림에 지
친 사람들의 한숨과 탄식이 나오지만 하나님은 그들에게 계속 기다
리라고 하신다. 그때 하나님에 대한 그들의 반응은 놀랍게도 예배
다. 그들은 찬송하고 기도하며 예배로 반응한다. 그들은 기다림의
시간을 예배로 채운다. 그들의 예배는 지금 다 보이지 않지만 하나
님의 일하심에 대한 믿음의 반응이다. '찬송하고 기도하면 하나님
이 일해 주시겠지'라는 막연한 기대가 아니다. '내가 예배했으니 하
나님도 그에 상응하는 결과를 주시겠지'라는 것도 아니다. 그들은
하나님에 대한 확고한 믿음으로 예배하면서 그분의 계획에 참여하
고 있었던 것이다.

　그렇다면 오늘 크리스천이 기다리는 형식도 예배여야 한다. 하나

님의 신실한 약속을 신뢰하기에, 지금의 고난보다 더 분명하고 견고한 소망이 있기에 우리는 예배를 멈출 수 없다. 어쩌면 우리 인생의 목적은 어떤 응답이나 성취가 아니라 기다림 그 자체일 수 있다. 왜냐하면 예배 자체가 우리 존재의 목적이기 때문이다.

예배의 본질은 사랑이다. 예배는 헬라어로 '프로스퀴네오' (προσκυνέω)다. 이는 '…을 향한'이라는 뜻의 전치사 '프로스'(πρός)와 '키스하다', '입맞추다'라는 뜻의 동사 '퀴온'(κύων)의 합성어다. 예배는 하나님을 향한 입맞춤이다. 입맞춤은 친밀하고 깊은 사랑의 표현이다. 반면 사랑하지 않는데 입맞춤하는 것은 거짓이요 음행이며 죄다. 가룟 유다의 거짓 입맞춤은 예수님을 팔아넘겼다.

예배의 위기는 사랑이 없는 것이다. 사랑은 없고 형식과 허세만 있다. 경배는 없고 하나님과의 거래만 있다. 주님과의 친밀하고 인격적인 관계는 없고 잡다한 요구와 불평만 있을 뿐이다. 사랑이 없으면 신앙으로 위장한 탐욕만 남는다. 탐욕적인 예배는 거짓이 되고 죄악이 된다. 그리고 그런 예배자는 자기의 욕심을 채우느라 급급해 참된 소망을 갖지도 못하고 온전한 모습으로 기다리지도 못한다.

사랑은 오래 참는다(고전 13:4). 그래서 사랑이 있으면 기다릴 수 있다. 기다리기 어려운 이유는 하나님의 사랑을 확신하지 않고 하나님을 진정으로 사랑하지도 않기 때문이다. 광야에서 이스라엘 백성은 기다리지 못하고 금송아지를 만들었다. 그들에게는 야훼 하나님을 향한 사랑 대신 식욕을 해결하려는 아우성만 있을 뿐이었다.

요한계시록의 비밀은 그런 의미에서 사랑이다. 하나님을 사랑하는 사람은 끝까지 버티며 소망한다. 사랑으로 노래하며 열정적인 예배로 기다림의 시간을 채운다. 그들의 기다림이 그렇게 능동적일 수 있었던 이유는 사랑 때문이다. 사랑의 사도 요한은 그들에게 하나님의 사랑을 전했고 그들은 하나님과 사귀며 사랑했다. 그 사랑으로 인해 그들은 고난 가운데서도 찬양했고 핍박을 두려워하지 않았다.

요한계시록의 사람들이 하나님을 사랑할 수 있었던 이유는 하나님이 그들을 사랑하신다는 확신에 근거한다. 그들을 둘러싼 위기와 핍박은 그들의 확신을 무너뜨리지 못했다. 좋은 일만 있어도 하나님의 사랑을 믿지 못하는 이들이 있는데, 어떻게 그들은 핍박과 죽음의 위기 가운데 하나님의 사랑을 확신할 수 있었을까?

소망은 그저 공상하는 것이 아니다. 크리스천에게 소망은 최소한의 감각으로 느끼는 현실보다 확실해야 한다. 그래야 눈에 보이는 현실을 이길 수 있기 때문이다. 크리스천은 어떤 이유로 우리의 미래가 영광스러울 것이라고 담대히 말할 수 있는가? 도대체 무엇을 근거로 가혹한 현실을 소망으로 이기겠다는 것인가? 크리스천은 그 확신의 근거에 대해 분명하게 말해야 한다.

사랑의 확신

크리스천은 2,000년 전 예수 그리스도가 십자가에서 죽으시고 부활하셨다는 사건에 근거해 확신한다. 그것은 십자가와 부활이 나를 위한 것임을 믿는 데서 오는 확신이다. 그런데 그 믿음은 우리의 합리적인 추론이나 감각적인 경험에서 온 것이 아니다. 오히려 그런 합리성과 감각이 주장하는 것에 현혹되지 않는다.

나도 그런 상식을 뛰어넘는 신앙의 명제들을 쉽게 믿을 만큼 무모하거나 어수룩한 사람은 아니다. 그런데 복음을 믿는다. 복음에 대한 나의 믿음은 상황과 상식을 넘어선다. 한때 그 모든 것을 의심한 적도 있다. 그러나 어느 순간 나는 다시 믿음의 자리에 섰고 오늘도 나는 그 믿음을 붙들고 있다. 나를 만드신 하나님이 나를 사랑하시고, 예수 그리스도가 나를 위해 죽으시고 부활하셨으며, 성령님이 나의 믿음을 견고히 지키고 계심을 의심할 수 없다.

믿음은 하나님이 나에게 주신 선물이지, 내가 찾거나 만들어 내는 것이 아니다. 오직 은혜로만 믿음을 설명할 수 있다. 우리가 가진 믿음 자체가 은혜이고 그 은혜는 모든 확신의 근거가 되기에 조금도 부족하지 않다.

그 구체적 내용은 하나님이 나를 사랑하신다는 것이다. 크리스천은 누군가 우리에게 인생에 가장 확실한 것이 무엇인지 물을 때 "하나님의 사랑"이라고 대답하는 자들이다. 그 대답은 어떤 상황에서도 흔들리거나 변하지 않기에 가장 확실한 믿음의 기초가 된다.

어떻게 하나님이 나를 사랑하신다고 확신할 수 있는가? 더욱이 어렵고 힘든 상황에서 그 사랑을 의심할 수 없는 이유는 무엇인가? 하나님의 사랑에 대한 진정한 증거는 오직 십자가에 달리신 예수 그리스도뿐이다. 그 외에 다른 것을 찾는다면 성경적 믿음이 아니라 가짜거나 이단이다.

크리스천인 우리에게 그 답은 우리가 존재하는 것보다 확실하다. 나를 위해 십자가에서 자신을 내어 주신 하나님의 아들은 모든 상황을 초월한 절대 진리다. 그 확신은 우리의 이성이나 경험보다 훨씬 더 견고하다. 이성이나 경험은 믿음을 더욱 확고히 하는 데 도움이 될 수는 있어도 우리의 믿음은 그것에 근거하지 않는다.

어떻게 그 확신이 도마와 같이 의심 많은 나에게 가능하다는 말인가? 사랑받을 만하지 못한 자에게 어떻게 그렇게 흔들리지 않는 확신이 있단 말인가? 그 이유와 과정에 대해 나는 다 설명할 수 없다. 하지만 분명한 것은 내가 믿고 있다는 사실이다. 내가 그리스도를 믿고 있다는 것은 데카르트가 "나는 생각하므로 존재한다"라고 말한 것보다 분명하다.

그러므로 나는 오늘 소망을 갖는다. 하나님이 이끄시는 역사의 종말은 그분의 본성이자 모든 행위의 방식인 사랑의 궁극적인 실현이다. 사랑의 하나님을 믿는 자는 미래에 대해 견고한 소망을 갖고 그 확신 때문에 현재에서 미래를 경험한다. 하나님의 사랑에 대한 확신은 어떤 상황에서도 그분이 나의 삶 가운데 일하신다는 기대를 포기하지 않게 한다. 심지어 내가 바라고 기대하는 것과 다른 상황에서도 밤새 씨름할지언정 의심하지 않는다.

소망은 두려움과 양립할 수 없다. 두려워한다면 그것은 소망이 아니다. 하나님이 나를 사랑하신다는 확신에 근거한 소망은 두려움을 쫓아낸다(요일 4:18). 과거의 상처, 현재의 어려운 상황, 보이지 않는 미래에 대한 모든 두려움과 의심은 복음이 보여 주는 사랑 안에서 설 자리가 없다.

성경은 두려움을 다른 죄보다 먼저 다룬다(계 21:8). 미래에 대한 불안과 두려움은 곧 예수 그리스도를 통해 나타난 하나님의 사랑에 대한 의심이며 거절이기 때문이다. 자신을 향한 하나님의 사랑을 믿지 않고 거부한 자들에게 종말은 심판자가 분노를 쏟아낼 날이다. 미켈란젤로의 그림 "최후의 심판"에 나온 것처럼 그들은 그리스도의 발 앞에 절망과 고통으로 무너질 것이다. 지옥은 하나님의 아가페 사랑에 대한 저항의 결과다. 그리고 하나님의 사랑을 알고 사랑하며 살도록 설계된 창조의 의도를 끝까지 저버린 자들의 최후다.

그러나 그리스도 안에 있는 자에게 최후의 심판은 하나님의 약속의 성취요 소망의 완성이다. 하나님의 사랑을 믿고 끝까지 견딘 성도들에게 심판의 불은 오히려 영광의 빛이며 구원이다. 악에 대한 심판은 선에 대한 보상의 뒷면이다. 그런 의미로 심판 역시 하나님의 사랑의 표현이라고 할 수 있다.

종말은 악에 대한, 선한 하나님의 최종적인 승리요 역사의 결론이다. 종말을 통해 우리는 개인의 삶과 역사를 관통하는 사랑의 완성을 볼 것이다. 하나님의 사랑은 절망의 이 시대 가운데 유일하게 남은 소망이다. 복음만이 오늘 우리의 기다림과 고된 현실 가운데 참된 소망을 갖게 한다. 결국 짙은 어둠의 시대에 사는 우리에게 필요한 것은 하나님의 사랑의 빛이다. 그것이 우리를 예배하고 기다리며 승리하게 하는 것이다.

1. 누군가에게 사랑의 확신을 주고 싶을 때 나는 주로 어떻게 하는가?

2. 나는 무엇을 근거로 미래에 대한 소망을 품고 있는가? 또한 그 소망의
   근거는 얼마나 확고한가?

3. 나는 어떠한 태도로 미래를 기다리는가? 그 기다림을 하나님이 기뻐하
   시는 시간으로 만들기 위해 나에게 어떤 변화가 필요한가?

13장

사 랑 에 이 르 는 삶

영성

37
생각하는 크리스천이 되고 싶다

똑똑할수록 믿음을 갖기 어려운가? 리처드 도킨스는 "제대로 된 지성인은 신앙인이 될 수 없다"라고 주장한다. 그의 말대로 정말 지성은 신앙을 방해하는가? 심지어 크리스천 중에도 합리적이고 이성적인 생각은 신앙을 위해 불필요하다고 말하는 사람들이 있다. 신앙생활은 머리로 하는 것이 아니기에 지적·논리적으로 사고하는 사람일수록 믿음을 갖기 어렵다는 말이다. 주위에 그런 사람들이 없는 것은 아니지만, 과연 그들이 신앙인들보다 더 똑똑해서 믿지 않는 것인가? 그러면 그리스도인은 신앙을 갖지 않는 사람들에 비해 무식하고 지적 능력이 떨어진다는 말인가? 믿음과 합리적인 생각은 그렇게 서로 대립하는 것인가?

초대 교부였던 터툴리안(Tertulian)은 "아테네와 예루살렘이 무슨 상관이 있느냐?"라는 질문을 던지며 이성과 신앙을 양립할 수 없는 것으로 보았다. 아테네는 철학의 도시, 즉 이성을 말하고 예루살렘은 신앙의 도시, 즉 신앙을 상징한다. 터툴리안에 따르면 두 가지는 근본적으로 상반된다. 그는 "불합리하기 때문에 믿는다"(Credo quia absurdum)라는 유명한 명제를 남기며 신앙은 그 자체로 비합리적이라고 주장했다. 과연 그의 주장대로 합리적인 생각과 믿음은 정말 조화로운 관계를 가질 수 없는 것인가?

사실 신앙과 이성의 이원론적 틀 속에서 지금까지 많은 신앙인이 믿음을 지킨다는 명목으로 이성적인 사고를 꺼려 왔다. 어느 정도 일리는 있다. 믿음은 자로 잴 수 없고 신앙의 내용은 과학이나 수학으로 증명하거나 판단할 수 없기 때문이다. 그러나 과연 믿음의 영역에 이성적인 사고가 들어올 수 없는가? 믿음과 신앙은 물과 기름처럼 서로 배척해야 하는 비극적 운명에 처해 있는가? 신앙에 관한 질문에 대해 합리적인 답변을 요구하는 사람들에게 우리는 "무조건 믿어라. 안 그러면 지옥에 간다"라는 답밖에 할 수 없는가? 나는 그들을 위한, 더 진지한 대응이 필요하다고 믿는다.

이해를 추구하는 신앙

한국 교회와 달리 이민 교회에는 신앙이 없는 사람들도 찾아온다. 아마도 이국 생활의 외로움을 달래고 생활을 위한 정보를 얻으며 도움을 받기 위한 것이거나 낯선 이민 생활을 하며 서로 의지할 대상이 필요하기 때문일 것이다. 청년들을 비롯해 믿지 않는 많은 사람들과 대화하면서 깨달은 것 중 하나는 그들도 깊고 진지한 신학적인 고민을 하고 있다는 사실이었다. 그리고 그들이 믿지 않는 이유는 그들이 품고 있는 질문에 대한 답을 교회나 믿는 사람들에게 얻을 수 없기 때문이었다.

하나님의 존재, 악의 문제, 고난의 문제, 종교다원주의 문제, 도덕적 가치의 문제에 대해 그들은 더 합리적인 방법으로 신앙에 접근하고자 한다. 실제로 많은 사람들이 기독교의 비합리적인 태도 때문에 거부감을 가지고 있다. 그들은 때때로 질문하고 대화하고 싶어 한다. 자신을 제대로 설득해 줄 수 있는 사람을 찾지만, 결국 믿음 밖에서 서성거린다.

신앙의 영역을 향한 그들의 이성적인 접근을 마냥 비난할 수는 없다. 그것이 우리가 세속 사회에서 배우고 터득한 사고의 틀이요 방법이기 때문이다. 우리 사회의 윤곽을 만드는 가장 대표적인 곳은 대학이다. 대학은 지성의 상아탑이다. 그곳에서 사람들은 논리와 합리성을 기틀로 학습하고 그 학습을 통해 지식을 쌓는다. 그들에게 이성적이고 합리적인 사고는 '모든 지식'도 가능하게 하는 도구다. 그리고 그 모든 지식에 하나님에 대한 지식이 포함되어 있다.

우리는 일단 그러한 지적 세계를 비판하기 전에 그 사실을 최대한 인정할 필요가 있다. 그리고 그 지적 세계를 '세속주의'라는 죄명을 씌워 거부하고 무시할수록 기독교 신앙은 사회에서 도태되고 영향력을 잃게 될 것이다. 대학이 미래의 정치가, 저술가, 선생님, 경영인, 법률가, 예술가 등을 키워 내고 그들이 사회에 나와 중요한 결정을 하는 리더가 된다는 것을 감안할 때, 기독교는 현시대의 지적 세계와 더욱 적극적으로 활발하게 소통을 해야 한다.

기독교가 대학이나 지적 세계에서 존중받지 못하는 이유는 간단하다. 지성적 작업의 중요성을 간과하고 그것에 게으르고 안일하게 반응했기 때문이다. 교회가 그렇게 지적 세계를 회피하는 동안 하나님을 믿지 않는 사람들은 더 견고히 그들의 지적 방어벽을 쌓았다. 한국뿐 아니라 전 세계 복음주의 교회가 오랫동안 그 점을 간과해 왔다. 일반적인 학문의 방법론을 존중하는 것은 자유주의 신학자들의 일로만 여기고 신앙을 그러한 것에서 철저히 보호해야 하기에 가능하면 벽을 높이 쌓는 것을 좋은 신앙으로 여기기도 했다. 그 결과 교회는 사회와 세상에서 점점 더 이원론적으로 분리되었고 세상과의 접촉점을 잃어버렸으며, 때로는 비상식적인 태도로 사회적 빈축을 살 때도 있다.

물론 복음 전파가 지성만으로 가능하다고 말하는 것이 아니다. 복음은 이성으로 전하는 것이 아니다. 하지만 반이성주의적인 자세는 오히려 복음 전파에 방해가 된다. 지성은 복음 전파의 도구가 될 수 있으며, 신앙은 그 기초 위에서 합리적으로 건강하게 자랄 수 있다. 여기서 우리가 말하는 지성은 믿음에 근거하고 성령의 인도하심 가운데 있는 것을 전제로 한다. 지성을 영적인 차원과 분리할 때 기독교는 반이성주의의 함정에 빠져 허우적거리게 된다.

기독교는 지성의 종교가 아니며 그렇다고 반지성의 종교도 아니다. 믿음은 이성과 반대되는 개념이 아니다. 무신론자들이 주장하듯 믿음은 합리성 사이의 틈새에 끼어든 것도 아니다. 그러므로 비상식적인 것은 믿음이 아니다. 믿음은 이성을 초월하지만 이성의 기초다. 어떤 이성적 진술이든 그 기초를 보면 모종의 믿음이 있다. 나아가 믿음과 이성은 진리 탐구를 위한 상호보완적인 도구다. 그런 면에서 믿음은 이해를 추구하고 이해는 믿음을 추구한다.

신앙과 이성의 조화

기독교 신앙은 현대를 사는 사람들이 최소한 지적으로 신임한 선택이라고 생각해야 한다. 신앙은 과학을 신봉하는 무신론자들이 생각하듯이 비합리적이고 맹목적인 것이 아니다. 그들은 신앙의 실체에 대한 신중한 고려 없이 이미 신앙이 불합리하다고 불평하며 비난한다. 그것은 의미 없는 동의어 반복인데다 나아가 학문적인 반칙이다.

믿음은 고집불통의 망상이나 어둠 속에서 '에라, 모르겠다' 하며 눈감고 뛰어내리는 것이 아니다. 어거스틴은 이전의 교부들이 말한 것을 정리하며 "우리는 성경이 비신자들이 믿을 만한 근거를 대며 이야기하는 것과 충돌하지 않는다는 것을 보여 줘야 한다"[30]라고 말했다. 그러한 임무를 감당하는 데 철학은 그의 주된 신학적 도구였다. 같은 이유로 존 웨슬리는 목회자가 갖추어야 할 역량 중 철학을 매우 중요하게 생각했고 그것을 위해 배움과 가르침에 많은 노력을 기울였다. 그들뿐만 아니라 그 시대의 교회들을 깨우고 앞서 가던 영적 리더들은 결코 세상과의 지성적인 접촉점을 무시하지 않았다.

제대로 깊이 생각하는 훈련은 목회자뿐 아니라 일반 성도에게도 필요하다. 많은 성도가 영적으로는 거듭나 있지만 생각은 그렇지 않다. 신앙적으로 헌신하지만 생각 안에서는 아직도 무언가 공허함을 느낀다. 그렇게 되면 신앙에 대해서도 수동적이고 지적으로 무책임하며, 심지어는 감각 중심적으로 변할 수 있다.

기독교가 반이성적으로 변하면 교회는 세속주의 가치관과 지식(다원주의, 세속주의 등)에 대응할 만한 힘을 갖지 못하게 된다. 단기적으로는 매혹적으로 보일지 모르지만 그럴 경우 믿지 않는 자들과 소통하고 사회적 공감대를 형성하는 교회가 되기는 어렵다. 그 문제는 합리성의 기준을 어디에 둘 것인지에 달려 있다. 생각해 보자. 하나님이 더 합리적이신가, 아니면 인간이 더 합리적인가? 하나님이 정말 계시다면 그분은 최고의 지성을 가지고 계실 것이다. 그런데 하나님이 하시는 일이 불합리하게 보이는 것은 그분이 비합리적이어서가 아니라 인간이 비합리적이기 때문이다. 혹 합리성의 기준을 인간에게 둔다고 해도 신앙은 결코 인간 이성의 기준에 못 미치는 것이 아니다.

물론 현대 지성은 무신론적 세계관에 기초한 부분이 많기에 기독교 신앙과 대립되는 부분이 있다. 하지만 그것은 세계관의 문제이지 지성 자체가 신앙과 대립하는 것은 아니다. 인간의 이성도 하나님이 주신 것으로, 무신론적 세계관에의 기초를 두지 않으면 신앙을 배격하는 편협한 기능에서 벗어날 수 있다.

똑똑한 사람은 예수를 믿기 힘든가? 꼭 그렇지는 않다. 나는 최고의 지성을 가졌는데 신앙의 문제에서는 너무나 단순한 논리를 가지고 스스로 함정에 빠지는 사람을 종종 본다. 또한 그들 중에는 조금 더 합리적인 방식으로 다가가 사고의 틀을 넘어서게 해주면 의외로 쉽게 신앙을 가지는 이들도 있다. 물론 그렇게 하는 것도, 그들에게 믿음을 주시는 것도 하나님이다.

소/그/룹/을/위/한/질/문/

1. 나의 이성과 신앙은 어떤 관계인가? 그 둘은 적대적인가, 아니면 보완적인가?

2. 내가 신앙을 갖는 데 가장 큰 걸림돌은 무엇인가? 그리고 그 걸림돌이 어떻게 해결되길 원하는가?

3. 주변에 믿지 않는 사람들이 신앙을 갖지 못하는 주된 이유가 무엇인지 나누어 보자. 그리고 그들에게 어떤 도움을 줄 수 있는지 경험과 노하우를 나누어 보자.

38
올바른 생각은 믿음에 도달한다

믿음은 이성의 출발점이자 종착점이 되어야 한다. 믿음에 기초한 합리적인 생각이야말로 하나님과 나와 세상을 이해하는 최선의 방법이다. 그런 의미에서 하나님은 모든 지식에서 알파와 오메가요, 처음과 마지막이다. 그분은 우리의 모든 생각의 근원이자 우리의 모든 생각이 도달해야 할 결론이 되신다.

앞 장에서 이성의 역할을 강조한 것은 우리가 제대로 사고할 때 믿음의 영역, 곧 하나님을 만나게 된다는 확신 때문이다. 이성뿐 아니라 우리가 가진 모든 긍정적인 능력은 하나님으로부터 왔다. 그래서 그것을 제대로 사용하는 것은 그 자체로 하나님의 의도와 목적에 부합한다. 즉 이성을 제대로 사용할수록 하나님으로부터 멀어지는 것이 아니라 그분과 가까워지고 또 그렇게 되어야 한다는 것이다.

그러나 죄로 인해 오염되고 타락한 이성은 하나님과 그분을 믿는 신앙으로부터 멀어진다. 그러나 구속된, 즉 제대로 된 사고 활동은 우리를 하나님과 그분의 창조 원칙을 발견하는 쪽으로 나아가게 한다. 인간은 이성뿐 아니라 모든 분야에서 제 기능(proper function)을 발휘할수록 하나님을 지향하게 된다. 이유는 단순하다. 하나님이 세상을 창조하셨고 그 모든 것의 주인이시기 때문이다. 그 점은 개혁주의 신학에서 주로 강조한 것이지만 사실은 오늘날 세상을 살아가는 모든 크리스천이 지녀야 할 신념이요 확신이다.

1년 전에 99년 만에 나타난 개기일식 때문에 신문이 떠들썩했다. 한국에서는 볼 수 없고 북미와 중미, 남미 북부와 유럽 서부, 아프리카 서부 등지에서 관측할 수 있었다. 미국에 사는 나는 아이들과 함께 예정된 시간에 그 광경을 보려 했는데 눈이 너무 부셔서 도무지 제대로 볼 수가 없었다. 그나마 준비한 셀로판지를 대고 이글이글 타오르는 태양 안으로 달이 들어가는 장면을 볼 수 있었다.

빛이 너무 강해서 우리가 제대로 관찰할 수 없는 것처럼 우리가 가진 이성과 감각으로는 하나님을 있는 그대로 알 수 없다. 그러나 믿음이라는 셀로판지를 통해 그분께 나아갈 때 하나님에 대해 조금씩 알게 된다. 즉 믿음에 기초해서 우리의 이성과 감각을 사용하다 보면 그분을 알고 그분의 뜻을 헤아릴 수 있으며, 그때 비로소 그분을 만날 수 있는 것이다.

햇빛을 통해 다른 모든 것을 볼 수 있는 것처럼, 하나님에 대한 지식을 통해 세상의 모든 것을 제대로 볼 수 있게 된다. 그분 안에 있을 때 인간의 기원과 목적, 삶의 방식, 우리의 필요, 죄와 정의와 사랑 등의 실체를 파악할 수 있다. "그 안에는 지혜와 지식의 모든 보화가 감추어져 있느니라"(골 2:3).

생각에서 믿음으로

인간 이성의 정점은 이성의 한계를 포착하는 지점이다. 제대로 생각하면 이성은 스스로 한계를 인정할 수밖에 없다. 어떤 이들은 이성이 하나님으로부터 왔음을 알기에 그 이성의 한계 속에서 하나님을 만난다. 믿음의 시대에 있었던 중세 학자들은 논리와 인식의 시작과 끝에서 하나님의 신비를 대면했다. 그들의 이성의 근간에는 믿음이 있었고 그 믿음 위에 세워진 지적 체계가 날카로워질수록 신앙의 차원을 향해 문을 연 것이다.

반면 근대 계몽주의 시대 사람들은 중세 교회의 억압과 권위주의에 대한 저항감을 가지고 그들의 지적 체계에서 신앙을 도려내려 했다. 그러한 현상은 이성을 필요 이상으로 억제한 교회의 횡포 때문이기도 했다. 교회에 대한 반항심이 믿음 자체에 대한 저항으로 확산되었고, 그것은 이성과 신앙을 분리시켜서 신앙을 도외시하는 결과를 낳았다. 많은 이들이 이성과 신앙을 이원화하고 인간의 이성을 절대화 내지 신격화했다. 나아가 하나님이라는 인식론의 기초를 버리고 무신론적인 세계관 속에서 지식을 추구했다. 그러다 보니 그 가운데 얻는 지식은 점점 더 하나님과 상관없는 것이 되었다.

결국 근대 이성은 자율성을 확보하기에 급급해 신앙을 버리고 독자적인 길을 가게 되었다. 그들은 하나님을 떠난 인간의 이성이 얼마나 욕심과 죄와 힘의 논리에 오염될 수 있는지 알지 못했다. 그러나 그러한 지식의 위험성이나 독단의 가능성은 이성과 과학이 가져온 빠른 산업화와 물질적 풍요로움의 그늘에 가려졌다.

이성의 역할이 극대화되던 근대를 넘어 20세기 중반이 되면서, 사실 그 이전부터 포스트모더니즘의 선각자들(니체, 하이데거, 비트겐슈타인 등)은 그것을 비판의 대상으로 삼았다. 그동안 진리라고 믿었던 모든 사실이 더 이상 객관적이고 보편적일 수 없다는 지적 파탄을 선언하자 지적 세계는 동요했다. 이후 이성의 한계에 대한 자각은 하나의 갈림길을 만나게 되었다. 그 상황 속에서 선택은 두 가지다. 다시 믿음으로 돌아가 참된 지식을 추구하든지, 아니면 지식 추구의 불가능을 인정하고 회의주의나 허무주의에 빠지는 것이다.

그 지점에서 무엇이 더 옳고 합리적인 판단인가? 하나님을 인정하고 믿음의 여정으로 돌아오는 것인가, 아니면 모든 절대 가치를 부인한 채 자신의 욕구와 느낌대로 목표나 의미 없는 삶을 살아가는 것인가? 재산을 탕진하고 아버지의 품으로 돌아와 그분 안에서 사는 것인가, 아니면 고아처럼 끝이 없을 것 같은 지적 혼돈에서 방황하며 사는 것인가? 여기에 참된 지혜와 지식이 있다. 합리적인 사람이라면 섣불리 무신론을 선택하지 않는다.

제대로 되고 더 나은 합리적인 사고는 우리를 신앙으로 인도한다. 하나님을 부인하는 것도 일종의 믿음이지만 누가 하나님이 존재하지 않는다고 증명할 수 있겠는가? 그것은 하나님을 아는 지식을 추구하면서 우리의 인식의 한계를 무시하는 매우 오만한 믿음이다. 좀 더 신중하게 생각하는 사람은 인간이 절대 기준이라는 허황된 신앙을 선택하지 않을 것이다.

사랑의 하나님

죄로 인해 타락한 인간의 이성과 능력으로는 하나님을 발견하거나 그 사랑을 깨달을 수 없다. 하지만 우리가 밝은 빛 가운데로 나아갈 때 우리의 한계와 오염된 지식이 드러나고 그분께 가까이 갈수록 우리의 사고 자체는 하나님의 통치와 인도하심을 받게 된다. 그때 우리의 이성은 하나님이 창조하시고 의도하신 원래의 궤도에 들어가 그분을 바라볼 수 있게 되는 것이다.

그 바라봄은 단순히 지적인 활동이 아니다. 하나님을 바라봄으로 우리는 그분과의 관계 속으로 들어가고 우리의 지식은 그 안에서 재구성된다. 믿음을 갖는 것은 단지 하나님의 존재와 성품을 지적으로 알게 되는 차원을 넘어 그분과의 사랑의 관계 속으로 들어가는 것이다. 그 사랑 안에서 그분이 누구인지, 내가 누구인지를 알게 되고 나아가 그 관계 속에서 우리의 삶과 세계에 대한 지식을 새롭게 깨닫게 된다.

하나님과의 관계 속에 있을 때 우리는 그분의 음성을 들을 수 있고 그분의 말씀인 성경을 진리로 받아들일 수 있다. 그러므로 믿음 안에서 갖는 지식은 하나님의 계시인 성경을 벗어나지 않는다. 물론 성경을 어떻게 해석하는지가 중요한 관건이지만 성경은 우리에게 주어진 진리의 확실성을 보장하는 기초이자 방법이요 계시 자체가 된다.

우리는 하나님의 말씀을 통해 사랑의 하나님과 그분의 사랑의 대상이 바로 나 자신임을 알게 된다. 나아가 복음 가운데 나타난 하나님의 놀라운 사랑을 깨닫고 느끼며 그분을 사랑하는 자로 서게 된다. 그리고 인간의 이성은 존재론과 세계관에 근거하기에, 하나님을 사랑하는 자로 추구하는 지식은 그렇지 않은 자들의 지식과 다른 의미의 내용과 목적을 갖는다.

사랑은 가장 감정적이고 영적인 개념이지만 가장 지적인 것이기도 하다. 사실 사랑은 철학의 가장 오래된 주제 중 하나로 신학의 정점에서 다루는 주제이기도 하다. 교회사 속 수많은 설교자와 학자의 연구는 바로 하나님의 사랑을 발견하고 표현하기 위한 것이었고 앞으로도 그럴 것이다. 인간의 모든 사고의 끝에 서 계시는 하나님은 바로 '사랑의 하나님'이다.

기독교 신앙은 영지주의처럼 특정한 사람들의 지적 또는 영적인 능력에 의존해서 발견하는 것이 아니다. 우리가 어떤 경로로 믿음을 갖게 되었든지 결론은 똑같다. 복잡하고 훈련된 사고의 과정을 통해서든, 단순한 경험을 통해서든 마찬가지인 것이다. 그것은 하나님, 곧 사랑의 하나님이다. 무학의 농촌 할머니가 체험한 하나님의 사랑과 가장 탁월한 학자의 연구로 얻은 하나님의 사랑은 다른 것일 수 없다. 학문을 통해 사랑의 하나님을 알 수 있다면 기독교는 한낱 지식인들의 전유물이 될 것이다. 반대의 경우라면 주관적이고 편협한 신앙을 벗어나지 못할 것이다.

사도 바울의 방대한 지식의 끝은 예수 그리스도와 십자가였다 (고전 2:2). 죄인을 용서하기 위해 자신을 내어 주신 하나님의 사랑이 그 모든 학문과 체험의 결론인 것이다. 바울이 다메섹 도상에서 만난 하나님은 이전의 잘못된 학문의 향로를 바로잡아 주었다. 그는 모든 지식을 영원한 진리 위에서 마음껏 활용하기를 원했고, 실제로 그렇게 되었다. 생각의 끝은 믿음이고 그 믿음의 내용은 하나님의 사랑이다.

소 / 그 / 룹 / 을 / 위 / 한 / 질 / 문 /

1. 나의 생각이나 경험의 한계를 느끼게 될 때는 언제인가?

2. 만약 주위 사람이 신앙과 불신앙 사이에서 갈등하고 있다면 나는 어떻게 권면하겠는가? 허무주의나 회의주의에 빠지는 것인가, 아니면 믿음을 선택하는 것인가?

3. 나는 어떻게 지금의 믿음에 도달하게 되었는가? 그 과정 가운데 있었던 고민이나 경험을 나누어 보자.

39
헌신은 가장 합리적인 믿음의 결과다

생각의 끝은 믿음이다. 또 그래야 한다. 그리고 그 과정이 학문이든 경험이든, 길든 짧든, 우여곡절이 많든 쉽든, 일단 답이 생기면 그때 부터는 단순해져야 한다. 답을 찾았는데도 복잡하다면 그것은 답을 찾은 것이 아니다. 사랑하는 사람을 찾았다면 이제 결혼해서 그 사람을 평생 죽도록 사랑해야 한다. 그래도 복잡하다면 그것은 심각한 문제다. 우리는 그것을 '헌신'(commitment)이라고 한다. 이는 단지 감정적인 선택이 아니라 의지적인 결단이요 결단 이후의 가장 합리적이고 현명한 판단이다. 사랑하는데 헌신하지 않는 것은 자연스러운 것도, 신실한 것도, 지혜로운 것도 아니다.

신앙도 마찬가지다. 헌신은 믿음 이후의 가장 자연스러운 단계요, 가장 분별력이 있는 판단이다. 건실한 연애는 헌신의 책임을 요구하는 결혼을 전제로 한다. 신앙생활을 하지만 세속적인 가치 사이에서 주저하는 것은 아직 온전한 믿음이 아니다. 신앙은 마치 사랑은 하지만 결혼하지는 않겠다고 하는 무책임한 관계가 아니다. 믿음에 이르지 않은 이성이 제대로 된 것이 아니듯, 믿음을 가졌다고 하는데 그 다음 헌신의 단계로 나아가지 않는 것은 진정성을 상실한 것이다.

초기 한국 교회의 성자라 불리던 이현필 선생님에게 한 제자가 물었다. "선생님, 예수님을 어떻게 믿어야 합니까?" 그의 대답은 단순했다. "물에 풍덩 빠지듯이 믿어라." 무식한 대답 같지만 가장 적절한 대답이다. 이왕 믿는 것이면 제대로 믿어야 한다. 밭에 감춰진 최고의 보화를 발견했는데도 다른 것이 아까워서 못 팔고 있다면 그는 지혜로운 사람이 아니라 바보다. 최고의 가치를 발견했으니 다른 잡동사니를 팔아 그 밭을 사는 것이 현명한 판단이다. 바로 그것이 헌신이다.

헌신의 특징 중 하나는 그 입장에 서지 않은 다른 사람들의 눈에 합리적으로 보이지 않을 수 있다는 것이다. 헌신은 가장 합리적이지만 때로는 어리석고 심지어 제정신이 아닌 것으로 보일 수 있다. 보화를 발견한 사람에게는 모든 것을 팔아 밭을 사는 것이 너무나 당연하지만, 보화의 가치를 모르는 사람들은 그의 행동을 이해하기 어렵다. 그를 가리켜 어리석고 현실 감각이 없다고 비난할 수도 있다.

하나님을 향한 우리의 헌신의 모습도 사람들에게는 합리적이거나 고상해 보이지 않을 수 있다. 믿지 않는 사람들이 피땀 흘려 번 돈의 십일조를 드리고, 어젯밤 늦게까지 일하고도 토끼눈이 되어 새벽 예배에 나가고, 쉬어야 할 시간에 교회에서 봉사하고, 안정된 직장을 내려놓고 선교를 떠나는 일을 쉽게 이해할 리 없다.

이민 목회의 현장에 있다 보면 힘들고 지친 이민자들이 오히려 더 적극적으로 섬기는 모습에 놀랄 때가 많다. 암 수술을 받은 지 몇 주 되지도 않았는데 집에 있는 것이 더 힘들다며 땀 흘리면서 주방에서 일하시는 권사님, 수백 개나 되는 교회 유리창을 하나씩 정성으로 닦으시는 장로님, 1년에 몇 번 하는 것도 힘들어하는 주차 봉사를 10여 년째 뙤약볕에서 묵묵히 하시는 집사님, 봉사를 마치고 집에 오면 손목과 허리 등 안 아픈 곳이 없어도 행복한 표정을 짓는 성도들, 교회뿐 아니라 삶의 자리에서 온갖 어려움과 손해를 감수하며 선교사의 삶을 살아내는 세상 속 크리스천들, 자기 건강을 신경 쓸 틈도 없이 교회와 성도들을 돌보는 목회자 등 일일이 다 말할 수 없는, 귀한 헌신의 모습은 아름답다 못해 눈물겹다.

그 기쁨을 모르는 사람들은 그들에게 "극성맞다", "작작해라"고 하지만 그들은 결코 이상한 사람이 아니다. 그들은 남들이 아무도 알아주지 않는 헌신을 하면서도 늘 즐거워한다. 누가 그것을 요청하고 강요한다고 할 수 있을까? 과연 자발적인 그 헌신을 가능하게 하는 것은 무엇인가? 답은 하나다. 그들은 사랑에 빠진 것이다.

사랑에 빠진 사람은 애인을 기다리기 위해 몇 시간씩 비를 맞으며 서 있고, 주머니 형편보다 무리를 해서 선물을 사고, 사랑하는 사람을 생각하다가 실성한 사람처럼 혼자 웃기도 한다. 그러나 그것은 미치거나 제정신이 아닌 것이 아니라 제대로 사랑하고 있는 것이다. 사랑하는 사람은 그렇게 하지 않는 것이 더 힘들다. 사랑에 빠졌는데 평소와 다를 것이 없다면 오히려 그것이 비정상인 것이다. 사랑은 미쳐야 정상이다.

합리성을 초월하는 사람

기독교 신앙은 그저 세련되고 고상한 것이 아니다. 믿음은 장식품처럼 없어도 삶에 크게 지장이 없는 방식으로 존재하지 않는다. 우리는 세상의 가치나 문화를 모두 공유하면서 예수를 진정으로 사랑할수 없다. 사람들의 눈높이에 맞추고 접촉점을 찾는 노력도 중요하지만 크리스천은 세상 속에서 지극히 자연스러운 모습으로만 머물러서도 안 된다. 상식을 벗어나는 것이 하나님과 복음의 본질인 사랑의 특성이다. 그 사랑 때문에 우리는 기존의 상식과 기준과 사람들의 시선을 자유롭게 넘나들 수 있다. 애초부터 복음은 유대인에게는 거리끼는 것이요 이방인에게는 미련한 것이 아니었는가(고전 1:23).

내가 아는 사람 중에 부모의 반대에도 결혼한 사람이 있다. 잘생기고 똑똑한 청년이 10여 년 연상의 여인과 결혼한 것이다. 결혼 전양가에 인사를 드려야 하는데 워낙 반대가 심한 신랑 쪽 부모님은아예 찾아가지도 못하고 신부 쪽 부모님에게만 인사를 드리러 갔을때 일이다. 큰절을 받은 여인의 아버지는 계속 침묵을 지키셨다. 아무리 딸이지만 한참이나 어린 남자와 결혼하는 것이 이해가 안 되셨던 것이다. 그리고 아버지는 집에 돌아갈 때쯤 사위 될 사람에게딱 한마디 던지셨다고 한다. "미친 놈."

서로 얼마나 사랑했기에 그 모든 장벽을 극복하고 결혼을 했겠는가? 그러한 결혼에 대해 이런저런 이야기를 할 수 있지만 분명한 것은 두 사람이 진정으로 사랑했다는 것이다. 서로의 조건을 따지는 것이 자연스러운 세상에서 이처럼 일반적인 기준과 상식을 뛰어넘은 사랑 이야기는 감동이다. 모두 비상식적인 사랑을 하자는 것은 아니다. 그러나 기왕 사랑을 할 바에는 소설에 나올 법한 뜨거운 사랑을 해보자는 것이다. 당신은 어떤 사랑을 하기 원하는가? 평생 그런 사랑 한 번 못 하고 죽는 것은 너무 억울하지 않은가?

사도 바울이 받은 비난 중 하나는 그가 제정신이 아니라는 것이었다. 아그립바 왕 앞에 섰을 때 베스도 총독은 바울에게 "네 지식이 너를 미치게 한다"라고 소리쳤다. 그때 바울은 "여기에 있는 모든 사람이 이렇게 결박된 것 외에는 나와 같이 예수님을 믿기를 원한다"라고 답했다. 풀려나기 위해 자기변호를 최대한 잘해야 하는 상황에서도 바울은 자신의 석방에 별 관심이 없었다. 그의 모든 관심은 오직 그들에게 복음을 전하는 것뿐이었다. 그런 상황에서도 복음을 전하려 한 그의 태도는 그들에게 제정신으로 보이지 않았다. 얼마나 예수님을 사랑했으면, 얼마나 사명에 불탔으면, 얼마나 복음에 대한 열정과 영혼에 대한 사랑이 컸으면 그렇게 했을까?

바울뿐 아니라 기독교 역사에 크고 작은 발자취를 남긴 많은 사람들은 하나님께 미쳐 있었다. 일생을 바치려고 인도로 떠나는 윌리엄 캐리(William Carey)는 아버지에게 "내 아들이 정신이 돌았구나"라는 말을 들었다. 또한 전 재산을 다 팔아 가난한 사람에게 나눠 주고 탁발승이 된 성 프란시스코는 '정신 이상자'라는 말을 가장 영광스럽게 생각했다고 한다.

복음으로 시대를 바꾸고 세상을 변화시킨 사람들 중 어느 누가 미쳤다는 소리 한 번 듣지 못했겠는가? 혹 그런 영향력이 없더라도 주님을 미치도록 사랑했던 사람들은 지금까지의 기독교 역사를 이끌어 온 주역이다. 어떻게 그들을 어리석다고 하겠는가? 그들을 그런 헌신으로 이끈 것은 하나님의 사랑이었다. 그 사랑을 받은 자들에게 그런 헌신은 미친 것이 아니라 너무나 당연한 것이었다.

하나님이야말로 우리를 위해 헌신하셨다. 그분은 우리를 미치도록 사랑하신다. 그렇지 않고서야 어떻게 아들, 곧 자신의 생명을 우리에게 주실 수 있겠는가? 그래서 십자가의 사랑 이야기는 우리의 합리성을 초월한다. 그 사랑은 하나님께 가장 현명한 판단이었다. 가장 미련해 보이는 십자가를 통해 세상에서 가장 지혜로운 판단을 내리신 것이다. 기독교 복음이 우리의 이해를 벗어나 있는 것은, 그것이 인간의 상식과 상상을 초월한 사랑이요 희생이기 때문이다. 그래서 가장 지혜롭고 현명한 생각이 믿음의 창을 열었듯이, 가장 온전하고 합리적인 믿음은 예수님을 미치도록 사랑하게 한다.

일제 시대 때 33년이라는 짧은 생애에 주님을 미치도록 사랑하다가 죽은 이용도 목사님의 시를 소개하고 싶다. 비록 투박한 언어지만 예수님을 향한 헌신과 사랑이 너무나 선명하게 드러나 있다.

"사는 것은 오직 예수다. 우리 신앙의 초점은 예수다. 생시도 예수요, 꿈에도 예수다. 먹어도 예수요, 잠을 자도 예수다. 사나 죽으나 예수, 오직 예수다. 살아도 예수요, 죽어도 예수다. 예수를 위해 살고 예수를 위해 죽자."

헌신에 대한 이야기를 여기서 멈추고 싶지만 그보다 더 나아간 사람들이 있기에 그럴 수 없다. 온전히 헌신한 자는 순교자의 삶을 산다. 사랑을 위해 생명을 바치는 것은 가장 아름답고 숭고한 것이다. 하나님을 향한 사랑도 마찬가지다.

숭고한 희생

순교는 단지 무엇을 하다가 어떻게 죽는 것을 말하지 않는다. 그렇다면 같은 고문을 당해도 몸이 너무 건강해서 살아나온 사람은 순교의 반열에 들 수 없는 것인가? 반대로 더 심한 고문을 받았다면 배교할 수 있는 사람이 남들보다 허약해서 일찍 죽을 수도 있지 않은가?

순교의 기준은 죽는 방식이 아니라 사는 방식이다. 즉 순교자란 주님을 위해 생명을 아끼지 않는 영성으로 사는 자다. 다리오 왕의 초서에도 기도하기를 멈추지 않았던 다니엘은 처형을 당하지 않았지만 순교자의 영성으로 살았던 사람이다. 사도 바울은 살든지, 죽든지, 그리스도만 존귀하게 하는 것이 소원이었다(빌 1:20). 예수님을 미치도록 사랑했던 그는 자기 안에 거하시는 그리스도를 위해 살았고 그리스도를 위해 생명 다해 복음을 전하다가 죽기를 원했다. "내게 사는 것이 그리스도니 죽는 것도 유익함이라"(빌 1:21)고 고백한 그는 처형당하기 전 이미 순교자였다. 그리고 오늘도 핍박과 고통 가운데 믿음을 지키는 수많은 사람 안에는 어떤 상황도 이길 수 없는 순교자의 영성이 살아 꿈틀거리고 있다.

한국 기독교 초기에는 수많은 순교자가 있었다. 낯선 외국 땅에 와서 이름도 빛도 없이 복음을 전하다가 죽은 선교사와 신앙을 지키기 위해 초개처럼 목숨을 버린 믿음의 선배는 수없이 많다. 우리가 가진 믿음은 믿음의 선조들이 그렇게 지켜온 것이다. 과거의 역사뿐만 아니라 지금 이 시간에도 북한과 중국을 비롯하여 세계 곳곳에는 모진 핍박과 고문에도 굴하지 않고 하나님을 끝까지 사랑하며 죽어가는 형제자매가 있다.

누가 그들을 어리석다고 하며 미쳤다고 할 것인가? 그들 안에 있는 그 거룩한 사랑을 누가 정죄할 것인가? 차지도 않고 덥지도 않은 나약한 신앙으로는 어려움 가운데 신앙을 지키며 복음을 전할 수 없다. 예수를 미치도록 사랑하며 살아가는 사람들이 있기에 복음의 역사는 땅 끝까지, 세상 끝 날까지 계속될 것이다. 그리고 세상은 우리가 주님을 열정적으로 사랑할 때 비로소 그 거대한 역사의 움직임을 알아차리게 될 것이다.

3세기 교부요 당대 최고의 학자로 성경 해석을 통달한 성 루시안 (St. Lucianus)은 기독교 진리를 위해 싸우다가 9년 동안 감옥에 갇혀 있었다. 311년 그가 심문을 받을 때 재판관이 물었다. "네 이름이 무엇이냐?", "네 부모는 누구냐?", "네 고향은 어디냐?"

그는 재판관의 계속되는 백 마디 질문에 "나는 크리스천입니다" 라는 대답을 반복했고 결국 처형되었다. 그리고 그가 죽은 지 얼마 지나지 않아 313년 콘스탄티누스 황제 때 로마는 기독교를 공인하게 되었다. 당대 뛰어난 학자요 현자였던 성 루시안은 가장 미련해 보이는 길을 선택했다. 하지만 그와 같이 미련한 길을 택한 자들을 통해 세상은 변화되었다.

"우리가 만일 미쳤어도 하나님을 위한 것이요 만일 정신이 온전하여도 너희를 위한 것이니"(고후 5:13). 미치지 않고서는 큰일을 이룰 수 없다. 공부도, 음악도, 연애도 심지어 돈을 버는 일도 자신을 잊을 만한 집중력으로 몰두해야 성취할 수 있다. 하나님을 믿는 일은 더욱 그렇다. 그분을 믿고 사랑하는 일, 그분의 뜻을 이루기 위해 사는 것이야말로 격정적으로 미치지 않으면 온전히 이룰 수 없다.

다시 생각해 보자. 어떻게 사는 것이 가장 지혜로운 삶이고, 어떻게 믿는 것이 가장 합리적인 신앙인가? 제대로 생각해서 믿음을 취하고, 제대로 믿어서 헌신을 다하고, 제대로 헌신해서 순교자 신앙을 갖는 것이야말로 가장 아름답고 현명한 선택이요 신앙의 결론이다.

소 / 그 / 룹 / 을 / 위 / 한 / 질 / 문 /

1. 최근에 내가 심취하거나 몰두하는 것이 있는가? 혹 다른 사람들이 이해하기 힘든 나의 열정은 무엇인가?

2. 하나님을 전심으로 사랑하고 헌신하는 사람들을 보면 어떤 생각이 드는가? 그것이 나에게 주는 도전은 무엇인가?

3. 주님께 헌신하는 데 사랑이 큰 동기가 되는가? 지금보다 더 깊은 헌신의 삶을 위해 나에게 필요한 도전은 무엇인가?

사랑의 신학[31]

'사랑의 하나님', 신앙을 갖게 되면서 귀에 못이 박히도록 들어온 말이다. 너무 익숙해진 표현이라 틀에 박힌 느낌 때문에 오히려 어색해진 표현인지도 모르겠다. 그러나 그 깊고 풍요로운 의미는 평생을 깨우쳐도 부족하고, 더 알고 느끼고 체험할수록 그 광대함과 신비감에 압도된다.

사랑은 세상에서 하나님의 임재 양식이다. 그러기에 그가 만드시고 다스리시는 세상 어디에나 사랑은 존재한다. 사랑은 모든 시대와 장소를 통해 시와 노래, 예술과 문화 뿐 아니라 사회학, 인류학, 심리학, 철학 등 모든 학문에서 핵심적인 주제로 다루어진다. 이미 이야기했듯이 그러한 사실은 하나님의 창조와 보존의 흔적이요 증거다.

하나님은 사랑하기에 존재하시며 존재하기에 사랑하신다. 사랑은 그분에게 하나의 의도적인 행위나 사건이 아니라 본질이다. 그러한 신적 원칙에 따라 사랑은 그가 창조하신 존재들에게 주어진 최고의 선물이요 존재양식이다.

사랑이 하나님과 세상 모든 피조물의 존재양식이라면, 그것이 하나님과 세계를 보는 기준과 해석의 키가 되는 것은 너무나 당연하다. 그러기에 사랑은 사물과 인생의 진리를 탐구하는 철학을 넘어 '하나님에 대한 그리고 그분과 관련된 모든 말들'(theos & logos)에 대해 말하는 신학(theology)의 기초가 된다. 그런 의미에서 신학은 성경이 말하는 하나님의 본성과 아주 밀접한 관계를 가질 수밖에 없다. '사랑'과 신학의 만남은 애초부터 예정된 만남이요 필연적인 동행이다. 즉 신학은 '사랑의 하나님'이란 전제에서 출발해 하나님과 세상을 만나게 하고 또한 깨닫게 하는 진리 탐구의 여정인 것이다.

'사랑의 신학'의 역사

현대 복음주의 대표 신학자들 중 하나인 케빈 밴후저(Kevin Vanhoozer)는 '하나님의 사랑'이 전통적인 기독교 유신론의 해체를 가져올 만한 신학적 패러다임의 혁명이라고 주장한다.[32] 기독교 신학에서 '하나님의 사랑'이라는 개념이 혁명적이라는 말은 의아하게 들릴 것이다. 그것은 역설적이지만 믿음, 소망, 사랑 중 제일인 '사랑'이 믿음(16세기 종교개혁)이나 소망(20세기 희망의 신학)만큼 교회와 신학의 역사에서 집중된 관심을 받은 적이 없다는 사실을 반영한다.

앞서 언급했듯이 헬라 철학, 특히 플라톤에게 사랑(eros)은 '궁극적 행복에 대한 갈망'(desire)이었다. 즉 사랑은 현재 소유하지 못한 어떤 것을 가지려 하거나 가지고 있는 것을 지키려는 욕망이다. 플라톤은 그러한 사랑, 즉 에로스의 개념을 신의 속성으로 말할 수 없다고 생각했다. 신이란 완벽한 존재이기에 부족하거나 결핍된 것이 없어야 하기 때문이다. 그에게서 '신'과 '사랑'은 본질적으로 양립 불가능하고 모순된 것이다. 그러한 논리 속에 헬라적 사고의 영향을 받은 고전적 기독교에서는 사랑에 대한 신학적 고찰이 매우 미비하게 진행되었다.

고대에서 중세로 넘어오는 신학 관문은 어거스틴이라 할 수 있다. 그는 플라톤에서 비롯된 헬라적 사랑의 개념을 기독교에서 말하는 '하나님의 사랑'에 접목시키고자 했다. 그는 사랑이 일종의 욕망이라는 것을 인정하지만 하나님의 사랑을 인간의 사랑과 차별화시킨다. 즉 신적인 사랑(agape)은 소멸되거나 사라지지 않는 완전한 것으로, 욕망을 이루는 것이 아니라 욕망을 채워 주는 사랑이다. 무언가를 원하는 갈망에서 완전히 내어 주는 사랑, 즉 아가페 사랑으로의 전환은 사랑이라는 개념을 신학적으로 보다 정교하게 만들었고, 이후의 발전을 위한 기틀을 마련했다.

디오니시우스(Pseudo-Dionysius)[33]는 하나님의 창조가 그분의 넘치는 사랑의 표현이었음을 주장한 사람이다. 그에게 하나님은 사랑의 기원이고 하나님의 사랑은 창조의 이유였다. 하나님의 넘치는 사랑은 그로 하여금 창조를 자아내게 했고, 그로 인해 그 신적 사랑은 모든 피조물에게 부어지게 되었다. 그러한 디오니시우스의 창조에 대한 설명은 당대와 이후의 사람들에게 하나님의 사랑에 대한 철학적·신학적 접근의 길을 열어 주었다.

중세의 신비주의에서는[34] 하나님의 사랑에 대해 더 깊은 묵상과 통찰력을 제공한다. 예를 들어 어거스틴의 영향을 받은 12세기의 클레르보의 베르나르(Bernard of Clairvaux)는 《하나님 사랑에 대하여》(Dev Diligendo Deo)에서 하나님의 사랑과 그분을 향한 인간의 사랑에 대한 깊은 묵상을 체계적으로 보여 준다. 또한 14-15세기에 활동했던 유대주의 신학자 하스다이 크레스카스(Hasdai Crescas)는 당시 유행했던 아리스토텔레스의 지식과 논리에 기반한 철학적 방법론에 의심을 표하며 신학함에서 하나님의 본성이 사랑임을 역설했다. 동시대의 여성 신학자 노위치의 줄리안(Julian of Norwich)도 신학적 사고의 중심에 하나님의 사랑을 두었다.

중세 신비주의 신학자들은 철학이 신학적 지식을 가능하게 하는 강력한 도구로 제기되던 시기에 맞서 어떻게 하면 학문이 진정한 성경적 가르침으로 돌아갈 수 있을지 고민했다. 그렇게 '사랑의 하나님'을 철학적 신학과 대비시키는 경향은, 세속적인 철학적 방법론과 성경의 계시로 돌아가는 구호를 양립할 수 없는 것으로 보았다는 점에서 당시의 학문적 분위기를 드러낸다.

중세의 절정에 이르러 신학을 집대성한 아퀴나스는 하나님의 사랑을 '선을 추구하는 하나님의 의지'(God's willing the good)[35]로 정의했다. 하나님께서 누군가를 사랑하신다는 것은 그 사랑의 대상에게 선한 것을 바라신다는 것이다. 부모가 사랑하는 자녀가 올바른 길로 가기를 원하듯이, 하나님은 그의 피조물이 선을 추구하며 살기를 원하신다. 세상에 선을 요구하시는 것은 그가 세상을 사랑하신다는 다른 표현이다. 하나님의 사랑은 모든 만물의 원인이다. 그분의 사랑으로 세상이 창조되었기 때문이다. 그러므로 하나님의 사랑은 모든 존재의 목적이 선한 것임을 보증한다. 아퀴나스를 포함한 하나님의 사랑에 대한 중세의 신학은 대체로 선을 추구하시는 하나님의 주권성과 의지를 강조한 것이었다.[36]

중세 이후 종교개혁 시대에는 '사랑'보다는 '믿음'에 대한 강조가 두드러진다. 물론 종교개혁자들의 믿음의 근간에는 하나님의 사랑이 있었다. 믿음으로 의롭게 된다는 성경의 진리는 선택된 사람들만 구원받는다는 매정한 교리가 아니라, 십자가를 통해 죄인을 구원하시는 하나님의 무조건적인 사랑으로 가능한 것이기 때문이다. 그러나 종교개혁시대에 중시되던 성경, 믿음, 칭의, 하나님의 영광 등의 많은 주제에 비해 하나님의 사랑에 대한 관심은 상대적으로 약했고 그에 대한 신학적인 발전도 미비했다. 오히려 '믿음'이라는 주제에 내포된 하나님의 사랑을 재발견해야 하는 신학적 작업이 다시 필요할 만큼 사랑은 독립적인 주제로 여겨지지 않았다.

근대에 이르러서는 하나님의 사랑에 대한 신학적 관심이 어느 정도 드러난다. 존 오웬, 리처드 백스터, 조나단 에드워즈 등의 청교도 사상가들은 크리스천의 삶의 변화의 근간에 하나님의 사랑을 두었다. 특별히 존 웨슬리의 '성화'의 교리는 하나님의 사랑이 우리를 변화시켜 그분의 사랑의 은총에 자연스럽게 응답하는 데까지 이르게 한다는 것이다. 인간을 변화시키는 원인으로서 사랑에 대한 청교도들의 관심은 그들의 신학을 성경의 본질로 더 가까이 이끌었다는 점에서 중요하며, 삶을 잃어버린 현대 교회에도 이에 대한 연구와 실천의 회복이 필요하다.

20세기에 이르러 신학적인 주제로 집중적인 관심을 끌었던 것은 단연 '희망'이다. 몰트만, 판넨베르크 등으로 대표되는 희망의 신학은 현실 속에서 고통받는 자들에 대한 모델로 사랑하기에 인간의 고통에 참여하시는 하나님을 제시함으로 사회적 약자들의 현실 변혁의 의지를 대변하였다. 하나님의 사랑은 그들의 신앙에 매우 중요한 부분을 차지했음에도 불구하고 '희망'으로 대변되는 사회적·현실적 요구 속에 감추어진 듯했다.

현대 신학에 이르러 신론에 하나님의 사랑의 개념을 직접적으로 접목시킨 예는 '과정신학'(process theology)이다. 화이트헤드(A. N. Whitehead)의 과정철학을 적극적으로 수용한 과정신학은 창조적이고 응답적이며 설득적인 사랑의 하나님을 강조한다. 과정신학자인 하트숀(Charles. Hartshorne)은 하나님을 모든 것 위에 있는 분이 아니라 모든 것과 접촉하여 있는 분으로 묘사한다.[37] 하나님은 세계와 친밀한 관계 속에서 울고 웃으며 서로 영향을 주고받는 '사랑의 하나님'이다. 즉 과정신학에서는 과정과 변화가 참된 실존의 진리이기 때문에, 세상과 상호의존 관계에 계시는 하나님도 함께 변화와 과정 중에 있는 것이다.

그러나 이러한 이론은 하나님과 세상과의 관계성을 지나치게 강조한 나머지 하나님의 초월성을 무시한 채 내재성만을 강화시킨다. 그 결과로 진화론을 적극적으로 수용하고 하나님의 불완전성을 허용하는 등 전통적인 기독교 신론에서 크게 벗어난다. 과정신학의 하나님은 세계의 역사와 상호작용을 하기에 가변적이고 과정적이며 그래서 절대적이지 않다. 이는 사랑의 정의를 하나님과 피조물에게 동일하게 적용시킨 신학적 오류이고, 인간적인 '사랑'의 개념을 여과 없이 신적 사랑에 적용시킴으로 빚어진 결과다. 사랑은 물론 하나님의 본성이지만, 인간의 어떤 개념도 일의적(univocal)으로 하나님께 적용하면 그 개념상의 한계가 발생한다. 더불어 오직 하나님만이 절대적이며 그분은 모든 인간의 개념을 초월해 계신다는 사실은 신학에서 매우 중요한 전제다. 과정신학은 고전적인 철학적 신론의 한계를 극복하려 노력했지만, 사랑에서 하나님과 피조물의 차이를 혼동하고 하나님의 주권과 자유를 약화시킴으로 기독교 신학을 벗어났다고 볼 수 있다.

　최근의 여성신학에서는 하나님의 헌신적이고 자기희생적인 사랑은 남성보다 여성의 견지에서 봐야 한다고 말하며, 성경과 이전의 신학이 그런 여성의 시각을 외면했다고 비판한다. 나아가 하나님의 사랑에 대한 고전적인 해석이 여성을 제외한 남성적인 투영(male projection)에서 이루어졌기에 이를 뒤집는 사랑에 대한 정립이 필요하다는 것이다. 그들에 의하면 가까이 계시는 하나님이 아니라 멀리 계시는 하나님, 영향을 받는 것이 아니라 영향을 주는 사랑의 개념은 하나님이 세상과 맺는 관계의 속성을 왜곡한 것이다.[38] 그런 면에서 페미니스트의 입장은 과정신학과 상통하는 면이 있고, 성경적인 '아가페' 사랑보다는 남녀의 평등성과 상호성(mutuality)을 강조하는 사회적 관점을 우선적으로 반영한 신학이라 볼 수 있다.

20세기에 들어와 신적 본성인 '사랑'이 복음주의 신학에 접목된 것은 매우 반가운 소식이다. 그 직접적인 계기는 삼위일체론의 부활이라고 할 수 있다. 공동체 신학으로서 삼위일체론은 이전의 존재론적 접근 방법을 거부하고 하나님의 세 위격이 이루시는 구원의 경륜에 초점을 맞춘다. 이는 완전한 존재자의 본성을 탐구하는 추상적이고 형이상학적인 탐구에서, 세상의 역사에 참여하여 구원을 이루어 가시는 현실적이고 관계적인 탐구로 신학적 발상을 전환한 것이다.

특히 복음주의 신학자들은 하나님을 더 이상 존재론적으로 탐구해서는 안 되며 그런 추상적 사변의 결과로 하나님을 알 수도 없다고 주장한다. 이러한 전환은 페르디난드 에브너(Ferdinand Ebner), 마틴 부버(Martin Buber), 쇠렌 키에르케고르(Søren Aabye Kierkegaard) 등 관계의 중요성을 인식한 실존주의 학자들의 영향에 기초한 것이었다. 하나님은 예수 그리스도 안에서 구체적으로 행동하시는 분이며 그 행위를 통해 우리에게 계시하신다. 따라서 인간은 오직 그 예수 그리스도를 통해서만 하나님을 알게 되고 그분과 관계를 맺는다. 결국 하나님은 오직 관계적인 차원에서 알 수 있는 분이고 그 관계는 '하나님이 사랑이시다'라는 사실에 근거한다. 그분은 사랑하기에 우리와 관계를 맺으신다.

　20세기 후반에 들어 신학적 사랑의 개념은 그 의미의 풍성함을 더한다. 예를 들어 장 뤽 마리옹(Jean-Luc Marion)은 그의 대표적인 저서 《God without Being》(존재 없는 신)에서 신론에서 존재론적이며 형이상학적인 시도를 신랄하게 비판한다. 하나님의 사랑은 선물이요 자기 내어줌이기에 '있음'(존재론)을 전제하지도, 추구하지도 않는다. 사랑은 이성보다 느낌을 중요시하고, 자신의 존재에 앞서 타자에 관심을 가지며, 자아보다 공동체를 추구한다. 그러한 사랑의 특징은 포스트모더니즘의 특징과 맞물려 근대적 신관의 한계를 지적하며 사랑에 근거한 신학의 새로운 차원을 부추기고 있다.

조직신학과 사랑

흔히 사랑이라는 개념은 신론에서 하나님의 속성 중 하나로 다루어진다. 즉 하나님의 사랑은 언제나 무한하고 완전한 존재자인 하나님의 속성에 귀속된 것으로 여겨진다. 이러한 신학적 배열은 하나님에 대한 논의가 근대 철학의 테두리에서 벗어나지 못했음을 반영하는 것이다. 즉 하나님은 하나의 완전한 대상으로 인식의 주체와 분리된 타자이기에 하나님의 본성을 인간과 하나님의 실존적인 관계에서 보지 않는 것이다.

　중세 신학에서는 하나님의 사랑을 그의 존재, 의지, 지식 등과 일치된 개념으로 보았다. 다양한 의견이 있지만 많은 신학자들은 하나님의 사랑을 그분의 모든 속성을 포괄하는 개념으로 이해했다. 그러나 근대에 들어와서는 하나님의 사랑을 대체적으로 다른 속성과 구분된 것으로 취급했다. 또는 오히려 다른 속성에 귀속되어 그 중요성을 약화시켰다. 예를 들어 어거스터스 스트롱(Augustus Strong)과 같은 학자는 하나님이 사랑이심은 분명하나 그 사랑을 하나님의 거룩성에 포함되는 개념으로 보았다.[39]

하나님의 속성을 논하는 데 사랑의 중요성과 그 범위의 축소는 인간이 하나님을 인식함에 있어 그분과의 관계에서 벗어났음을 의미한다. 사랑은 관계를 전제로 하기 때문이다. 신학적 인식론에서 볼 때 관계를 떠나 하나님을 알 수 있다는 것은 인식론적인 교만이자 오류다. 하나님은 오직 그분이 세상과의 관계에서 하신 일, 즉 예수 그리스도를 통해서만 인식이 가능하다. 예수 그리스도야말로 하나님의 직접적인 계시가 아닌가? 다시 말해 그 계시는 세상과의 관계성 안으로 들어오신 하나님, 즉 사랑으로 인간을 만나신 예수 그리스도다. 그분을 통해 깨진 하나님과의 관계가 회복됨과 동시에 그분을 아는 우리의 인식론적 지평은 비로소 열리게 된다.

하나님에 대한 다른 정의들을 배제하자는 것이 아니다. 또한 관계를 강조한 나머지 건강한 신학이 가져야 할 초월성과 내재성의 균형을 소홀히 하자는 것도 아니다. 초월성과 내재성의 균형은 신학에서 내재, 즉 계시 안에서 나타난 하나님을 말하되 신학 자체가 가지는 한계와 제한성을 부인하지 않는 것으로 시작한다. 하나님과의 사랑의 관계를 통해 우리가 하나님을 알지만 그것으로 하나님을 계신 그대로 이해했다고 말할 수는 없다. 그러나 신학이 하나님에 대한 진술(God-talk)이라는 측면에서 볼 때 신학의 구체적인 내용은 초월의 영역에 해당하는 것이 아니다. 인간은 시공간 또는 우리의 감각을 벗어난 영역에 대해 말할 수 없다. 오직 그분과의 관계 속에서 우리가 말할 수 있는 것은 말하고 말할 수 없는 부분에 대해서는 침묵해야 한다.

신학은 하나님이 세상과 관계하는 그 접촉점에서만 가능하다. 그러한 신학의 특수성과 제한성을 고려한다면 하나님의 초월성은 인간 인식의 한계를 보여 주는 것 외에 더 이상 우리에게 구체적인 내용을 주지 않는다. 그럼에도 신학은 인간의 죄로 인한 하나님과의 영원한 차별성을 인정하지만 거기에 만족하지 않는다.

그래서 많은 중세 신학자들은 하나님에 대한 지식은 오직 부정(negation)을 통해서만 가능하다고 생각했다. 즉 하나님에 대한 직접적인 지식은 가질 수 없고 피조물에 대한 지식의 부정으로써 하나님에 대한 개념을 갖는 방법이다. 예를 들어 모든 피조물은 영원하지 않기에 하나님은 영원하신 분이고, 피조물은 변하기에 하나님은 변하지 않는 분이며, 이 세상 만물은 고통을 당하기에 하나님은 고통을 당하지 않는다는 것이다. 이러한 신학적 방법을 부정신학(negative theology)라고 한다.

기독교 신학은 불가지론이나 회의론의 한 종류가 되기를 거부한다. 그것은 계시로서의 예수 그리스도와 그분을 드러내는 성경의 존재와도 상반된다. 하나님의 초월성만을 강조하는 것은 이슬람 신학에 가깝지, 기독교 신학은 아니다. 기독교 신학은 세상과의 관계 가운데로 들어오신 하나님에 대한 지식을 겸손하게 추구한다.

하나님은 오직 관계적인 의미로만 알 수 있는 분이라는 본질적 근거는 그가 사랑하시는 분이기 때문이다. 결국 신학이 관계를 통해 이루어진다는 사실에 비추어 볼 때 하나님의 사랑은 신학의 전체 구조 가운데 한 부분이 아니라 그것의 토대요 결론이자 전부다. 그러므로 참된 신학이나 설교는 어떤 성경의 본문이나 주제를 다루든지 하나님의 사랑에 대한 시선을 놓치지 말아야 한다. 조직신학은 하나님의 사랑을 신학의 어느 부분에서 얼마만큼 다뤄야 할지를 결정하는 것이 아니라, 오히려 그 모든 담론에서 하나님의 사랑이 처음부터 끝까지 관통하고 있다는 것을 보여 주어야 한다.

목회와 신학의 다리

예수님의 십자가 사건은 하나님의 사랑이 극명하게 드러난 신적 계시이다. 그 십자가 사건의 결과는 인간의 회심이요 구원이자 변화다. 샐리 맥페이그(Sallie McFague)의 주장대로 기독교의 핵심 메시지는 예수 그리스도의 삶과 죽음을 배경으로 한 새 생명의 변혁적 사건, 즉 하나님의 변화시키는 사랑의 사건인 것이다.[40]

그런 면에서 신학은 사랑의 하나님에 대한 진술이다. 그 진술은 관계 안에서 하나님과 인간의 의사소통이다. 신학은 하나님이 말씀하시는 것을 일방적으로 받아 적은 것이 아니다. 신학은 그 자체로 계시가 될 수 없다. 그렇다고 신학은 인간의 공허한 소리만도 아니다. 하나님의 계시 없이 신학은 불가능하다. 결국 신학은 커뮤니케이션이다. 성경의 하나님은 인간과 대화하시는 분이다. 하나님의 임재는 인격적이며 상호소통적(inter-communicative)이다. "오라 우리가 서로 변론하자"(사 1:18). 하나님은 끊임없이 말씀하시고 들으시며 역사에 참여하신다. 그 과정을 통해 하나님은 인간을 변화시키시고 이 땅에 하나님 나라를 이루어 가신다. 변화는 개인적 차원에 머무르지 않고 세상을 향한 그분의 계획을 이루는 데까지 나아간다.

그렇다고 과정신학에서처럼 하나님은 피조물과의 의사소통으로 스스로 변하시는 분이 아니다. 아리스토텔레스의 제일원인(The First Cause)으로서의 신은 움직이지 않는 제일원동자(The First Mover)다. 이 원리를 기독교의 하나님에게 적용시키는 데는 여러 가지 제약들이 있다. 하나님은 변하시지 않는 분이시지만 성경의 하나님은 철학자들의 하나님처럼 움직이지도, 반응하지도, 뜻을 바꾸시지도 않는 분이 아니라 오히려 그 반대다. 그 변화의 원리는 그의 한결같고 변함없는 사랑이다.

그러나 아리스토텔레스의 인과론적 원리를 '사랑'이라는 개념에 적용해보면 이해에 도움이 된다. 즉 하나님과 인간 사이에 사랑의 인과관계가 존재한다는 것이다. 하나님의 사랑은 그 자체로 변화지 않으면서 사람을 사랑하게 하고 변화시킨다는 면에서, 그분의 사랑은 '움직이지 않는 운동자'(The Unmovable Mover)다. 물론 우리는 사랑에 관해 하나님과 인간 사이의 영원한 질적 차이에 주목해야 한다. 즉 인간의 사랑은 불완전하지만 하나님의 사랑은 완전하다. 인간의 사랑은 항상 변하지만 하나님의 사랑은 변함이 없다. 그런 의미에서 하나님은 제일원인이요, 제일원동자라고 말할 수 있다.

바로 그 점에서 '사랑의 신학'은 과정신학과 분명한 결별을 고한다. 과정신학은 자신이 변화되는, 즉 영향을 받는 하나님을 설정함으로 전통 기독교 신론에서 벗어났다. 진정한 '사랑의 신학'은 하나님이 사랑하시는 분이시지만, 그 사랑은 피조물을 창조하고 변화시키시는 원인이지 하나님 자신이 변화되는 것이 아님을 분명히 한다. 물론 하나님은 때때로 인간의 요청과 기도에 따라 그의 뜻을 바꾸신다. 그러나 그것은 그분이 변덕스럽거나 우유부단해서가 아니라 그분의 사랑이 가진 본질적 특성 때문이다. 현대 신학자 클라크 피녹(Clark Pinnock)의 주장대로 인간의 기도와 간청에 반응하셔서 하나님의 뜻을 바꾸시는 것은 그분의 결코 변하지 않는 사랑 때문이다. 이는 사랑의 속성이 서로 모순되거나 그 특성을 무시한 것이 아니라 매우 성경적이면서도 하나님의 사랑을 인간적 개념 안에 가두지 않으려는 신학적 노력의 결과다.

사랑은 사람을 변화시킨다. 사랑은 변화시키는 능력이다. 따라서 신학 또한 하나님의 사랑을 통해 사람을 변화시키는 내용과 역동성을 가져야 한다. 그 변화의 방향과 목적은 하나님의 사랑을 닮는 것이요, 그분의 사랑의 계시로 이 땅에 오신 예수님을 닮는 것이다. 다시 말해 하나님을 사랑하고 또한 이웃을 사랑하는 것이다.

변화는 개인적 차원에 머물지 않는다. 사랑은 본래 관계를 전제로 한 개념이요, 하나님의 사랑에 따른 개인의 변화는 자신의 성숙과 성화를 넘어 사랑의 공동체를 추구한다. 그러기에 '사랑의 신학'은 본질상 공동체적이다. 신학은 신앙 공동체, 나아가 세상을 위한 학문이요, 공동체를 변화시키기 위한 이론적 틀(framework)이다. 그런 의미에서 의사소통(communication)과 공동체(community)의 어원이 일치하는 것은 우연이 아니다. '사랑의 신학'은 가족과 교회와 사회 등의 모든 관계 속에서 진정한 공동체를 향해 생동감 있는 변화를 모색한다.

결국 하나님의 사랑에 근거한 신학은 필연적으로 실천적인 의미를 갖는다. 신적 사랑은 우리의 변화를 초래한다. 아퀴나스의 사랑에 대한 정의(willing the good)처럼, 하나님의 사랑은 모든 피조물이 선을 추구하게 하는 원동력이요, 그 선을 추구함은 하나님이 원하시는 방향으로의 변화이다.

흔히 신학을 목회와 구분해서 전자는 이론(theory)으로 후자는 실제(praxis) 또는 적용(application)으로 생각한다. 복음적 신앙이나 인격과 삶의 변화는 오직 목회의 영역에만 속한 것으로 생각해 신학은 상관이 없거나 심지어 방해되는 것으로 여기기도 한다. 내가 아는 사역자 중에는 기존에 하던 사역과 자신의 신앙에 방해가 될까 봐 수년간 신학공부를 미루다 신학교에 들어간 사람도 있다. 사실 기존 신학의 맹점을 인정하지 않을 수 없지만, 신학 자체에 대한 편견과 오해도 편재한 듯하다.

'사랑의 신학'은 신학과 목회, 신학과 설교, 신학과 삶 등의 이원론적 구분을 경계한다. 오히려 둘 사이에 생긴 간격을 메우고 화해시키며 그 한계를 극복하는 돌파구가 된다. 신학은 이성뿐 아니라 삶 전체를 변화시키는 살아 있는 학문이 되어야 한다. 연구실이나 강의실뿐 아니라 삶의 현장 한가운데서 말하고 실천해야 한다. 사랑의 신학은 나열된 정보를 무조건 외워서 학점을 딸 수 있는 과목이 아니다. 신학교는 신앙의 무덤이 아니라 믿음이 자라고 더욱 생동감을 갖게 하는 현장이 되어야 한다.

그런 면에서 "사랑하지 아니하는 자는 하나님을 알지 못하나니 이는 하나님은 사랑이심이라"(요일 4:8)는 말씀은 신학적으로 매우 중요한 진리다. 사랑하는 자가 되도록 돕는 것(목회), 즉 삶의 변화와 하나님을 아는 것(신학)은 분리할 수 없다. 신학과 목회는 사랑 안에서 본질적으로 하나다. 사랑은 신학과 목회가 뿌리를 내리고 있는 공통분모요, 신앙과 삶을 만나게 하는 접촉점이다.

분유(分有, participation)

여기서 독자들에게 생소하게 들릴 법한 단어 하나를 소개하고 싶다. "분유"라는 개념이다. 그것은 '존재의 나눔'이라는 의미로 '사랑의 신학'을 설명하기에 매우 유용한 개념이다. 결론부터 말하자면

'분유형이상학'(the metaphysics of participation)은 사랑의 관계, 초월성과 내재성의 균형, 공동체, 변화 등의 개념들을 포괄적으로 아우를 수 있는 매우 유용한 신학적 패러다임이다.

　분유는 플라톤에 의해 처음 사용된 개념으로 이데아와 현실 세계의 인과론적 관계를 설명하는 데 사용되었다. 그 후 어거스틴을 비롯해 신플라톤주의 신학자들에 의해 삼위일체의 관계를 비롯한 관념 세계와 현상 세계의 관계를 설명하는 개념으로 발전되었다. 13세기에 이르러서는 아퀴나스에 의해 창조주 하나님과 창조물과의 관계를 존재론적으로 설명하는 개념으로 정립되었다. 즉 하나님이 자신의 본질을 나누시는 사건이 창조인데, 피조물은 하나님의 본질인 존재(Esse)에 참여하게 되어 하나님의 본성과 비슷한 존재(esse)를 갖게 되는 것이다.[41]

　아쉽게도 분유 개념은 아퀴나스가 죽은 후 그의 신학을 둘러싼 학문적, 정치적인 여러 가지 이유로 인해 신학의 주류에서 관심을 받지 못했다. 이와 맞물려 신학의 역사는 관계성, 즉 하나님과 피조물, 자아와 타자, 은혜와 자연, 이성과 신앙, 초월성과 내재성 등의 균형을 담을 수 있는 신학적 그릇을 상실하게 된다. 반면 서양의 철학과 신학은 인과성이나 관계성보다는 '개별자'(individual)를 강조하고 '자아'(self)를 중심으로 한 분석적이고 수학적이며 획일적인 경향으로 흘러가게 되었다. 최근 영국의 케임브리지를 중심으로 일어난 한 학파(Radical Orthodoxy)는 신학에서 관계를 중시하고, 창조론을 기초로 한 복음주의를 내세우며 분유 개념의 부활을 주장하고 있다.

하나님의 사랑에 분유라는 개념을 대입시키고자 하는 의도와 내용은 다음과 같다. 하나님의 본성인 존재 그 자체(Esse: The Act of Being)는 사랑이다. 하나님은 창조를 통해 그 본성을 피조물에게 나누어 주셨는데 그 결과는 피조물이 그분과 비슷한 본성인 존재(esse)를 갖게 된 것이다. 이는 단지 비존재(non-being)의 반대인 존재가 아니라 각자의 모든 특성을 포함한 존재 그 자체를 가리킨다. 하나님의 본질을 사랑이라는 단어로 표현하는 것처럼 사람의 정체성도 그가 가지고 있는 사랑으로 표현할 수 있다. 물론 여기서 사랑은 획일적인 개념이 아니라 각 존재를 포괄적으로 말하는 표현일 뿐이다. 즉 하나님은 자신을 '스스로 있는 자'라고 말씀하셨는데 거기서 '있음'은 그저 존재한다는 뜻이 아니라 하나님 자신의 정체성을 일컫는 '있음'이다.

창조를 통해 하나님의 사랑은 피조물의 사랑과 인과론적인 관계를 갖게 된다. 물론 거기에는 헤아릴 수 없는 차이가 존재한다. 피조물의 사랑은 하나님께로부터 온 것이지만 하나님의 사랑과 개념상으로나 양적으로나 질적으로 같은 것이 될 수 없다. 다만 그 관계에는 유사함(likeness)이 존재할 뿐이다. 그러기에 인간은 일의성(univocity)나 이의성(equivocity)이 아닌 오직 유비(analogy)를 통해서 하나님의 사랑에 대해 알 수 있을 뿐이다. 마치 우리가 하나님을 아버지라 부르는 것은 그분과 우리의 관계가 인간의 부자관계와 똑같거나 완전히 다른 것이 아니라 무언가 내용상 비슷하기에 그런 비유를 쓸 수 있는 것이다. 그로써 인간은 하나님에 대한 어느 정도의 지식을 알 수 있게 된다.

그러므로 분유 개념은 하나님과 피조물 사이에 나타난 본질상 유사성을 신학적으로 확보해 준다. 이는 신인동형론(anthropomorphism)처럼 하나님을 우리의 수준으로 끌어내리는 것이 아니다. 인간은 하나님의 창조물로서 그분의 본성인 사랑을 닮아 있음을 말하는 것이다. 창조는 하나님의 본성을 나눈 사건이기에 피조물인 인간의 본성 또한 관계를 위한 본질적 성품인 사랑을 소유하게 되는 것이다. 분유는 하나님의 본성에 입각한 창조 교리이다. 다시 말해 그것은 어떻게 인간이 하나님의 본성인 사랑을 소유하고 닮게 되었는지에 대한 창조론적인 설명이다.

하나님의 사랑에 기초한 신학을 주장하며 분유 신학을 도입하려고 하는 데는 몇 가지 이유가 있다. 첫째, 분유는 관계를 설명하는 신학적 틀이기 때문이다. 분유라는 개념은 하나님과 피조물의 관계를 철학적·신학적으로 표현한 것으로 그 관계는 현실의 모든 관계의 기초가 된다. 하나님과의 깨진 관계는 인간과 인간, 인간과 자연의 관계의 분리를 초래하며, 역으로 하나님과 인간의 회복된 관계는 다른 깨진 관계를 회복시킨다.

둘째, 분유는 공동체 영성을 추구한다. 분유는 곧 창조 행위로 하나님의 본성을 피조물에게 나눠 주는 것을 뜻한다. 이는 하나님의 자기희생이요 자기 나눔의 행위인데, 그 행위는 그의 사랑에 기초한다. 그러므로 창조는 하나님의 본성인 사랑을 나누는 행위이고 그 창조의 결과는 '사랑의 공동체'다. '사랑의 신학'은 궁극적으로 하나님이 창조 전부터 계획하시고 종말론적으로 완성하기를 원하시는 사랑의 공동체를 추구하고 회복하기 위한 것이 되어야 한다.

셋째, 분유는 '사랑의 신학'이 가지는 윤리적이고 실천적인 함의를 포함한다. 창조를 설명하는 개념으로서의 분유는 하나님의 본성인 사랑을 나누는 행위로써 필연적으로 실천적인 의미를 갖는다. 즉 창조를 통해 피조물은 하나님의 본성에 참여(participation)하는 것이다. 자신의 본성, 곧 가장 소중한 것을 나누는 것은 수학 공식처럼 다뤄져서는 안 된다. 창조론은 그저 진화론이 아니라 하나님이 창조하셨다는 것을 믿는 것이다. 변화와 행동의 차원이 없는 창조론은 공허하고 소모적인 논쟁에만 몰두하게 한다. 분유 개념은 신학을 단지 형이상학적인 차원에 머무르지 않고, 인간과 역사의 변화를 추구하는 삶의 자리로 인도한다.

넷째, 분유는 관계성을 강조한다는 면에서 하나님의 내재성을 긍정하지만 과정신학과 같이 그것을 극단화하지 않는다. 분유는 초월과 내재의 균형을 추구한다. 하나님의 본성(Esse)은 피조물의 본성(esse)과 영원한 차이를 갖는다. 우리는 단지 유비(analogy)를 통해서 하나님에 대한 지식을 소유하며 그분을 닮을 뿐이다. 그러기에 유비나 분유 개념을 통해 얻은 하나님에 대한 지식은 겸손한 태도를 취한다. 언제나 한계를 인정하며 하나님의 초월성과 불가해성을 인정한다. 분유형이상학이나 여기서 나오는 유비를 통한 지식은 하나님과 인간 사이의 무한의 차이를 인정하면서도 관계성 속에서 유사성을 긍정하는 것이다.

사랑의 신학은 여전히 우리에게 많은 숙제를 남긴다. 그 과업은 신학자의 책상에서는 물론이고 교회에서, 모든 크리스천의 삶의 자리에서 계속해서 이루어져야 한다. 포스트모던 시대에 들어와 관계의 패러다임이 근대보다 강조되고 있는 것은 한편으로 다행스러운 일이다. 그러나 그 관계를 궁극적으로 규정하는 내용으로써 성경에 나타난 하나님의 사랑을 이야기하는 것은 여전히 외로운 싸움이고, 무신론과 상대주의에 젖은 시대정신에 맞지 않는 일이다. 그런 면에서 그것은 이론의 차원을 넘어 크리스천의 삶과 그로 인한 영향력의 확장 속에서 이루어져야 할 일들이다.

이는 신학교와 교회 현장에서 최근 회자되는 '선교적 교회 운동'(Missional Church Movement)과 맥락을 같이한다고 볼 수 있다. 크리스천의 삶이 선교적 DNA를 가져야 한다는 주장의 핵심에는 기독교 복음의 본질인 사랑이 어떻게 우리의 삶에서 진정성 있게 표현되는지에 대한 문제가 있다. 그것이야말로 교회의 위기를 극복하는 방법임과 동시에 크리스천이 신앙의 본질을 회복하는 방법이고, 세상에서 참된 그리스도의 제자로 살아가는 실천적 함의를 구현하는 유일한 길이다.

나아가 사랑의 신학은 사랑이 결핍된 이 시대의 크리스천들에게 개인과 공동체 그리고 사회를 돌아볼 수 있는 이론적·실천적인 당위성과 대안을 제공해야 한다. 그래서 교회가 세상 속에 하나님 나라를 이루는 주역으로서 역사적 책임감을 회복하는 토대로 존재하도록 도와야 한다. 그렇게 이 시대의 영혼과 교회를 깨우려는 하나

님의 계획을 포착할 때, 신학은 공허하고 관념적인 영역에서 벗어
나 시대와 삶에 살아 있는 실체가 될 것이다.

사랑은 가장 쉬운 말도 되고 가장 어려운 말도 된다. 누구나 이해할 수 있지만 그 의미를 헤아리다 보면 그 방대한 크기와 내용에 압도당한다. 아무 대가 없이 받거나 줄 수도 있지만, 때로는 큰 희생을 치러야 하는 것이 사랑이다. 사랑은 누구나 할 수 있지만, 한편으로는 깊은 눈물과 고통의 골짜기를 지나는 사람에게만 진정한 것이 된다.

사랑은 신앙과 신학을 관통하는 개념이다. 하나님에 대한 이야기(God-talk)로서의 신학은 하나님과 나의 관계, 즉 사랑의 관계를 떠나서는 이루어질 수 없다. 그 사랑 안에 신학의 모든 부분이 집결되고 사랑은 그 신학의 핵심을 관통한다.

그런 의미에서 사랑은 신학이다. 신학은 이론의 영역에만 머물러서는 안 되고, 삶과 신앙의 자리에 늘 함께 있어야 한다. 사랑은 그 소통 안에서 균형을 이룰 때 인간과 사회를 변화시키는 가장 본질적이고도 강력한 삶의 원리가 된다.

하나님의 사랑이 무엇인지는 아직도 내게 신비다. 사랑의 크기와 내용과 방식에서 하나님과 인간 사이에는 결코 좁히지 못할 간격이 있다. 그것을 무시하는 것은 하나님의 사랑을 알아가는 데 가장 위험한 방해물이다. 그러나 하나님의 사랑을 다 알지 못하는 가운데 우리는 그 신비의 한 부분이 된다. 그분의 사랑을 다 깨닫지 못해도 그분과 관계를 맺고 그분의 사랑을 받는다. 그 가운데 하나님을 만나고, 사랑을 배우고, 사랑 자체인 그분을 사랑하게 된다. 결핍된 사랑의 존재가 신적 사랑이 펼쳐 주는 신비의 한 부분이 되어 간다.

이 책을 쓰며 하나님의 사랑에 대해 내가 얼마나 조금 알고 있으며 또한 얼마나 작은 부분만을 누리고 살았는지를 '많이' 알게 되었다. 그래서 완성된 작품이 아닌 더 갈증이 많아진 미완성의 상태로 책을 마무리하려 한다. 현재의 나와 앞으로의 나, 지금의 이 책과 앞으로 내 삶을 통해 쓰게 될 책들의 중간 지점에서 다시 마음을 추스르고 그 여백을 채우는 여정을 계속하려고 한다.

자주 사랑에 실패하고, 사랑이 부족한 자로서 집필의 과정은 부끄러우면서 동시에 배움의 기쁨을 누리는 시간이었다. 물론 내가 발견한 부분은 아주 작지만 그것이 나의 삶을 변화시킨 부분은 결코 작지 않다. 앞으로 내게 주어진 사명은 그것을 더 많이 경험하고 깨달아, 그 위대한 사랑을 나의 부족함 때문에 왜곡시키지 않는 일이다. 단지 글이나 말뿐만 아니라 표정과 몸짓으로, 존재와 삶으로 그분의 사랑을 표현하고 싶다.

이 책을 활용하는 방법

이 책은 개인적인 독서를 위한 것이기도 하지만 소그룹으로 함께 읽으며 삶과 의견을 나눌 수 있도록 구성되었다. 총 39장이라서 1주 일에 한 번 모인다고 했을 때 10개월 정도, 또는 중간에 방학을 한두 번 갖게 되면 1년 동안 모임을 진행할 수 있다.

물론 혼자서 책을 읽을 수도 있고 서로 나누거나 질문을 다루지 않고 그냥 읽을 수도 있다. 그러나 그렇게 되면 책에 있는 내용만 알게 된다. 하지만 여러 명이 함께 생각과 삶을 나누면 각자의 삶을 수 놓은 엄청난 사랑의 이야기들을 공유하게 된다. 그들을 통해 나의 사랑 없음을 공감하고 격려하며 다시 하나님의 사랑으로 인도해 주는 음성을 들을 수 있게 된다. 그렇기에 책의 내용은 그저 가이드라인이 되고, 읽는 이들의 삶에 넘치는 풍성한 이야기로 더 아름답게 텍스트를 채워 가기를 소망한다.

활용 범위

이 책은 광범위하게 활용할 수 있다. 신앙 안에서 교제를 위해, 하나님과 이웃을 더 사랑하기 위해, 교회 안에서 사랑의 공동체를 이루기 위해, 깨진 관계의 치유와 회복을 위해, 신학적인 감각과 지식을 쌓기 위해 다양한 목적으로 활용해 보기를 권한다.

사랑이 필요하지 않은 공동체는 없다. 더욱이 크리스천 공동체는 하나님의 사랑에 기초하지 않으면 실패할 수밖에 없다. 사랑에 기초한 준비와 훈련의 과정을 거친다면 어떤 공동체든 진정성과 영적인 힘을 더욱 발휘하게 될 것이다.

그동안 교회에서 성경을 배우기 위한 모임은 많았지만 그 뼈대를 갖추는 신학을 위한 소그룹 모임은 흔하지 않았다. 이 책은 일반 성도나 신학생이 더 쉽고 친숙하게 건강한 신학에 다가갈 수 있도록 쓰였다. 다루고 있는 내용 자체가 조직신학과 긴밀하게 연결되어 자연스럽게 신학적 감각을 습득할 수 있게 구성되었다. 또한 신학이 단지 이론이 아니라 개인적인 삶과 공동체에 어떻게 연결이 되고 적용이 되는지를 깨달을 수 있다. 그런 경우에는 목회자나 신학 전공자가 모임을 이끄는 것이 더욱 효과적일 것이다.

그리고 임직자 훈련이나 각종 리더 훈련에도 사용할 수 있다. 주님의 일을 맡은 사람에게 가장 필요한 것은 사랑의 능력이다. 책의 내용과 나눔을 통해 사랑의 사람이 되어 가는 도전과 변화를 경험한다면 개인과 교회에 큰 유익이 될 것이라 믿는다.

특별히 이 책의 내용은 선교적 교회의 DNA를 만드는 데 유용하다. 개인의 내면뿐 아니라 교회의 내적·외적으로 필요한 사랑의 DNA를 활성화하는 것은 이 시대 교회에 가장 절실한 필요다. 교회가 세상을 향해 사랑의 마음과 태도를 갖지 않으면 선교적 교회가 될 수 없다. 이 책에 나오는 목회 현장에서의 고민과 경험을 통해 교회와 성도들은 선교적 교회의 당위성을 깨닫고 그에 필요한 영성을 갖는 데 도움을 받을 수 있을 것이다.

또한 전도용으로 활용할 수 있다. 기독교에 관심은 있지만 아직 신앙생활을 안 하는 사람에게 '사랑'이라는 주제는 좋은 접촉점이 될 수 있다. 신앙에 아예 관심이 없는 사람이 이 책을 읽을 거라 기대하기는 어렵지만 이 책은 교회에 왔으나 아직 믿음이 없는 사람, 믿음을 갖기를 원하는 사람, 특히 신앙에 대해 이성적으로 접근하려는 사람에게 도움이 될 것이다. 특별히 각 장의 뒷부분에 있는 토론용 질문 중 두 번째 내용은 비신자나 초신자를 대상으로 만들었다. 따라서 크리스천으로 이루어진 그룹에 그런 사람이 한두 명 정도 참여해도 좋을 것이다. 모임 중 그들에게 생소한 용어와 버거울 수 있는 주제는 설명을 덧붙이거나 경우에 따라 넘어가도 좋다.

모임 방법

이 책은 39장으로 구성되어 있어 매주 한 장(chapter)씩 읽고 나눌 경우 약 10개월의 기간이 필요하다. 마지막에 따로 들어간 '사랑의 신학' 부분은 앞의 내용보다 더 신학적인 부분을 다루고 있으니 모임의 목적이 '신학 훈련'이 아닌 이상 다루지 않아도 된다. 기간이 너무 길다고 생각하면 2학기나 3학기로 나누어 진행하는 것도 좋은 방법이다. 모임의 크기는 자유롭지만 원활하고 충분한 나눔을 위해 5-7명 정도가 적합하다.

첫 모임 때 돌아가면서 자기 소개를 하고 진행자를 정한다. 참고로 이 모임에는 특별히 훈련받은 리더가 필요 없다. 가르치는 것이 아니므로 한 사람 또는 각 사람이 돌아가면서 그날 모임을 진행하면 된다.

첫 모임은 따로 하든지, 아니면 보통 때보다 조금 더 시간이 필요하다. 서로 알고 친숙해지는 최소한의 시간이 있어야 하기 때문이다. 이미 친숙한 구성원으로 이루어졌다면 서로에 대한 소개는 생략해도 좋다.

그 다음에는 이 모임을 통한 각자의 기대를 나눈다. 각 사람의 기대는 이 모임에 참석하는 목적이 될 수도 있으므로 매우 중요하다. 나중에 이 모임이 다 끝났을 때 그 기대가 이루어졌는지 확인할 수 있다면 좋을 것이다. 그리고 각자 기대하는 것을 놓고 함께 기도한다.

모임 구성

1. 찬양으로 시작한다(3분): 하나님의 사랑과 관련된 찬양이면 더욱 좋다. 하지만 다른 사람들에게 방해가 될 만한 상황이거나 믿지 않는 사람과 함께하는 모임이면 생략해도 좋다.

2. 기도한다(3분): 함께하는 사람 모두 사랑의 영으로 충만해지도록, 모임과 구성원을 위해 기도한다. 사랑이 메말라가는 이 시대 사람들과 세상을 위해 기도하자. 기도는 돌아가면서 한 사람씩 대표로 해도 좋고 찬양에 이어 함께 통성으로 기도한 다음 한 사람이 마무리 기도를 해도 좋다.

3. 간단히 지난주의 삶을 나눈다(10분): 가능하면 사랑이라는 영역에서 성공과 실패를 나눈다. 누구에게 작은 사랑을 베푼 이야기나 제대로 사랑하지 못한 일을 나누면 된다. 그리고 작은 승리에 대해서는 마음껏 격려해 주도록 하라.

4. 책을 읽는다(10-15분): 이미 읽었다면 이 과정을 생략해도 좋지만 모임에 대한 부담을 최소화하기 위해 읽지 않고 와도 얼마든지 참여할 수 있게 하는 것이 좋다.
   혹 목회자나 신학에 전문성이 있는 사람이 그 모임에 참석한다면 그가 약간의 설명을 더하는 것도 유익하다. 책을 읽으며 떠오른 좋은 말씀이나 통찰력을 나누는 가운데 책의 내용이 더 구체적이고 풍성해질 것이다.

5. 가장 중요한 나눔 시간이다(30-40분): 이해가 안 가는 부분이 있다면 서로 질문하거나 인터넷으로 검색하는 것도 좋은 방법이다. 그러나 나눔의 목적이 지식을 취하는 것이 아니라 자신을 드러내어 사랑으로 받아주며 서로의 삶을 통해 배우고 성장하기 위함이라는 사실을 기억하자.

인도자는 한 사람이 너무 길게 이야기하거나 대화를 독식하지 않게 통제하고 소외되는 사람이 없이 모두 참여할 수 있도록 격려해야 한다. 논쟁을 피하고 명확한 답이 없는 문제에 대해서는 굳이 결론을 내릴 필요가 없다. 중요한 것은 모임의 구성원이 모두 안전함을 느끼고 친밀하고 따뜻한 사랑 가운데 머물도록 함께 기도하고 도와주는 일이다.

글을 읽고 서로 나눌 수 있도록 각 장에는 세 가지 질문이 나오는데 질문마다 다른 의도가 담겨 있다. 첫 번째 질문은 주제로 들어가기 위해 대화를 여는 것이다. 가볍게 나누는 가운데 읽은 내용과 연결되도록 돕는다.

두 번째 질문은 아직 믿지 않는 사람, 믿었다가 지금은 신앙생활을 쉬고 있는 사람, 이제 막 신앙생활을 시작한 사람들을 위한 것이다. 그들이 하나님과 믿음에 대해 좀 더 진지하게 생각하고 마음을 열 수 있기를 바라는 마음으로 만든 내용이다. 기

신자는 굳이 그 질문을 다루지 않아도 되지만 경우에 따라 공
감되는 부분이 있다면 함께 나누는 것도 좋다.

세 번째 질문은 주제에 가장 가까운 질문으로 읽은 내용을 바
탕으로 좀 더 깊은 묵상과 적용을 할 수 있도록 돕는 것이다. 상
황에 따라 질문을 다루지 않고 그냥 책을 읽으며 느낀 점이나
개인적인 삶과 연결되는 부분 또는 경험을 나누어도 된다. 질
문에 얽매이면 생각과 적용의 범위가 제한될 수 있기에 주제와
연관된 생각과 경험이면 무엇이든 자유롭게 나누는 것이 좋다.

6. 서로를 위해 기도한다(5분): 성령이 각 사람에게 사랑을 부어
   주시도록, 하나님의 사랑으로 개인의 내면에 치유와 변화가
   나타나도록, 주어진 상황과 세상 속에서 사랑을 실천하며 살
   도록 기도하고 마치면 된다.

모임의 시간은 총 1시간에서 1시간 반이면 적절하다. 준비한 다
과를 나누거나 모임 시간에 하나님의 사랑에 관련된 음악을 틀어
놓는 것도 좋다. 또한 그날 모임에 대한 소감이나 소통을 위해 온라
인이나 모바일에서 단체 대화방을 만드는 것도 유용한 방법이다.

1부_ 사랑의 하나님

1) 논리실증주의(論理實證主義, logical positivism)는 분석 철학의 한 부류로 20세기 초 과학의 냉정한 분석과 실증적 원리를 철학에 적용하고자 했던 사상이다. 이는 빈 학파를 통해 주도되었다가 1938년에 해체되었고 이후로 그들의 학문적 방법론은 더 이상 폭넓게 지지받지 못하고 있다.

2) 우리의 사고 체계에는 마치 건물과 같은 일정한 형식이 있다. 모든 건물이 어떠한 기반 위에 세워지듯이 사고의 체계에도 기초가 있다. '내가 지금 글을 쓰고 있다'라는 사실은 '내가 글을 쓸 줄 안다'와 '내가 생각한다'라는 사실을 전제로 한다. 나아가 그 모든 것은 '나는 존재한다'라는 사실 위에 있는 것이다. '1+1=2'라는 명제는 모든 수학의 기초가 된다. 그리고 '30+45=75'는 '1+1=2'라는 근본적인 지식에서 기인한 것이다.

3) 네이버 국어사전

4) '필리오케'(filioque)는 '아들로부터'라는 뜻의 라틴어로, 니케아-콘스탄

티노폴 신조(381년)에는 없는 단어지만 589년 제3차 톨레도 시노드에서 서방교회가 라틴어로 번역한 신조에 첨가하면서 동서방교회 갈등의 중요한 쟁점이 되었다.

5) 현대 기독교인이 갖고 있는 삼위일체에 대한 잘못된 견해는 대부분 그것을 양태론적(modalistic)으로 이해하고 있다는 점이다. 예를 들어 나를 교회에서는 목사, 학교에서는 교수, 집에서는 아빠라는 위치로 알듯이 삼위일체를 기능적으로만 이해하는 것이다. 그러한 이해를 서방의 정통적인 삼위일체론으로 오해하게 된 데는 중요한 역사적 원인이 있다. 2세기 교부 터툴리아누스는 하나의 본질과 세 위격(one ousia and three hypostases)을 라틴어 'una substantia', 'tres personae'로 번역했다. 여기서 중요한 오류가 발생하는데 'substantia'는 헬라어 'ousia'보다는 위격, 즉 'hypostasis'의 번역에 적절한 단어였다. 또한 삼위를 설명하기 위해 사용했던 'persona'라는 단어는 '가면'(mask)을 뜻하는 연극 용어였다. 결국 서방의 기독교는 하나의 본성을 가진 삼위를 강조하기보다 하나의 개체로 하나님을 강조한 것이다.

6) 예를 들어 하나님의 사랑과 정의를 구별할 수 있지만 하나님의 사랑은 옳고 그름을 따지지 않는 무분별한 것이 아니다. 아퀴나스가 말한 것처럼 '선을 추구하는 사랑'이기에 확대된 사랑의 개념은 정의를 포함할 수 있다.

7) 신을 인간과 유사한 존재인 것처럼 말하는 관점이다. 문자적으로는 '사람'이라는 뜻의 '안트로포스'(anthrpos)와 '형태'라는 뜻의 '모르페'(morph)의 합성어로 '사람의 형태'를 의미한다. 즉 신의 의지나 성품 등을 인간과 유사하게 묘사하며 그것이 신에 대한 참 지식을 준다고 생각하는 이론이다.

8) '개념화'(conceptualization)가 신학에서 갖는 위험은 바로 이것이다. 예를 들어 A와 B라는 사람을 그저 '사람'이라고 개념화할 때 A와 B의 질적인 차이는 무시된다. 어느 정도 지식으로는 개념화가 가능하지만 사람과 사람을 한데 묶는 것은 조금 어렵다. 차이를 무마시켜야 하기 때문이다. 따라서 개념화를 하나님과 사람, 창조주와 피조물을 묶는 데 사용할 때는 엄청난 오류를 감수해야 한다.

9) 에마뉘엘,《사랑의 회복》(서울: 청림출판, 2013), 1장 하나님의 존재를 의심하게 만드는 고통의 문제.

10) Alvin Plantinga, *"Free Will Defence" in God and Other Minds: A Study of the Rational Justification of Belief in God* (New York: Cornell University Press, 1990).

11) 스토아 철학의 용어로 감정이나 정열, 특히 고통, 공포, 욕망, 쾌락과 같은 정념(情念, path)에서 완전히 해방된 상태를 일컫는다.

12) 하나님의 자기 제한(self-limitation)은 유대교의 신비주의 계열 중 하나인 카발라 전통의 '짐섬'(zimsum)이라는 개념과 상통한다. 그것은 하나님이 스스로 제한하여 세상을 위해 자신을 희생함으로써 그분의 피조물의 고통에 동참하시는 것이다.

13) 니콜라스 월터스토프,《나는 사랑하는 사람을 잃었습니다》(서울: 좋은씨앗, 2014), p.138.

2부_ 사랑의 절정

14) 데이비드 베너,《사랑에 항복하다》(서울: IVP, 2006), p.66.

15) John Kavanaugh, *"America 174, no. 3"* (July 1995): 38.

브레넌 매닝,《신뢰》(서울: 복있는사람, 2014), p.23.

16) Carl Jung, *Aspects of the Masculine* (Princeton, N. J.: Princeton University Press, 1989), p.59.

3부_ 사랑의 영

17) George Benson, *The Silent Self: A Journey of Spiritual Discovery* (Cincinnati: Forward Movement, 1992), p.84.

18) 제랄드 메이,《사랑의 각성》(서울: IVP, 2006), p.27.

19) Hans W. Frei, *Types of Christian Theology*, edited by George Hunsinger and William C. Placher (New Haven: Yale University Press, 1992).

20) 1937년에 출간된 유대인 실존주의 철학자 마르틴 부버(Martin Buber)의 책《나와 너》에 나오는 용어다. 그 책의 핵심 내용은 다음과 같다. 사람들이 관계 맺는 방식은 크게 두 가지인데 먼저는 '나와 그것'(I and It)의 관계다. 그것은 마치 물건을 대하듯 관계를 맺는 것으로 그런 방식으로는 상대를 진정으로 알 수 없고 깊은 관계도 불가능하다. 부버가 말하는 진정한 관계의 방식은 '나와 너'(I and Thou)의 관계다. 그 관계를 통해서는 친밀함 속에서 상대와 자신을 알게 되고 서로 알아가는 가운데 자신과 상대의 존재의 의미를 발견한다. 부버는 인간이 가질 수 있는 가장 궁극적인 '나와 너'의 관계는 나와 하나님과의 관계임을 지적한다. 하나님과의 관계를 'I and Thou'로 받아들이는 사람은 하나님을 나의 하나님, 나와 특별한 관계 속에 있는 하나님으로 이해한다. 그것은 단지 하나님이 어떤 분인지를 아는 지식의 차원이 아니라 깊은 사랑과 연합에 근거하는

관계적 앎이다. 하나님과 그러한 관계 속에 있는 사람은 인간의 실존적 고독과 절망, 죄의 문제를 극복할 수 있다.

21) 칼빈,《기독교강요 III》.

22) 제랄드 메이,《사랑의 각성》(서울: IVP, 2006), p.348에서 재인용.

4부_ 사랑의 형상

23) 스탠리 그렌즈,《하나님의 공동체를 위한 조직신학》(경기도: 크리스챤다 이제스트, 2003), p.264.

24) Abraham Kuyper, *Lectures on Calvinism* (Grabd Rapids: Eerdmans, 1994).

25) 유아론(solipsism)은 라틴어의 solus(…만)와 ipse(자아, 自我)를 합쳐 만들어진 말로 보통 인식론적·존재론적 견해를 나타내는 데 사용한다. 즉 전 세계는 자아의 의식 내용이며 사물이나 타아의 실재를 확실히 인식할 수는 없고 또한 자아와 비견되는 실재성은 인정하지 않는다는 견해를 말한다. 데카르트나 칸트로 대표되는 관념론 철학에서는 자아가 탐구의 원점이며, 모든 사물을 자아의 의식 내용이나 관념으로 보는 입장으로 인식이나 존재 문제의 고찰을 시작하는 것이 원칙이다. 예컨대 칸트 철학의 일면을 계승한 피히테는 비아(非我)의 존재는 전부 자아에 의해 정립되기 때문에 독재론이야말로 관념론 철학의 정당한 이론적 귀결이며 사물이나 타아의 실재는 실천적·종교적인 믿음의 대상밖에 없다고 주장했다. 그와 유사한 견해는 17세기의 데카르트파나 로크 이후 영국경험론자에게서 볼 수 있다.

5부_ 사랑의 영성

26) 마크 A. 놀, 《복음주의 지성의 스캔들》(서울: IVP, 2010).

27) 이상훈, "Church Shift: 선교적 교회 사역 패러다임", 워십리더(2017), p.124.

28) Howard A. Snyder with Daniel V. Runyon, *Decoding the Church: Mapping the DNA of Christ's Body* (Baker, 2002).

29) 이 비유는 2016년 온누리교회의 목회사관학교에서 진행했던 선교학자 마이클 프로스트(Micheal Frost) 교수님의 강의에서 발췌한 것이다.

30) Augustine, *On the Literal Interpretation of Genesis 1:2*.

나가는 글_ 사랑의 신학

31) 이 부분은 신학에 대해 더 관심 있는 독자들을 위한 것으로 이전보다 더 전문적인 내용으로 구성되어 있다. 신학생이나 목회자들에게는 흥미로울 수 있으나 일반 독자들은 앞의 내용으로 마무리해도 좋다.

32) Kevin Vanhoozer, *First Theology: God, Scriptures and Hermeneutics* (Downers Grove, Illinois: InterVarsity Press, 2002), ch.3.

33) 위(僞) 디오니시우스(Pseudo-Dionysius) 혹은 디오니시우스 아레오파기타(Dionysius Areopagita)라고 불리는 이 신학자는 정확히 누구인지 알 수 없지만 5세기 말부터 6세기 초까지 활동했으며 중세에 많은 사상가에게 중대한 영향을 주었다.

34) 스콜라주의와 더불어 중세 신학의 양대 흐름은 신비주의 신학이었다. 여기서 신비주의란 신비한 체험을 추구하는 현대적 개념과 달리 인간의 이

성과 방법론적인 한계를 인정하고 하나님의 초월성을 더 강조하는 신학적 흐름을 말한다.

35) Thomas Aquinas, *Summa Theologiae*, 20.

36) 혹자는 인간에게 선을 요구하시는 하나님을 사랑에 빠진 분으로 이해하기 어렵다고 비판한다. 브뤼머가 주장하듯 그러한 주권적인 의지에 맞춘 사랑은 사랑이 갖는 가장 기본적 전제인 인격적 차원을 간과할 수 있다. Vincent Brümmer, Model of Love: A Study in Philosophical Theology (Cambridge: Cambridge University Press, 1993), p.161. 《사랑의 모델》(SFC 출판부 역간).

37) Charles Hartshorne, *A Natural Theology for Our Time* (La Salle, Ill.: Open Court, 197), p.75.

38) 케빈 벤후저, 《제일신학》(서울: IVP, 2017), p.121.

39) Augustus H. Strong, *Systematic Theology* (Valley Forge, Penn.: Judson Press, 1907), p.268.

40) Sallie McFague, "*An Epilogue: The Christian Paradigm.*" in Christian *Theology: An Introduction to Its Traditions and Tasks*, ed. Peter Hodgson and Robert King, 2nd ed. (Philadelphia: Fortress, 1985), p.382.

41) 아직 논쟁이 계속되고 있지만 아퀴나스에게 존재는 단지 비존재의 반대 개념이 아니었다. 그보다는 존재의 모든 속성이 포함된 존재의 모든 것 (the fullness of being)으로 이 책에서 주장하는 사랑의 개념과 일맥상통한다.

사랑하지 아니하는 자는 하나님을 알지 못하나니
이는 하나님은 사랑이심이라 (요일 4:8)